21世纪经济与管理规划教材

保险学系列

对外经济贸易大学211工程资助项目

员工福利

EMPLOYEE BENEFITS

赵慧萍/编著

北京大学出版社
PEKING UNIVERSITY PRESS

图书在版编目(CIP)数据

员工福利/赵慧萍编著. —北京:北京大学出版社,2011.1
(21世纪经济与管理规划教材·保险学系列)
ISBN 978-7-301-17950-5

Ⅰ.①员… Ⅱ.①赵… Ⅲ.①企业管理-职工福利-高等学校-教材
Ⅳ.①F272.92

中国版本图书馆CIP数据核字(2010)第201387号

书　　名:员工福利
著作责任者:赵慧萍　编著
责 任 编 辑:贾米娜
标 准 书 号:ISBN 978-7-301-17950-5/F·2625
出 版 发 行:北京大学出版社
地　　址:北京市海淀区成府路205号　100871
网　　址:http://www.pup.cn
电　　话:邮购部62752015　发行部62750672　编辑部62752926
出版部62754962
电 子 邮 箱:em@pup.pku.edu.cn
印 刷 者:河北滦县鑫华书刊印刷厂
经 销 者:新华书店
730毫米×980毫米　16开本　16.25印张　289千字
2011年1月第1版　2011年1月第1次印刷
印　　数:0001—3000册
定　　价:32.00元

绪论

随着我国市场经济的深入发展、社会保障制度的改革，以及保障水平的降低，人们所面临的生存风险不断增大，人们更多地关注各类福利制度以应对可能发生的风险。从市场竞争的角度看，现代企业间的竞争最终是人才的竞争，如何吸引和留住人才成为企业人力资源风险管理中的重要课题。

员工福利最早出现在西方社会。随着城市化进程的加快，更多的人离开了赖以生存的土地，开始了城市生活。政府为了社会的稳定，企业为了竞争的需要，开始由企业为员工提供各类风险管理的方案——员工福利计划。

员工福利在国外的发达国家早已成为保险专业和人力资源管理专业学生的重要课程，而在国内各高等院校相关专业特别是保险专业并未开设这样的课程。随着现代企业制度的逐步建立和完善，目前中国的社会保障体系正在经历重大变革，医疗、养老等社会保障制度正由原来的国家包办向企业、个人统筹转变，越来越多的企业把员工福利保障计划作为人力资源管理的重要手段之一。而员工福利计划的主要提供者就是保险公司。

因此，国内保险等专业学生非常有必要学习员工福利这门课，而当务之急是要有一本适合本科生使用的教材。本教材介绍了员工福利的发展历史和西方成熟的运作方法，阐述了员工福利的基本概念和基本理论，概括总结了员工福利计划从设计到管理以及各类福利计划项目等各项内容。

本教材有以下几个特点：

(1) 知识全面。本教材几乎涵盖了员工福利的基本知识和基本理论的各个方面，一册在手，可窥员工福利的知识全貌，所以本教材很适合本科生阅读。

（2）结构清晰。本教材分为两大部分：第一是基本理论，第二是福利项目。通过对员工福利的发展动因、发展的法律环境，以及其营销方法的介绍，对员工福利的总体环境进行了描述，对员工福利计划的设计管理方法进行了深入探讨，最后具体介绍了普遍采用的员工福利项目。这样的结构安排保证了知识点环环相扣，逻辑清晰，层次分明，易于学生掌握。

（3）前沿性。在我国，员工福利无论在学术还是实务方面都仅仅处于初级阶段，本教材介绍了西方成熟的理论和运作，具有前瞻性。

（4）规范性和基础性。本教材中所提供的基本上是成熟的理论，一般不涉及太多有争议的理论，能够使读者完整地了解本学科的全貌。

本教材以高等院校风险管理及保险专业和社会保障专业的本科生为主要对象。同时也适用于人力资源管理专业的本科生，以及实际部门的干部培训。在教材的编写过程中主要针对他们的专业需求进行内容的安排。

总体的思路是从宏观逐渐向微观过渡，总体框架可以图示如下：

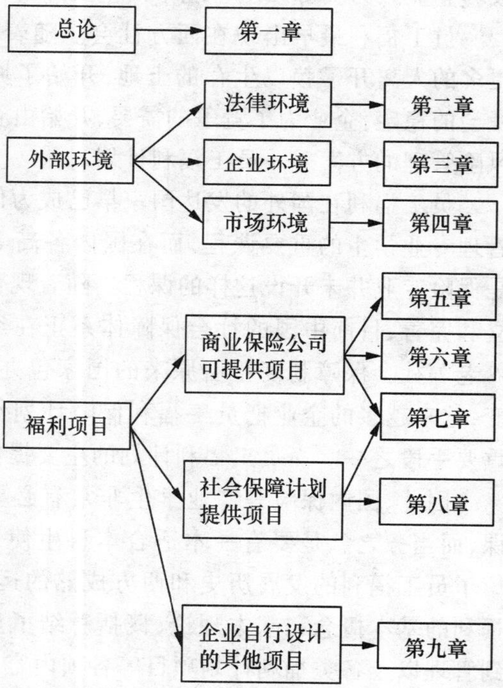

从上图可看出本教材分为以下三个部分：

第一部分是对员工福利计划的总体论述，即第一章的内容，通过这一章的内容使读者对员工福利计划的基本概念有一个总体的了解;在此基础上,之后的内容安排是使读者更深入地了解员工福利计划。

第二部分是对员工福利计划发展起到重要影响作用的外部环境的描述,包括第二章法律环境,第三章设计与行政管理——企业环境,以及第四章市场营销——市场环境。第二章的内容,使学生了解法律对员工福利产生的重要影响作用。第三章的内容,是从更微观的层面介绍员工福利计划,使福利计划的提供者——保险公司了解员工福利计划在企业中是如何产生的,从而使产品的提供更有效。第四章主要介绍市场营销,通过该章主要了解参与员工福利计划的买卖双方以及中介,并且熟悉员工福利计划营销的过程。

第三部分是员工福利计划的项目内容,包括第五章至第九章。这部分主要是对员工福利包括的具体项目内容进行详细的介绍。具体包括:

(1) 由商业保险公司提供的项目:第五章和第六章。

(2) 由社会保障制度要求必须提供的项目:包括第八章和第七章的部分内容,这里需要说明的是第七章退休计划。退休计划包括社会保障所要求的必须提供的内容,同时也是商业保险公司可提供的项目,以及企业通过其他方式提供的项目,由于其重要性,因此,单独作为一章进行专门阐述。

(3) 由企业提供的其他项目:第九章,在这一章特别介绍一些发达国家目前各类新型的员工福利计划项目。

由此可见,本教材旨在为学生就员工福利计划提供系统全面的知识体系,从而无论其将来从事何种与福利计划相关的工作,都能够打下坚实的理论基础。

本教材由对外经济贸易大学赵慧萍担任主编,参加编写的人员有:白艳萍、陈瑟、崔凤骥和赵慧萍(按姓氏笔画排序)。全书由赵慧萍总纂、定稿。

在此,特别感谢陈欣教授和王国军教授,两位教授为本书的写作提供了很多宝贵资料和有价值的建议,感谢我的学生刘洁晶等在资料收集方面所做的工作,感谢这本教材的策划编辑徐冰女士和责任编辑贾米娜女士,她们的耐心和敬业精神以及出色的工作令人印象深刻。

本书的最终完成,承蒙许多人的帮助与支持,在此一并表示感谢。

限于作者的水平,难免存在错误和遗漏之处,敬请读者不吝指正,在此表示诚挚谢意!

赵慧萍

2010 年于北京

目　录

第一章

员工福利概述

本章要点

- 员工福利的概念
- 员工福利的分类
- 影响员工福利发展的因素

引 言

随着城市化进程的加快、经济的高速发展,以及竞争的加剧,员工福利这一概念正在为人们所熟知,并且将成为现代社会中每个人财务保障的重要来源,成为现代企业管理中的重要战略问题。本章概述员工福利制度。主要内容包括:员工福利的概念与分类,影响员工福利发展的因素,以及员工福利的产生及发展。

第一节 员工福利的概念与分类

一、员工福利的概念

有关员工福利的含义无论是学术界还是实际操作部门都没有一个统一标准,存在着许多不同的解释,所包含的项目内容也不尽相同。但是,一般来讲员工福利可以分为广义和狭义两种定义方式。狭义的员工福利是指当员工遇到死亡、意外伤害、疾病和失业等不幸,或退休时,雇主为其提供的各种财务性补偿计划。在这种狭义的定义中,仍然存在着某些方面的争议,例如,是否应当把雇主参与供款、政府提供的各项社会保险计划,诸如劳工补偿保险、失业保险等包括在内。

广义的员工福利是指除工资之外,雇主为其员工提供的所有各类直接财务性补偿项目以及间接的各类补贴性服务项目,主要包括以下五方面的内容:

(1) 法律要求雇主必须参与供款的政府计划,诸如国家社会保障制度框架下的失业保险、基本医疗保险、工伤保险和生育保险等;

(2) 各类退休计划和商业保险,如补充医疗保险和企业年金等;

(3) 非工作时间的额外补偿,例如节假日补贴等;

(4) 除与工作绩效挂钩的工资、奖金之外的现金补贴;

(5) 为员工提供的各类带有补贴性质或免费的服务项目,如免费午餐、免费体检等。

在本书中使用的是广义的员工福利的概念。

二、员工福利的分类

为了理论研究和实务设计的方便,员工福利可以按照不同的方式进行分类。

（一）按照其性质来划分，可分为以下三类：

1. 保护性项目计划

包括三方面的保障内容：第一，与员工家庭成员有关的福利项目；第二，促进员工本人健康的项目；第三，抵御由失业、伤残和重大疾病等引起的收入损失的项目。

2. 不在岗待遇

指为员工提供的、在其不履行主要工作职责时仍然可以获得的补贴项目。

3. 附加值项目

指可为员工及其家庭提供更多机会并有助于长远发展的计划。在实务中这类项目品种繁多，例如弹性工作时间、压力管理课程、技能培训以及报销学历教育学费等。

（二）按照是否由法律强制来划分，可分为以下两类：

1. 法律规定必须提供的项目

指由政府颁布的法律法令所规定的、雇主必须为雇员及其家属提供的各类保障计划。例如，美国《1935 年社会保障法案》中规定的两项计划：一个是由联邦系统为退休人员提供的收入计划；另一个是由联邦政府和州政府控制的失业保险计划。

2. 自主选择决定的项目

指公司可以根据自身财力或理念选择为其雇员提供的福利项目，包括各类收入保障计划、健康保障计划、非工作时间的福利等。

第二节　影响员工福利发展的因素

影响员工福利计划形成和发展的因素很多，包括社会、经济、政治等方面，而且相互交错。这些因素可主要概括为以下四个方面：

一、工业化程度

一国工业化程度的高低是员工福利计划发展的重要前提。第一，在工业化程度较低，也就是农业为主的经济形态中，人们的衣食住行主要依赖于土地，是自给自足的生活方式，无论年龄多大，只要勤于劳作即可获得生活所需；而在工业化程度较高的社会中，人类的生存所需依赖于工资收入，而且工作中都有退休年龄的限制，一旦退休就意味着收入的中断，面临着老年的风险。第二，工业化程度较高的社会中，家庭结构也发生了变化，由过去关系紧密、规模较大的家庭结构转变为关系松散、规模较小的结构。这一转变意味着家庭成员之间生存方面的互助减弱，而更多地需要个人独立面对生存的风险。因此，这就使雇员对雇主向其提供各类福利计划产生了客观需求。

二、商业竞争

一般来讲,商业竞争是推动员工福利计划特别是自主选择、决定项目发展的主要因素。在商业竞争激烈的环境中,特别是随着科学技术的进步,企业在竞争中是否能够取胜最终取决于人才。而随着社会和竞争环境的变化,人们在择业时也不仅仅考察企业提供的工资收入,还看重企业是否能为其提供自身提高和发展的机会,是否能提供诸如住房、医疗和养老等方面的福利。因此,企业的员工福利计划就成为其吸引和留住人才的"金手铐",是企业在商业竞争中获胜的法宝。商业竞争愈激烈,员工福利愈发达。

三、法律制度

政府的各项法律法规对员工福利的影响表现在两个方面:第一,对员工福利项目的直接影响。如前所述,法律规定的福利项目是指由政府颁发的各项法令中明文规定的企业必须提供的各种福利项目。企业如不施行,通常要面临罚款或其他处罚。因此,政府颁发的各类法令越多,则此类福利项目就越发展。第二,对员工福利项目的间接影响。这主要表现在政府有关税收法令对员工福利项目的影响上。当政府就某一项团体福利项目给予企业税收优惠时,就会促进该项福利项目的发展;反之,则会限制其发展。

四、工会的力量

尽管随着竞争的加剧,雇主可能存在一定的提供雇员福利的主观积极性,但是,在以盈利为目的的商业社会,雇主一定会尽可能地降低成本。因此,企业提供的员工福利项目也一定会尽可能地减少。在这种环境中,有工会组织的企业与无工会组织的企业相比,前者的员工福利项目较多;工会组织讨价还价力强的企业与工会组织讨价还价力弱的企业相比,前者的员工福利项目较多。

五、保险与金融中介和福利计划顾问的影响

员工福利的发展是一个不断创新的过程,这就离不开企业外部那些中介服务性机构的专家式帮助和技术支持。起初,企业主要依靠保险公司和金融中介机构的专业服务来设计和开发新的福利品种。现在,随着一批专门从事员工福利顾问工作的顾问公司的兴起,专为员工福利提供的精算化、系统化及双向交流式的服务开始产生。从20世纪80年代开始,通过私人合同的订立和广告媒介的大力宣传,一个专为员工福利提供服务的市场正在蓬勃兴起,并毋庸置疑地对弹性福利安排和员工福利创新品种的产生发挥着巨大作用。

第三节　员工福利制度的发展

一、发达国家员工福利制度的发展阶段划分

按照推动因素的不同及当时的时代特征,国际上将员工福利的发展大致划分为以下三个阶段:

(一) 20世纪50年代以前的早期发展阶段

20世纪50年代以前,企业主和员工们对员工福利的认识都处于初级阶段,企业主主要基于自己的利润动机来制订员工福利计划,员工对自己的福利也没有过高的要求,形式较简单(主要是物质及货币形式),国家相关的法律制度也较少,这是该阶段员工福利制度的主要特点。

(二) 20世纪50年代到80年代的成熟发展阶段

第二次世界大战以后,随着各国经济的快速恢复发展和社会的进步,员工福利制度也在迅速发展。企业主们在制定员工福利制度的时候开始考虑员工的利益。各国政府为刺激消费、维持社会稳定建立起一整套的社会保障制度,这也成为员工福利的一个重要组成部分。该阶段是员工福利制度迅速发展的阶段,不论是员工福利的规模还是形式都迅速地扩大和丰富了。

(三) 20世纪80年代至今的综合发展阶段

从20世纪80年代起,现代的员工福利制度才算基本建成。现代员工福利计划体现了企业、员工及政府三者的利益,同时考虑了三者的独立性。这个阶段,企业、员工、政府各有自己的目标;员工的需求是获得病残津贴、养老金、亲属供养金等生活保障;企业的动机是按照国家的法规实施福利计划,且满足自己的利润需求;政府的目标是通过制定政策来达到宏观经济调控的目的。

二、美国员工福利制度的发展

按时间顺序,自20世纪50年代开始,美国员工福利制度的发展大致可以划分为以下两个阶段:

(一) 第一阶段(1951—1986年)

1951年,美国商会第一次就员工福利成本对736家企业进行了详细调查,报告结果显示,雇主为每名员工支付的年员工福利成本为644美元,仅占员工全部工资收入的18.7%。随着员工福利的稳步发展,到了1986年,人均年员工福利成本已达到10283美元,占员工全部工资收入的39.3%。这一比例数字是1951年比例数字的两倍多,与同期工资增长幅度只能达到10%相比,这一增长速度非同寻常。

是什么原因导致员工福利在 1951—1986 年间得到超速发展呢？这既有来自外部环境的因素，如法规的出台、经济和社会制度的发展、税收政策的改变、服务中介的促进等，也有企业自身的原因。具体原因如下：

1. 战争期间稳定工资政策的影响

在第二次世界大战以及 1950—1953 年爆发的朝鲜战争期间，美联邦政府出台政策严格限制工资的增长。由于那时员工福利只是作为工资的补充项目，并未遭受冻结，这就促进雇主们改变他们的薪酬策略，借助提高员工福利来变相增加员工工资，有效地绕过了稳定工资的限制，达到了涨工资的目的。结果，战争以后，员工福利在工资份额中所占的比重得到了大幅提升。

2. 社会保障体系的发展及政府的强制作用

社会保障体系的发展促进了员工福利的发展，因为政府不可能独立承担起社会保障的重担。社会保障资金要靠政府、企业雇主与雇员共同出资，因此，员工福利计划不仅是雇主与雇员的自愿行为，更受到政府的硬性约束，被纳入到社会保障体系的统一背景中来。社会保障制度的日益完善推动了员工福利计划的发展与普及，与此同时，企业在设计员工福利计划时也要通盘考虑，与政府的社会保障福利协调一致。

3. 税收优惠

联邦立法一度给予员工福利计划优惠的税收待遇。这些税收优惠不但极大地促进了员工福利计划的发展，而且规范了员工福利的设计模式。因为企业雇主在设计员工福利时都努力采取最合理的模式来寻求税收优惠最大化。主要的税收优惠措施如下：

（1）被列为合理商业开销的员工福利计划可以从企业应纳税中扣除。

（2）员工所获得的员工福利收入可以免交个人所得税或递延纳税，这使得雇主发给雇员的工资相对增多。

（3）企业存入特定的退休基金和资本积蓄计划中的资产在未分配以前是免税的，通过运营好这些年金及福利基金所得的收益也是免税或递延纳税的。

所有这些税收上的优惠措施，有效地促进了员工福利计划的发展。给予企业优惠的税收待遇反映了这样一种社会需求，即通过制度安排希望雇主能够为雇员提供更广泛和稳定的福利。尽管国会为此牺牲掉了部分税收收入，但联邦政府却减轻了一部分的财政负担，不再像以往那样要作为社会福利事业基金和退休基金的首要出资人。

据联邦管理和预算办公室估计，1975 年政府为鼓励雇主付费的健康福利和年金计划而减少的税收收入达到 850 万美元，到了 1985 年这一数字增长到了 7 000 万美元。为了解决政府为推行税收激励政策而放弃了过多的税收收入这一问题，

1986年10月22日,美国总统里根签署出台了被誉为"美国历史上对税收机制最彻底的修整"的法案——《税收改革法案》(TRA),该法案在保留了最基本的福利计划税务优惠的同时,对雇主出资的员工福利计划施加了很多新的限制性及条件性条款,减少了员工福利在企业避税上的优势。

4. 工会的集体努力

员工福利计划每一步的成长都少不了工会集体谈判所做出的努力,美国劳工关系委员会制定的《劳工管理关系法案》(LMRA)要求就劳工工资、工时和其他雇佣条件进行最大诚信的集体谈判。最为著名的事件是1948年美国劳工关系委员会(NCRB)规定定期工资应包括年金计划。不久以后,1949年通过的最大诚信谈判又将团体健康和意外事故保险也列入了期间的工资范畴。

通过这两次决议,LMRA条款被广泛应用于退休与福利计划中去,并极大地促进了它们的发展。

LMRA在员工福利计划的发展过程中扮演着重要的角色,它与《国内收入法规》(IRC)一起正式区分了退休与福利的概念。除此之外,LMRA还为员工福利项下的各个具体种类能够得到协调管理搭建起了一个规则框架,为员工福利在全社会得到广泛建立提供了法律基础。

5. 雇主的积极推进

自1794年Albert Gallation玻璃工厂率先引入高利润分享计划起,私人企业主们一直积极投身于促进新的员工福利项目产生并发展的过程中。

从20世纪50年代到80年代中期,受到雇主积极推动的影响,诞生了长期残废保障、401(k)储蓄计划、现金平衡年金计划、抚恤计划、员工培训机会、员工配股计划、子女照看安排、补偿金账户、独立生活保险、长期医疗和弹性福利计划等各种各样的员工福利计划。这些种类繁多、考虑周到的员工福利政策的出台反映了企业主正日益关注着该如何真正满足员工的要求。那么是什么促使雇主对发展员工福利怀有如此大的主动性呢?答案是,源自商业动机,即通过提供人性化的员工福利,使员工对企业怀有忠诚度,为企业吸引并留住最优秀的人才,再通过高效率的人才为企业带来更高的生产率,创造更多的财富。

(二)第二阶段(1986年至今)

1986年是美国员工福利制度发展的分水岭,从那年开始,美国的员工福利制度发生了巨大的变革:

1.《美国综合性混合预算调停法案》的出台

1988年7月1日,《美国综合性混合预算调停法案》(COBRA)开始生效。这一法案规定了雇主具有出资为员工及其家属购买团体健康保险的法定义务,即使是由于雇佣合同终止、员工死亡或其他法定原因导致雇佣关系结束,雇主也要为员工及其家属提供3年的健康福利。

2.《1986年税务改革法案》的出台

另一大改变来自于《1986年税务改革法案》。这套法案被称为美国75年税务史上最彻底的变革。这套税务改革法案中的很多条款引起了企业薪金管理人员的关注,他们开始重新审视利用员工福利进行避税的有效性。从1987年开始,雇主们开始不断努力去了解和适应新的复杂的税法条款。他们试图寻找到新的避税途径来维护年金和福利计划税收优势,与此同时,因为该法案极大地降低了个人收入所得税比例,对于员工来说,利用福利来获取免税或递延纳税税收优惠的吸引力却大不如前了。

3. 第二轮的成本控制战略

同样是在1986年,那时20世纪80年代初雇主采用的各种各样的健康福利成本控制策略开始失效了。这些策略包括利用限制条款、特殊索赔管理程序、可选择性融资安排等。在70年代后期,这些策略的确帮助把在以两位数通货膨胀着的员工健康保险成本降了下来。但到了1986年,健康保险成本又开始回涨了,这主要来自于采用新的医疗技术带来的员工医疗成本的提高。

健康福利成本的大幅上涨所带来的挑战促使雇主引入了第二轮的成本控制战略,即推行有管理的医保体系。这一体系包括健康维护组织(HMOS)、优惠医疗提供组织(PPO)、独家医疗提供组织(EPOS)以及各种各样的混合性组织。正如员工福利顾问 Ronald I. Fantanente 所描述的那样,“之所以提供多种多样的选择,目的是使雇主能够在为员工提供自由选择的福利项目和寻求有意义的成本控制机会之间做出权衡”。选择的一端是传统的医疗计划,其为雇员提供了无限的选择机会,但只能保证中等程度的成本控制;而另一端是让员工加入团体保险即HMO模式,这一模式限制了员工选择医疗服务种类的自由度,通过指定的独家医疗机构提供医疗服务,这成功地降低了健康保险的管理成本。

4. 年金计划融资方式的变化

另一巨大的变化是年金计划融资方式的变化。以前,员工福利的资金大多数是由雇主出资。1985年员工福利计划中雇主出资额高达员工全部工资的5.9%,而员工个人出资仅占0.5%,而到了1989年,相对应的数字变为5.1%和3.6%。这一变化主要归功于雇员自设基金的401(k)计划的广泛推广和雇主提供全部资金的限定福利年金计划的逐渐衰竭。

5. 弹性福利计划

除了提供给雇员更多的选择,雇主出资的弹性福利计划在80年代末期也有了飞速的增长。BLS的一份关于“大中型公司员工福利调查”的报告显示:1986年只有2%的雇员能够享有弹性福利计划,而到了1989年,这一数字增长到了13%,同期,账户中拨付给弹性福利计划的资金份额也从5%上升到了23%。Wyatt公司"1986年对于515家公司的调查"显示:30%的公司在实行弹性福利计划,还有很多家公司正在考虑在未来5年内采纳这一计划。

弹性计划重新定义了雇主在员工福利中的角色地位,雇主不再是单方面全盘负责计划的设计和融资,而是赋予员工权利从菜单中选择自己需要的福利项目。同时雇主将用于员工福利的款项直接发放给员工,让员工自己来支付福利花销,如果这些钱不够覆盖员工自己所选择的福利项目,那么超支的部分,雇主会帮助员工垫付,垫付的钱将从员工的个人工资中进行扣除。采用这一措施的结果是使雇主能够更好地控制员工福利基金并且使员工自己的贡献额增加。虽然员工自己出的钱增多了,但换回了可以依据自身需要对福利项目进行个性化选择的权利,员工的满意度反而增加了。

员工对弹性福利制度满意度的增加是与变化着的人口构成因素相联系的。现在,随着越来越多的双职工家庭的出现,双职工夫妻在寻求一种能够协调双方福利的最佳方式,以减少重复的福利项目所造成的不必要的浪费,使家庭福利的涵盖面最大化、成本最小化。这就要求夫妻双方至少有一方能参加弹性计划。另外,新型的单亲家庭以及需要赡养年迈父母的家庭的出现,将使一些品种的福利项目变得更为需要。如职工子女托儿所、家庭抚恤津贴、家属人身保险等,这些都属于弹性计划的一部分,用于满足员工个性化的需要。

综上所述,从20世纪80年代中后期开始,雇主对员工福利的设计和管理策略进行了一系列的变革,有效地抑制了员工福利成本的激增。在1987年至1989年间,根据调查,员工福利成本占员工全部工资所得的比重从39%下降到37.6%,导致下降的一个重要因素就是员工对员工福利基金自身贡献的增加,从10.3%上升到11.9%。

三、英国员工福利制度的发展

英国是世界上最早实现工业化的国家,也是社会保障制度和员工福利制度建设起步最早的国家之一,其员工福利制度的发展经历了两次制度变迁。

第二次世界大战之后,英国于1948年正式宣布建立了世界上第一个"福利国家",此时英国的员工福利主要为法定部分,虽然英国的职业养老金在第二次世界大战前就与国家养老金并存,但是其地位和作用较为有限。此时政府却对之极少干预,持一种可有可无的态度,放任其零零散散地存在。直到50年代,随着政府的逐步介入,英国的员工福利制度才开始迅速发展。

由于战后国家养老金待遇的不足,参加职业养老金的人数开始逐渐增长。据统计,参加各种职业养老金计划者1936年有260万人,1954年为810万人,1958

年上升至 875 万人。

1959 年建立了国家补充养老金制的国民保险法案。该法案规定,雇主既可以为其雇员办理 SERPS,也可以与国民保险管理机构签订“退出合同”,即不参加国家补充养老金计划,而由自己兴办职业养老金;签订“退出合同”的前提是雇主自办的职业养老金必须达到 SERPS 的最低标准。

在满足法律规定的条件下,企业年金计划才可以获得免税许可,对雇主或雇员的缴费及其基金投资收益不征收任何收入税、公司税或资产增值税。

税收优惠政策一定程度上促进了员工福利计划的发展。给予企业优惠的税收待遇反映了政府对员工福利的态度,即通过制度安排希望雇主能够为雇员提供更广泛和稳定的福利。尽管政府为此牺牲掉了部分税收收入,但却减轻了一部分的财政负担。

英国的劳资关系有其独到的一面,即工会和雇主之间的集体谈判是阶级关系的主要调整机制,国家不参与在私营企业中进行的集体谈判过程,政府给予劳资双方达成协议的自由。英国的这种劳资关系使得英国的工会可以较好地通过集体谈判来维护自身的利益,也正是因为如此英国的罢工比其他西方国家都要多。英国的工会对员工福利的发展起到了巨大的推动作用。

20 世纪 70 年代末,英国同西方许多国家一样经历了石油危机和经济滞胀的双重打击,政府财政入不敷出愈演愈烈,持续了大半个世纪的福利增长势头得到了控制,开始向“非福利化”方向改革。由此,也引发了员工福利计划的一系列变革,其主要特点是:

1. 政府强制雇主提供企业年金

1988 年 4 月撒切尔的保守党政府颁布法令,开始强制性地推行职业养老金制度。法令规定自当时起,所有企业必须建立职业养老金制,雇员在改变工作单位时,有权带走自己的职业养老金;职业养老金的下限要求能够弥补因通货膨胀造成的货币贬值,上限无限制;容许雇员缴纳更多的自愿捐助费,以提高自己的职业养老金,同时政府出台相应的优惠措施,如税收优惠,以鼓励企业积极推行职业养老金制。

2. 企业年金模式的改变

1986 年颁布的《社会保障法》允许雇主选择现金购买的模式,即缴费确定模式,允许雇主在企业年金计划中使用现金购买方法。其缴费和来自国家收入关联退休基金中的回扣资金均可以进行投资。基于现金购买模式,雇主不需要为受益人提供最低退休金担保,其待遇水平取决于储蓄账户的收益,退休储蓄的投资运营必须严格依法操作。这改变了以往英国的待遇确定模式,即企业年金与工资关联,雇员从企业年金得到的退休金是基于他们长期工龄和平均工资计算出来的。

3. 健康医疗保障的变革

1990 年年底，梅杰首相上台后，为了应对经济危机、通货膨胀、失业人口以及民众对医疗服务制度不满情绪的增长，延续了撒切尔政府的医疗保障改革理念以及改革措施，继续实行医疗保障制度改革，力图既减少政府财政支出，又能够提高医疗服务效率，实现医疗资源的有效利用。为此，颁布了新的《国民健康服务与社会关怀法》。法律规定，医院和各类社会关怀机构应该从地方健康当局的直接控制下摆脱出来，建立起自主经营的国民健康服务公司，地方健康当局不再对其进行管理，只是确定当地健康服务需求的基本目标和任务；同时，提倡企业以及其他“第三部门”自办医疗等保险，凡是有条件的企业，经政府有关部门批准后可以自己举办医疗保险项目，鼓励效益好的企业为雇员设立更优越的医疗保险。法律还规定，从 1993 年 4 月起，医疗保障制度不再对私人或志愿性寄宿医院的新增人员提供帮助，地方健康当局有义务确定此类需求人员的要求是否属实，并采取适当措施为其提供有效服务。

至此，由政府一手包办的健康医疗保障一部分落到了企业与个人身上，形成了政府、企业、员工共同参与的健康医疗计划。

4. 员工福利计划的内容日益灵活、人性化

英国于 20 世纪 80 年代末引入弹性福利计划，这为雇员提供了更多的选择。员工可以从公司所提供的各种福利项目菜单中自由选择其所需要的福利，就跟吃自助餐一样。弹性福利制是指组织提供一份福利菜单，福利菜单的内容选择由每一位员工参与，在一定的金额限制内，员工依照自己的需求和偏好可自由选择、组合，其中包含现金及指定福利在内的两项或两项以上的福利项目。因为每个人的具体情况不同，需要的福利也不同。例如，有的员工可能需要住房，有的关心医疗费用问题，有的则担心长期就业问题。弹性福利制是由公司根据每个员工的薪水层次设立相应金额的福利账户，每一时期拨入一定金额，列出各种可能的福利选项供员工选择，直至福利金额用完为止。

弹性福利计划使得员工福利计划更具效率，它不仅降低了企业福利成本，同时还提高了员工的满意度。因此弹性福利计划正慢慢发展成为员工福利计划的主流。

四、德国员工福利制度的发展

德国的员工福利制度具有非常悠久的历史。19 世纪 50 年代起，德国的经济开始迅猛发展，到 60 年代已经超过法国，成为第二次工业革命的中心。良好的经济状况极大地促进了德国员工福利制度的发展。早在 19 世纪中叶的工业革命时期，企业主们就已经通过设立救济基金和援助基金自发地为工人们提供养老保障，远

远早于法定养老保险。随着国家的介入,员工福利的法定部分渐渐成为社会保障制度中的主要形式。

1883 年,德国颁布了《医疗保险法》,规定医疗保险税税率是毛工资的 13% 左右,由个人和雇主各交一半。1884 年,德国颁布了《工伤事故保险法》,工伤事故保险基金由雇主单独缴纳。1889 年,德国制定了《伤残保障和养老保险法》,根据法律规定,所有的工人和职员都参加法定养老保险,其经费来源于雇员、雇主和国家三方。法定养老金给付金额标准,相当于在职员工纯收入的 65%,并随工资的增长而作相应调整。

在德国,雇主的推动对员工福利制度的发展具有一定的作用。早在 19 世纪中叶的工业革命时期,企业主们就已经通过设立救济基金和援助基金自发地为工人们提供养老保障,因此,建立企业形式的养老保障远远早于法定养老保险。雇主为职工建立员工福利计划不仅使员工得到实惠,而且企业本身也受益匪浅。对于雇主而言,员工福利计划是一个非常好的人事管理手段,诱人的员工福利计划可以使企业更容易吸引高素质的员工并且流失率低。此外,企业还可以享受到税收上的优惠,降低工资外成本。

为了鼓励雇主和雇员建立员工福利制度,德国出台了一系列的鼓励政策。比如,以退休保险或退休基金方式建立企业补充保障产生的费用,只要不超过法定养老保险缴费基数上限(2005 年为 2 496 欧元)4% 的,可以免税。而从 2005 年开始,以直接保险方式产生的费用也可免税。此外,新增加的企业年金承诺从 2005 年起可以增加 1 800 欧元的免税额。因此,建立新增补充保障的免税额度最多可以达到 4 296 欧元,而且这 4 296 欧元不列入社会保险的缴费基数。以内部实施方式运行的企业补充保障费用,即雇主列入准备金和投入援助基金的费用不属于工资范畴,因此可以在减免税费方面没有额度限制。这项优惠政策的前提条件是,费用并非由雇员的工资转换而来,而纯粹是雇主的投入。

德国的劳动和社会保障部部长李斯特 2001 年主导的养老金改革中,出台了对个人补充养老保障和企业补充养老保障的一系列补贴政策,称为“李斯特补贴”。如果雇员从净工资收入中提取保险费转入企业年金账户,并且养老保障采取直接保险、退休保险或退休基金等外部方式运营,则可以取得李斯特补贴或通过特殊支出扣除法享受税收上的优惠。

这种政策上的优惠措施大大提高了企业补充养老保障对雇员和雇主的吸引力,从而极大地推动了德国员工福利制度的发展。

第四节 员工眼中的员工福利与员工福利的未来

一、员工眼中的员工福利

员工总是过分关注员工福利所发挥的效用以及他们自己对员工福利所出的钱,却往往忽视了雇主所给予的福利补贴所起的作用。

1984 年美国一项关于员工对员工福利的态度的民意调查显示:641 个被访者中差不多有一半的人估计他们的雇主为员工福利所花费的成本低于工资额的10%,更有 7% 的人认为雇主并未对员工福利出过一分钱。然而 1984 年 USCC 的一份调查却显示,雇主为员工福利的平均花费高达工资额的 36.6%。现实与员工观念的巨大差别反映了雇主在与员工进行沟通且指明他们为员工福利所作的贡献方面还远远不够。

虽然员工们没有准确认识到他们的雇主为员工福利所作的贡献,却非常能理解员工福利的重要性。1985 年 Hemitt 协会针对 12 000 名员工进行了问卷调查和小组访谈,形成了一份学术报告,其基本结论是:

(1) 28% 的受访者认为员工福利比显性工资更重要;

(2) 56% 的受访者认为员工福利与显性工资同等重要;

(3) 只有 16% 的受访者认为员工福利没有显性工资重要。

这项调查是针对不同收入阶层的员工进行的(从年薪低于 12 000 美元到高于 45 000 美元,共分为 7 个水平),在每一个收入水平的被访者中都有 80%—88% 的人认为员工福利比工资重要或至少一样重要。这一结果否定了认为员工福利对高收入雇员更具有收引力,而低收入劳动者只关心现金收入的传统观念。通过对受访者的小组访问了解到,各收入阶层的员工都能充分意识到员工福利作为一种安全保障网的重要意义,尤其对于靠借贷消费、要偿还账单的低收入人群来说,福利意味着对未来不确定性生活的一种保障。

员工福利对员工来说还有另外一层重要意义。《全美最值得为之工作的 100 家企业》的作者在书中提到“最明智的雇主已经把员工福利作为与薪酬、升职机会、职业稳定性和工作环境一样重要的评估标准,来竞争全美最具吸引力的 100 家企业这一殊荣。特别地,领先的企业甚至试图将员工福利范围扩展到利润分享计划、节约增效激励和雇员持股安排。雇主之所以如此积极地投身于员工福利计划,是希望在竞争日趋激烈的人力资源市场上取得竞争优势,这从每月报纸招聘广告版面上各家公司所开创的优厚福利条件中就可得到证实”。

二、员工福利的未来

从1986年开始,国际员工福利制度历经了一系列的变化,受到立法改革、适应员工个性化需要以及剥离出部分雇主职能的冲击。然而从事员工福利工作的专家依然相信,未来还会产生更大的变革,随着新的管理方法和新技术的不断应用,员工福利制度将日趋完善。在发展与完善的过程中,员工福利的基本功能将保持不变,它已深深地扎根于整个社会保障体系中。在成本递增的压力下,更加高效的员工福利手段将被采用,适应个性化需求的弹性福利制度将得到更大发展,员工福利机制将日益获得改良。

尽管员工福利未来的发展速度不会像过去那样快,但因其在社会保障体系中的重要性,未来将非常需要大批专门从事员工福利设计、投资、管理、沟通等方方面面工作的专业人才,以便员工福利制度能得到更有效的运行,使整个社会的经济安全利益最大化。

案例与资料 1-1

中国员工福利计划的演进

从员工福利的目的和内涵能够推断出,人类需求的改变将导致员工福利形式的变化。随着经济水平的不断提高,人类的需求逐渐从低级的物质需求演变到高级的物质享受和精神的愉悦;因而,员工福利也不断从简单的物质给付发展到复杂的综合性的员工福利服务。

就我国而言,员工福利的内容和形式大体上经历和正在经历着三个阶段:物质阶段、货币阶段和服务阶段。

“物质阶段”。在计划经济时期和改革开放初期,我国福利的主要内容和形式是物质。这些物质涉及吃、穿、用、住、行,以及福利分房、免费医疗、子女免费教育、老人免费进福利院、布票和粮票的发放、粮食和水果的分配。这一时期,经济收入低微,生活水平低下,“吃、穿、用、住、行”方面的需求是基本需求,这些方面的任何额外增加,都将增进员工的满意度和满足感。

“货币阶段”。这是中低收入水平的市场经济体制的特色,其主要福利形式是货币给付。主要类型有:① 奖金,如年终奖金、研究发明奖金、竞赛获胜奖金及各种名目的奖项和奖金。② 津贴,如岗位津贴、职务津贴、高危工种津贴等。

③ 补贴，如物价补贴、住房补贴、高温高寒补贴、出差补贴等。④ 救济金，如失业救济金、困难救济金等。⑤ 其他，如节日慰问金、婚丧喜庆的贺礼和慰问金等。

“服务阶段”。随着市场经济的进一步深入，收入和生活水平上升到较高的阶段，货币收入呈边际效用递减；人们更加注重生命，注重健康，注重社会关系和亲情关系，注重休闲娱乐和劳逸结合，更加追求工作和生活的便利，更加害怕人身风险、疾病风险、财产风险和其他带来精神压力的风险，如责任风险。这一时期，人们的需求和价值观发生巨大变化，消费结构向着多元化和服务为主的方向发展，人们的消费支出中服务型消费的比重急剧增加，其中医疗、保健、旅游方面的消费支出又占主要部分。2000 年我国已经建立了企业年金制度的企业只有5%。因此，在这一阶段，福利形式主要是为员工提供服务型的产品，如保险、养老金、企业年金、股权、旅游、健身俱乐部、度假村等。

服务型福利并非不提供货币收入，只是不以赤裸裸的货币福利为主要形式，而是将货币给付与最终消费相结合，而且这类最终消费的主要形式是服务。我国已基本走完了前两个阶段，正逐步走向服务型福利阶段。

资料来源：李社环，“企业员工福利与保险业的机缘分析”，《中国保险管理干部学院学报》，2004 年第 1 期。

思考题

1. 如何理解员工福利的含义？

2. 员工福利包括哪些方面的内容？分别举例进行说明。

3. 员工福利的发展过程可以分成哪几个历史阶段？各个阶段具有哪些发展特征？各阶段的发展速度如何？

4. 回顾员工福利的发展历史，简要说明一国的税收制度安排是如何影响雇主设计员工福利项目的。

小组讨论

讨论员工福利计划的内容。你认为货币工资重要还是其他福利重要？其他福利中哪些项目更重要，为什么？

辅助阅读资料

1. www. statsoft. com

2. www. stats. gov. cn

3. *Fundamentals of Employee Benefits Programs*, EBRI, fifth Edition.

第二章

美国的员工福利制度及其相关法律法规

本章要点

- 雇员福利权利的保护
- 劳动关系法案
- 员工福利计划的监管

引　言

美国的员工福利制度是在工业化进程中国力增强、经济基础较为雄厚的情况下开始实行的。而之后随着员工福利在项目数量和保障范围方面的不断扩大,其经济影响也得到了进一步的提升。通过员工福利计划公平、公正地对待员工,不仅是关系到员工个人的权利、国家就业稳定和公共利益的重要因素,而且将会促进经济的健康稳定发展。因此,政府关于员工福利方面的立法也不断加强。回顾美国历史,其国内政党纲领的变更、国家总统和地方领导人的选举,都与员工福利的相关政策的提案、立法有关。而这些众多的法律法规又反过来影响着企业员工福利的管理设计工作。在某种程度上,中国的员工福利制度将按照美国这样发达的市场经济国家的路径发展和演变,美国员工福利制度的变迁及其相关的法律背景对中国而言,具有重要的参考价值。

第一节　雇员福利权利的保护

社会人力资源的充分开发需要良好的政治、经济、社会和文化环境,但更为重要的是要有一个公正、公平的法律环境做后盾。只有各类就业者在招聘、录用以及劳动合同的签订、执行等方面处于平等的地位,并且这种平等地位能够得到相关法律的支撑,社会人力资源才能通过公平竞争得到合理配置。美国经过一百多年的努力,已经建立了一套相当完备的提供公平就业机会的法律体系,这些法律对维护美国社会的公正和促进社会人力资源的合理配置作用显著。

在社会就业公平方面,不公平通常表现为对劳动者的歧视。这里,歧视是指具有相同生产率特征的工人仅仅因为他们所属的人口群体不同而受到的不同待遇,或者说是在劳动力市场上对工人与劳动生产率无关的个人特征的评价。歧视通常有三种明显的形式:就业歧视、工资歧视和职业歧视。美国社会中不仅有世界各国普遍存在的对女性、残疾人、老年人的歧视,还有其特有的对种族、肤色、宗教信仰、最初国家来源等不符合社会主流的人力资源的歧视。如在各种人口群体中,黑人的失业率大约都是白人的两倍。如果可观察的生产率特征相同,华裔和祖籍为土著印第安人的美国男子所挣得的工资报酬大约比美国人的平均工资报酬要低12%左右。1992年美国18岁以上且从事全日制工作的女性的平均工资报酬只有男性工资报酬的67%。1992年12月,只有31%的处于工作年龄的美国残疾人得到了雇用。

美国实行的是三权分立的政权组织形式。美国《宪法》建立了三大主要管理机构：立法机构、行政机构和司法机构，并明确界定了每一个机构的角色和责任，使得这三者之中任何一方都不可能一权独大，从而保证权力相互制约以便达到一种平衡，保障公平就业机会法律真正得以落实。

联邦政府的立法机构由众议院和参议院构成，由其制定的法律在全国范围内对人力资源的管理都具有强制力。立法机构通过制定法律逐渐使少数民族群体在生活的许多领域中都获得了公平的机会。从《民权法案》第七章到《雇员退休收入保障法》、《就业年龄歧视法案》等多项法律都是立法机构源于社会需要针对就业公平制定的。

行政机构是由美国总统及许多管理机构所组成的。在行政权日益扩大的情况下，行政机构对公平就业法律的影响显得越来越重要。这些影响主要表现在：

（1）总统可以向国会提出立法建议；

（2）总统有权否决国会通过的任何法律；

（3）在总统职权之下的一些管理机构承担着强制实施法律的责任；

（4）总统可以发布行政命令；

（5）总统可以以某些方式影响法院对法律的解释；

（6）联邦司法体系中的所有法官都是由总统任命的（同时还要经过立法机构的批准）。

司法机构是由联邦法院系统组成的。从一些准司法管理机构（如国家劳动关系委员会）、地方法院到最高法院，司法机构内部有一套严密的组织和案件受理程序。在受理各种劳资争议时，司法机构担负着适用公平就业机会法律的责任。最高法院作为终审法院做出的判决只有国会通过立法的形式才能推翻。

公平就业机会法律无疑对美国劳动力市场的形成和发展起着积极的作用。这些作用体现在：

（1）指明方向，劳动力雇佣市场应朝着提倡公平、公正的方向发展；

（2）规范行为，任何企业在雇佣实践中应遵循公认的反歧视价值规范；

（3）强制惩罚，对有歧视行为的企业毫不留情地加以惩罚，直至其破产；

（4）保障公正，通过对就业领域的规范，在全社会树立一个追求平等、公平、公正的价值观。

一、美国公平就业机会相关法律

在美国，影响人力资源管理、促进社会实现就业公平的法律既有国会制定、修订的宪法和有关专门性法律，也有总统单方面发布和修订的指示；既有反对所有就业歧视的基本法，也有只针对某种具体歧视的单项法律法规。

（一）反歧视基本法

在1866年通过的美国第一个民权法案里，有一项条款宣布，所有在美国出生的人，生来具有美国国籍。这一条款被加进同年通过的《宪法第十四修正案》。美国的国籍法因此建立了“地缘”原则（the rule of jus soli），即根据出生地决定国籍的原则。

1964年的《民权法案》第七章规定：“雇主因为一个人的种族、肤色、宗教信仰、性别或最初国家来源等原因而没有雇用或拒绝雇用此人，或解雇此人，或在薪酬、就业条件或就业权利等方面采取歧视性行为以及对雇员或求职者以任何一种方式实施限制、隔离或分类，从而剥夺此人的就业机会或者是对其雇员地位产生负面影响的行为都属于非法行为。”

《民权法案》第七章禁止了雇佣关系中对美国少数民族人种和妇女的歧视。在《民权法案》第七章出台之前，雇主可以凭借种族、肤色、宗教信仰、性别和原籍等理由合法地拒绝雇用相应的人到企业任职。该法案的出台，完全是美国少数民族、妇女多年努力抗争的结果。

《民权法案》第七章的保护面很广，除了私营企业、州和地方政府以及员工超过15人的教育机构的雇员，私人或公共人事代理机构、劳动组织以及行会也受此法案约束。

1991年的《民权法案》对于《民权法案》第七章、《美国残疾人法案》以及《就业年龄歧视法案》进行了修正，并纠正了几起高等法院限制员工权利的判例。其中最有名的是安东尼奥诉沃兹科夫包装公司案。最高法院判决原告员工必须举证公司哪个做法是有歧视性的，以及如何产生了歧视的后果。而1991年的《民权法案》实施后，举证责任落到了雇主头上，雇主必须证明被指控的人事政策是企业经营要件（business necessity），是为了防止企业遭受无法弥补的经济损失才实施的，且该措施不带有歧视性，这样才能免除《民权法案》第七章下的歧视性雇佣行为的指控。1991年的《民权法案》同《民权法案》第七章的保护面一致，而主要变化，一是在歧视案件中增加了补偿性损害赔偿和惩罚性损害赔偿的规定。二是将合同的缔结、执行、修正、终结以及合同关系中所有利益、权利、各种关系和条件都包括在内了。另外，将联邦政府部门的参议员及同级别的任职人员也涵盖在保护面内。

1991年的《民权法案》还纠正了之前高等法院诉洛伦兹对美国电话电报公司一案的判决。该案例中，高等法院判决后者根据论资排辈的企业惯例来确定员工享受福利资格的做法虽有不妥，但是员工提出诉讼的时间（半年后）已经太晚了，因此指控无效。而1991年的《民权法案》则认为，企业不公正的福利制度的恶果可能要过一段时间才能显现出来，因此，只要员工认为自己受到了不公正制度的侵害，就可以随时对企业提出指控。

比如,假设20世纪90年代某公司有95%的员工为男性。经过几年的发展,有更多的女性员工加入,使得2002年公司男女员工比例变为6:4。直到2003年6月30日,每个员工每年都有两周的带薪假期。而到了7月1日,公司改变了这一人人平等的福利规定,采取了凭年资或工龄(seniority)确定带薪休假天数的政策。结果是,绝大多数男性员工可以享有每年4—5周的带薪休假,因为他们的工龄长;而女性员工大多数只有1—2周的带薪休假,因为她们的工龄要短得多。在这个例子中,企业改变福利政策的做法就是带性别歧视的。在1991年的《民权法案》出台之前,这些女性员工可以控告雇主的年资福利制度是不合法的,但是必须在不合理的福利制度实施180天之内提出指控。在这个例子中,也就是说,到了2003年12月31日,她们的指控就是无效的了。而1991年的《民权法案》则取消了这一时效限制,大大加强了对员工权利的保护。

在美国,总统单方面发布和修订的行政命令不需要国会的批准就具有法律效力。有两项行政命令对人力资源管理有着直接的影响,即11246号和11478号政令。11246号政令由约翰逊总统发布,它禁止以种族、肤色、宗教信仰和最初国家来源为基础实行歧视。它规定:从联邦政府获得5万美元以上合同的承包商还必须在合同签署后120天之内,制定出自己书面的积极的反歧视行动计划。联邦合同执行程序办公室负责该项政令的强制实施。11478号政令由尼克松总统发布。它要求联邦政府的所有雇佣政策应当建立在业绩和适合的基础之上,并且明确指出种族、肤色、宗教信仰和最初国家来源等因素不被考虑在内。

在反对就业种族歧视方面,主要是宪法修正案。美国《宪法第十三修正案》废除了美国的奴隶制度,被应用于带有奴隶制"印迹"和代表奴隶制"事件"的歧视性案件之中。第十四修正案禁止国家不按正当法定程序剥夺人的生命、自由或者财产,禁止国家不给予所有人以平等的法律保护。这条修正案是在南北战争结束之后就立即得到通过的,它最初仅仅适用于对黑人的歧视,后来迅速扩展到了对其他群体的保护,比如外来者和亚裔美国人,现在又进一步扩展到对在逆向歧视诉讼中所涉及的白人提供保护。

(二)反对性别歧视的法律

1963年的《公平报酬法》(Equal Pay Act of 1963)是《公平劳动标准法》(FLSA)最低工资条款的修正案,它要求在同一组织中从事相同工作的男性和女性必须获得相同的工资报酬。该项法案根据技能、努力程度、责任以及工作条件四个方面对"平等"进行了界定。该法案规定,除非明确采用"年资工资制"(seniority system),或"绩效工资制"(merit system),或"计件工资制",或"其他非性别方式计算工资",否则雇主必须在相同的工作条件下,对工作岗位、教育程度、年资及工作考评结果相同的人支付相同的工资。

对企业来说，男女同工不同酬，几乎是天经地义的，然而，1963 年的《公平报酬法》打破了这一桎梏。

另外，1963 年的《公平报酬法》认为工资包括员工福利。公平就业机会委员会规定，工资是员工劳动的补偿，包括对员工的所有支付。这样，雇主必须提供给同工种的男性和女性雇员及其受益人平等的员工福利，即便雇佣成本会有差异。

1978 年的《反怀孕歧视法》(Pregnancy Discrimination Act of 1978)是对 1964 年的《人权法案》第七章的修正案，禁止雇佣关系中对怀孕妇女的歧视，要求雇主将怀孕的女性雇员当成残疾员工对待，从而对她们同样实施残疾福利计划。在纳什维尔燃气公司诉萨蒂案中，法院裁定，企业将怀孕妇女排除在残疾福利计划之外并不违反 1964 年的《人权法案》第七章的规定，理由如下：无论是男性员工还是未怀孕女员工都享受公司的残疾计划，因此没有理由认为男性员工应该享受比女性员工更多的福利。《反怀孕歧视法》推翻了这种做法，该法案规定，雇主应该平等对待怀孕及福利计划保护的其他医疗状况。而且，雇主必须将妇女的怀孕和生育与其他的残疾原因同等对待，妇女可以以怀孕的理由休假。

(三) 反对年龄歧视的法律

1967 的《就业年龄歧视法案》(Age Discrimination in Employment Act of 1967, ADEA)禁止对年龄超过 40 岁的雇员实施歧视。其目的是当公司通过解雇或者"提前退休"来进行人员裁减时，对年纪较大的雇员提供保护。该法案适用于雇用 20 名及 20 名以上员工的企业，以及州和地方政府、25 名会员以上的工会等机构。

1974 年的《雇员退休收入保障法》(Employee Retirement Income Security Act of 1974, ERISA)主要是为了管理企业自主选择的福利计划项目(如医疗、人寿、残疾以及养老金等)的设立和实施。ERISA 是对员工福利计划影响最大的法案。

(四) 反对残疾歧视的法律

1973 年的《职业康复法案》要求所有的行政机构以及那些每年从联邦政府获得 2 500 美元以上合同的承包商针对残疾人采取积极的反歧视行动。其目的就是鼓励雇主积极地雇用那些虽然身有残疾但是符合要求的劳动者，并且通过对他们进行合理的适应性调节来使他们成为劳动力市场上积极的成员。劳工部就业标准管理局负责该法律的强制实施。

1990 年的《美国残疾人法》(Americans with Disabilities Act of 1990, ADA)，是对人力资源管理影响最为深远的法案之一。这项法案保护那些身患残疾的人在工作场所不会受到歧视。它禁止雇主在任何雇佣活动(例如求职程序、雇用、解雇、晋升、薪酬支付以及培训)中对残疾人实行歧视，而不仅仅是局限在禁止雇主在招聘广告刊登、招募、在职工作年限、临时解雇、休假以及小额福利等方面对残疾人采取歧视性行为。《美国残疾人法》中的残疾既包括了特定的生理残疾，也包括了精神和心理的紊乱。企业不能因为残疾员工的保险成本高而拒绝雇用或解雇残疾人，包括有残疾家属的健康人。

《美国残疾人法》在实施中很复杂，尤其涉及员工福利。比如，一名雇员可以依据该法案认定自己是有工作能力的残疾人，同时还可以申请残疾福利补偿。这名雇员二者兼得的做法并不十分合乎情理。这是因为，一方面，该员工有足够的工作能力；另一方面，他又申请了残疾福利补偿，这与前面的判断有逻辑上的相悖之处。

其他和反歧视有关的法律有：①《越南老兵再调整法案》（1974 年）。这一法案要求联邦政府的承包商在雇用越南老兵方面采取积极的反歧视性行动。该法案由联邦合同执行程序办公室负责强制实施。②《职业安全与健康法》（1970 年）。该法案授权联邦政府建立职业安全与健康标准，并对所有会对州际商业产生影响的就业地点强制实行这一标准。任何企业不得以与该标准不同的标准为由采取歧视性行为。③ 1990 年的《公平劳工标准法修正案》（Fair Labor Standards Act of 1990，FLSA）。主要对最低工资、加班工资以及向年龄不到 20 岁的雇员支付的附属最低工资等问题做出了规定。④《家务假和病假法》（FML 1993 年）。该法律要求雇佣人数超过 50 人的雇主在雇员遇到以下情况时，必须提供最长可达 12 周的非带薪休假：生育或者收养孩子；照顾患有严重疾病的孩子、配偶或者父母；雇员个人患有严重疾病。

二、其他相关法令

（一）1935 年劳动关系法案

美国国会 1935 年颁布的《国家劳动关系法》（National Labor Relations Act of 1935，NLRA），扫除了阻碍自由贸易的壁垒，重建了雇主和雇员的平等谈判权。由于 20 世纪美国经济的产业化和大萧条，工人们在雇佣关系上处于劣势，普遍面临低工资、过度的加班和恶劣的工作环境，以及随时失业的危险。为了获得更好的雇佣条件，工人们联合起来维护自己的权益，但是雇主并不愿意坐下来与工人们谈判，因为工人们采取的集体行动会对他们产生巨大的威胁。NLRA 改变了这些状况。工会和雇主都有责任同对方谈判，以维护自身权益。在 NLRA 的指导下，有些项目双方必须坐下来谈判，而有的项目是可谈可不谈的，有的项目则是禁止双方谈判的。双方必须谈判的项目称为“强制谈判项目”（mandatory bargaining subjects），与员工福利相关的强制性谈判项目包括：

（1）残疾给付（作为《社会保障法案》以及各州的员工补偿法律要求强制保障内容的补充）；

（2）雇主提供的健康保险；

(3) 带薪休假;

(4) 养老金和退休计划。

NLRA 严格限制了雇主在建立福利计划过程中的专断性。若雇主单方面更换提供保险服务的保险公司,私自更改经与工会谈判后形成的协议,就触犯了 NLRA 的相关规定。NLRA 认为,集体谈判协议认定的保险公司必须服务到保险期中止,经谈判达成的福利补偿标准在此期间不能变更。

尽管员工健康护理福利计划是强制性谈判项目,但在某些特定情形下雇主自主变更保险服务提供者或第三方管理者则是可以的。例如,联邦上诉法庭曾经宣判过一个案例,某雇主单方变更提供健康保险的保险公司后,其得到的服务质量和水平并不低于原来那家公司,则这种变更也是认可的。在这个案例中,雇主认为他单方更换新的保险公司是合法的,况且这家新的保险公司提供的服务不比原来那家差,而工会则反驳这种变更必须在双方于健康保险条款上协商一致后才可施行。结果双方谈判破裂,工会提出一条临时协议,要求雇主不能单方更换提供服务的保险人。经过法院裁定,该雇主的做法被认为是合理的,因为新的保险公司提供的保险保障与原保险相同。

非强制性谈判项目(permissive bargaining subjects)是雇主和工会之间非必须谈判的项目。主要有以下两方面的内容:

(1) 员工福利计划的管理;

(2) 退休人员的福利项目(如医疗保险)。

非法的谈判项目(illegal bargaining subjects):如果就有的项目进行谈判,则违反了 NLRA 和联邦、州法律。比如,雇主和工会可能不会就 ERISA 规定的员工福利计划特定标准进行谈判,如最低基金标准、最低加入标准、遗属和提前退休补偿要求、最低既得权益标准,等等。

(二) 国税法

国税法(Internal Revenue Code)是关于美国联邦税收(如销售税、企业所得税、个人所得税、财产税)的法律总称,也可称为联邦税法或国内税收法。税收是联邦、州以及地方政府的主要财政来源。由国税局(Internal Revenue Service, IRS)代表政府实施国税法,并对违反税法的企业或个人征收罚款。

国税法对强制性和自愿性的员工福利计划都有相关规定。例如,《联邦保险供款法案》(Federal Insurance Contribution Act, FICA)规定对雇主和雇员征税用于"养老、遗属与残障保险"(OASDI)计划。而失业保险福利的资金来源主要是向雇主征收的联邦税,有时也包括州税收。向雇主征收的联邦税是由《联邦失业税收法案》规定的。

IRC 还包含有对主动设立员工福利计划的雇主和获得这些福利的雇员的鼓励

项目。员工可以从年工资收入中扣除年福利计划分担成本后再纳税,从而减少了自己的税收负担。比如,2002 年年收入 100 000 美元的员工,加入雇主设立的员工退休计划,分担比例为 8%,每年他的分担额为 8 000 美元,这样,他的应税收入为 92 000 美元(100 000 美元 - 8 000 美元)。IRC 规定的所得税税率为 28%,则他应纳税 25 760 美元(92 000 × 28%),比起他不加入员工福利计划时的纳税额(28 000 美元)少了 2 240 美元。

雇主同样可以获得好处,可以把福利成本作为正常经营成本在税前进行扣除,从而减少当期应税额。因此,能够使雇主和雇员减少应税额的福利计划都属于税收优惠计划。税收优惠计划要求雇主遵守 ERISA 的规定,其中一条就是非歧视原则。

(三) 雇员退休收入保障法

在 1974 年的 ERISA 的序言中有这样一段话:"国会发现,近年来员工福利计划在规模、范围上迅速扩大,数量上迅速增加;这些计划的操作范围和经济影响是全国性的;它们关系到数以千万计的员工及其家属能否得到持续的福祉和安全;这些计划在全国引起关注,它们已经成为雇佣关系是否稳定、产业关系发展是否成功的重要影响因素……"这段话表明,政府已经深刻认识到,通过员工福利计划能使雇员获得公正平等的待遇,更重要的是,通过立法体系影响员工福利计划,使之发展更规范,能更好地保护雇员的个人权利,推进经济发展。

ERISA 旨在保护企业提供的满足雇员福利计划的最低标准。ERISA 规定福利计划保障的内容包括:医疗费用、手术费用和住院费用;疾病、事故、残疾、死亡或失业给付;休假给付、日常护理给付、奖学金、预付法律服务费用、学徒或培训计划、《联邦劳资关系法案》中包含的离职金和住房给付。

ERISA 经过 12 年的调查、研究才得以颁行。其立法目标,是要鼓励和规范企业退休金计划,扩大参与计划的雇员人数。为此,采用退休金计划的企业享受税收优惠。针对当时企业退休金计划存在的诸多问题,如信息披露不够、雇员权益缺乏保障等,ERISA 从保障雇员权益的角度出发做出明确规定,并将存在的问题分为四类,分别指定了负责监督管理的政府机构。

ERISA 规定,福利计划的设立与管理应包含的内容包括计划内容、融资和计划修改的程序。必须指定一个或多个受托人负责控制和管理该计划的运作。受托人必须代表计划参加人的利益。没有很好地执行受托人义务的受托人必须对因玩忽职守而造成的任何损失承担责任,甚至受到刑事处罚。

ERISA 规定了对福利计划进行披露和报告的一系列要求。首先,计划必须向每一位计划参加者和联邦劳动部(DOL)提供总结报告;若计划发生重大变化,也必须提供有关修改资料。其次,每年必须向国税局提交年度报告。另外,在特殊情况下(如保险计划终止时),还需提供其他报告。上述披露和报告均由计划管理人负责,以确保计划满足 ERISA 的披露和报告要求。

案例与资料 2-1

ERISA 介绍

1. ERISA 的立法过程

1974 年 9 月 2 日是美国的劳动节,在这一天,福特总统签发了 ERISA,该法案成为美国员工福利立法历史上最重要的一个法案,它影响了加入员工福利计划的上千万的美国人。

ERISA 的历史很长。早在 1962 年,肯尼迪总统就指定了一个由内阁成员组成的委员会,研究私人退休金计划。该委员会的研究报告指出"在全国退休保障计划体系中,私人年金制度应该是一个重要基础"。同时还指出,退休金制度在很多方面是不健全的,比如参加者权利、融资、福利保障和长远规划方面。该报告促使国会开展长达 10 年的各种调查。

在调查期间,国会发现,多种多样的福利计划的存在对全国的工作者及其家属的福祉和保障的意义极其重要。多数计划是为了参加者及其受益人的福利而设计的,但有些部分不是这样的。这是因为在这些计划中,参加者普遍缺乏信息和保护意识,不清楚自己能从计划中获取何种利益,得到什么样的保障。

在 ERISA 的立法过程中,国会试图通过 ERISA 的设计,解决上述问题,并借此"推进一个新型的拓展私人退休计划",以便使更多的国民享受福利计划。ERISA 设定了各种标准,包括信息披露、融资程序、财政责任、员工加入标准和既得权益,等等,各种福利计划若要获得税收优惠待遇,就必须符合这些标准。对于多数计划终止后员工既得权益保护和退休计划的福利限制方面的问题,ERISA 规定了政府在这些计划中的职能。

ERISA 主要应用于私人退休计划,但是几乎所有的员工福利计划都受该法案条款的约束。ERISA 的立法影响极广,对福祉计划,如健康保险、团体寿险、疾病支付,以及长期残疾收入保障,如退休金、利润共享计划、节俭计划等,都有不同程度的影响。

除了退休金计划外,ERISA 超越一切州法律,这种情形称为“ERISA 优先”,但是对监管保险、银行和证券的州法律并不适用。对州和地方政府计划、教会计划以及自营业主也不适用。

2. ERISA 的主要内容

ERISA 的宗旨是保护雇员福利权利。在 1974 年 ERISA 颁布之前,雇主自设的退休金计划很大程度上没有得到法律的约束。《国内收入法规》(IRC)、《联邦福利与退休金计划披露法案》(1958 年)等法律对私营的福利计划的约束是有限的。ERISA 的颁布改变了这种情况。

ERISA 的内容有四章,第一章是关于计划参加者和受益人的保障;第二章是关于雇员福利和退休金计划与 IRC 相关的税收规定;第三章规定了 ERISA 的管理与实施及相关联邦机构裁定权问题;第四章包含了养老保险的内容,以及退休金福利担保公司(PBGC)的设立与职能。

在第一章与第二章中,ERISA 规定了享受税收优惠的合格福利计划的最低标准,另外,其他法律法规(如财政部相关法规)也对最低标准做出了规定。不符合税收优惠标准的福利计划不会得到税收优惠。

第一章　雇员权利的保护

企业侵犯雇员福利权利的情形有很多种,包括借口资金不足终止雇员的退休计划,不向雇员提供关于福利计划足够的信息。另外,法律对养老计划融资的最低标准未作出规定,也使很多企业福利计划夭折,使受益人拿不到任何补偿。这些问题都侵犯了雇员的福利权利。

(1) 报告与披露

ERISA 认为报告与披露的主要作用是:第一,计划参加者充分的交流使员工对自身福利有一个现实的预期;第二,定期的报告有助于政府监督计划的实施。

充分及时的信息披露是企业退休金计划运作的先决条件。首先,雇员只有充分及时地了解自己的权益和退休金计划的详情,才能积极主动地承担安排退休收入的责任,维护自身利益并分担风险。其次,政府要有效地监督企业退休金计划的实施,企业要取信于雇员,定期报告退休金计划的运作状况和偿付能力是十分必要的。基于这一认识,ERISA 规定了报告和信息披露的标准,并指定劳工部负责监督管理。

ERISA 标准下的员工福利计划要求提供计划摘要给计划参加者和受益人。摘要必须简明易懂,措辞准确,内容翔实,能使参加者及受益人充分了解自己在计划中的责任和义务。

一般计划摘要的内容主要包括：

- 经营计划的雇主或雇员组织的名称、住址；
- 每个托管人的姓名、称呼和商业地址；
- 加入资格和福利支付生息支配方式；
- 不可撤销的退休金福利的条款；
- 信用服务和服务中断方面的信息；
- 资格取消、没收福利支付等方面的规定。

除了摘要提供的信息，参加者和受益人必须对计划的财务信息有知情权。财务信息一般由年报提供，年报由财政部下属的国税局填写。还有详细的年报，由国税局寄送给财政部，内容包括计划参加者数目，计划受益、福利支付的分配，财务、精算和保险相关数据。计划参加者可以从财政部那里获得年报。

计划参加人还有权查阅其他相关文件，比如保险合约、托管人报告等。每年参加人和受益人可以要求提供一份书面文件，获取自己的既得权益和生息的财务数据。计划参加者终止服务后，必须能得到书面文件，告知其应得的既得权益和生息。若计划参加者在30天内未得到这份文件，可以向联邦法院起诉。法院会要求计划管理者提供相关文件并可以课处每天100美元的罚金，直到文件被提供。

某些特定事件发生后，管理者必须提供相关报告。比如，建立新的计划需要在计划摘要中说明并通知财政部，计划修改后要形成一个修改摘要。私人福利计划终止，必须通知PBGC。

(2) 信托要求

设立退休计划的雇主必须遵守一个基本信托标准：计划的运营必须以参加者及受益人的利益为准绳。ERISA拓展了这个原则，使之涵盖几乎所有员工福利计划。受托人包括私人雇主和官员，以及受托人和计划管理人，其责任为：控制和管理计划资产；提供投资建议；管理计划。

受托人必须以计划参加者及受益人的利益作为根本出发点管理计划，使计划的资产增值并规避风险，同时遵守相关法律。

受托人必须具备相关的技能谨慎经营计划，类似于企业中的"审慎人"角色。这条标准被称为ERISA"审慎人"标准。因为这条标准很高，审慎人标准一般与专业审慎人等同。

企业退休金计划的管理者担负着受托人的义务和责任，因此ERISA要求受托人严格履行"审慎人规则"(prudent man rule)。受托人必须以企业退休金计划参与者和受益人的利益为目的，并以审慎的态度处理与该计划有关的一切事务。任何忽视、放弃或违背审慎者规则的行为都视为违反受托人义务，必须承担法律责任。“受托人”的职责包括：有权控制、处置企业退休金计划资产；有权管理企业退休金计划；有权向企业退休金计划提供投资咨询；为获取报酬而向企业退休金计划提供投资咨询。劳工部负责监督受托人义务的履行情况，如发现受托人违反审慎者规则，有权代表企业退休金计划参与者和受益人对受托人提出指控。

(3) 税收优惠计划的最低标准及相关规定

企业退休金计划既然基于雇主自愿的原则，雇主就可以自由拟订计划并决定发放的办法。为避免企业钻空子，ERISA 规定，企业退休金计划只有符合税收优惠计划的基本标准，该企业方能享受税率优惠。基本标准包括：

① 计划参与者的合格条件。为防止雇主用苛刻的条件阻止雇员参加退休金计划，规定的合格条件只能有年龄和工龄两项限制。在员工达到 21 岁且至少有一年工龄（以 1 000 年工时为准）的情况下，有权申请加入退休金计划。由于工时可能会包括带薪假期，在企业向员工提供两年福利期限的完全既得权益的情况下，一年工龄标准会延长到两年实际工作时间。

② 计划覆盖面。税收优惠计划必须至少吸收本企业 75% 的普通雇员。普通雇员被定义为年薪 85 000 美元以下的雇员。

③ 既得权益（vesting）。既得权益是员工对退休金给付的不可撤销的权利。既得权益有两方面的含义：首先，在员工缴纳了福利计划的分担额后，其既得权益就是全过程存在的；其次，允许企业利用推迟雇主分担金额的时间来稳定雇员。但考虑到雇员的就业自由和公众利益，规定了权益归属雇员的时限：权益归属或在七年内逐渐完成，或在五年内一次完成。

有时，雇员会终止工作关系（工作中断）一段时间，比如跳槽再就业。企业会考虑员工在这种情况下的既得权益。工作中断时间以年计。若员工在被解雇之日起的 12 个月内工作时间不满 500 小时，就可视为一年的工作中断。若他们在工作中断之后至少再工作一年，则在工作中断前一阶段的工作可以有工作积分。但是，若连续一年中断工作达到或超过五年时间，雇主就不会考虑这些工作积分。

一旦雇员享有完全的既得权益，即使他们在达到退休年龄之前中断雇佣关系，也不会丧失领取退休金的权利。若雇员随后再就业，企业必须按照所有的服务年限（包括中断服务之前的服务年限和中断服务之后的服务年限）来计算其退休福利。

第二章　对国税法(IRC)的修正

ERISA 修正和增强了国税法关于员工福利的规定，主要体现在福利计划的税收方面。ERISA 和 IRC 之间的关系可以用"胡萝卜和大棒"来比喻。IRC 是"胡萝卜"，通过税收优惠政策鼓励雇主建立员工福利计划；而 ERISA 则是"大棒"，约束雇主在提供福利计划中的侵犯雇员权利的行为。

ERISA 加强了企业福利计划的覆盖面，对企业自设退休计划的缴纳额与给付做出了限制，规定了个人退休账户的功能。

第三章　福利计划的管理

美国劳工部和财政部主要负责 ERISA 的管理。劳动部对计划的报告、披露、信托责任等事项有裁定权，而财政部对资质、既得权益和融资等事项有裁定权，而 PBGC 则代理联邦政府管理计划终止保险。

企业退休金计划的资产，必须和该企业其他资产分开管理使用。企业一旦将款项委托他人代管，就无权再动用这笔资产，由此杜绝了企业非法挪用雇员退休金的可能。同时，企业还必须按时为退休金计划支付管理费用及其他费用。税收优惠计划的判定和企业享受优惠税率的资格，由财政部负责监督管理。

第四章　退休金计划中止保险

企业退休金计划是一种远期承诺，雇员先为雇主工作，换取雇主将来支付退休金的承诺。该承诺往往要几十年之后才能兑现，因此雇员承担着相当的风险。首先，雇主依自愿原则可以随时中止退休金计划的拨款，甚至中止计划的实施。其次，企业不能保证永不破产或永无财务问题。而劳动者越接近退休年龄，退休金计划出问题给他造成的损失就越大。为保障劳动者的权益，ERISA 设立了专事企业退休金计划保险的 PBGC。PBGC 是一个隶属于联邦劳工部的国有非营利性公司。它的唯一业务就是为私有企业的退休计划提供保险。三个部门的负责人——劳工部部长、财政部部长和商务部部长——组成了该公司的董事会，劳工部部长任董事长。在成立时，仅仅从财政部借款 10 万美元，用于前期运营费用。它的主要收入来源是企业缴纳的保费，以及通过强制接管企业给付金基金而获得的资产。

具有税收优惠计划的企业必须购买该公司的保险，保险费由法律规定。除少数例外，如宗教组织或雇员人数在 25 人以内的专业性服务企业的给付金计划，所有私有的给付金计划都必须加入 PBGC 保险。保费标准分为基本费率和附加费率两种。基本费率是统一规定的，目前最新标准是每个员工每年 19 美元。附加费率则根据企业具体给付金计划的内容，以及企业投保的内容来确定。一旦企业退休金计划中止，退休福利担保公司就像一般保险公司那样，负责理赔。

PBGC 认定的计划终止有三种形式,对每一种终止形式,都实施不同的终止程序。

(1) 紧急终止(distress termination)

当企业发生财务困难,没有足够的资金支付所有承诺的福利计划时,则可以在符合如下条件的情况下,自愿终止退休计划:

计划管理人至少提前 60 天但不能超过 90 天,向相关机构(包括 PBGC)发出计划终止通知。随后,计划管理人要向 PBGC 发出第二份终止通知,提供关于计划参加人数目、计划资产负债等方面的数据。PBGC 要确认计划发起人企业及该企业下属分支企业是否满足以下财务状况中的一项:企业已经申请破产清算;企业已经申请破产重组,破产法院(或相应的州法院)已经确认如果企业保有完整的福利计划则无法进行重组,并且同意终止计划;计划资助人或其下属企业无法持续运营,除非退休计划被终止。

企业在 PBGC 监督下,将给付金账户清算,所得用于一次性支付所有未支付的员工退休福利。如果员工拒绝接受一次性支付,则企业必须向第三方购买"退休保险年金",使员工将来的年金所得不低于按现有政策应得的退休金。

上述清算程序结束后,企业和员工之间的退休给付金合同就宣告终止。

(2) 强制终止(involuntary termination)

ERISA 规定,虽然企业本身并未申请终止,但 PBGC 认为该企业的退休金账户经营状况不佳,已难以避免财务危机,此时,PBGC 可强制终止该企业的给付金账户。即使企业并未提出计划终止申请,PBGC 也可以视以下条件终止退休计划:退休计划已经不满足最低基金标准;计划已经不能支付到期给付金;计划发起企业的主要所有人作为计划参加者一次性领取了退休金给付;若计划不终止,PBGC 可能会遭受不合理的重大损失。

(3) 标准终止(standard termination)

在计划的财务状况良好的情况下,计划管理人也可以依以下程序终止计划:提前 60 天但不能超过 90 天向除 PBGC 外的其他相关机构发出计划终止通知;通知计划参加者,PBGC 在计划终止情况下清算计划资产以保证这些参加者应得的给付;在计划的资产清算之前,至少提前 45 天通知向计划签发年金的私营保险公司或参加投标的保险公司;向每个计划参加人发出通知,通知内容包括参加人已得的福利以及用于计算福利金额的相关数据;向 PBGC 发出计划终止通知,通知内容包括预定计划终止日的经审计的资产负债数据;清算计划资产以偿付计划下所有的给付金。

计划参加者在计划终止后若不能从计划资产清算中获得足够的给付金,则PBGC还保证他们能得到基本的年金给付,这种情况下的最高年金给付额每年都要调整一次。对单一雇主计划,最高年金给付金额是40 704.60美元;对企业联合给付计划,有30年以上工龄的员工最高年金给付金额是12 870.00美元。

到2003年为止,PBGC的国家强制保险计划涵盖了32 000多个私有企业的4 400万名员工,接管和支付着80万人的退休补偿金。

自从1976年实施ERISA以来,美国企业退休金计划的管理大大规范化了,雇员和雇主双方都从中受益。尽管严格的法律限制了企业自主权,提高了退休金计划的成本,但因为企业(尤其是大中型企业)对劳动力市场的依赖,以及历史的原因(计划很难撤销),企业界一般认为建立合格的企业退休金计划利大于弊。明确的法律规则在一定程度上减少了诉讼,税率上的优惠又带来维持税收优惠计划的动力,故二十多年来,采用退休金计划的企业稳步增长。

3. ERISA与健康福利计划

员工福利计划指员工退休金计划与员工救济计划。员工救济计划(employee welfare plan)适用于一切非退休金福利计划,包括健康计划(投保人及其相关人),寿险、残疾计划等。根据ERISA的定义,所有与员工相关的健康计划(除了由政府实体管理的联邦、州和地方政府健康计划以及教会管理的教会计划),无论是投保人还是相关人,都属于ERISA计划。

与员工健康计划相关的ERISA的主要条款是514节。514(a)称作"优先条款",该条款规定,"本章及第四章条款超越一切与员工福利计划相关的州法律"。ERISA的有限条款的优先权十分广泛。在现行法律制度下,各州要想绕过ERISA的优先权,只有通过国会立法并由总统签字的途径。514(b)称为"补偿条款",规定了各州对保险行业的监管权力不受ERISA的约束;514(c)称为"认定人条款",规定各州不能将员工健康计划定义为一般保险产品以逃避ERISA优先权。

通过514节的规定,ERISA约束范围涵盖了所有私人领域的非教会员工健康计划,不过,ERISA不能凌驾于州保险监管权限之上,由于各州对保险合约有监管权力,因此各州通过购买保险合约的方式形成的健康计划间接监管健康计划。

雇主也可以通过自保(self-funding, self-insuring)的方式逃避州对健康计划的监管。在自保计划下,雇主承担健康计划的财务风险。在全额保险安排下,雇主将健康计划的财务风险转移给第三方,通常是保险公司。在这里,自保的意义通常会引起误解。它不是指雇主建立一个独立账户的基金用于福利支付,而是通过总账户中的现收现付(pay-as-you-go)基础上的支付。而且,不是所有采取自保方式建立健康计划的雇主都是全额自保的。有的雇主认为,牙齿健康支付和处方药的支付成本过高,故将这些项目从自保计划中剔除,通过购买保险来解决这些健康项目的支付问题。这样,这些被剔除的员工计划项目现在间接由所在州监管。

另外,属于保险产品的自保项目还包括止损保险。为了应付自保计划可能受到的巨灾损失支付,有的企业购买了止损保险。止损保险有两种:一是单笔止损保险,承保单一索赔超过一定金额的风险;二是总额止损保险,承保使全部计划遭受的损失超过一定金额的风险。多数计划都同时购买这两种止损保险。

雇主自保其员工健康计划,则其健康计划可以享受税收优惠待遇。几乎所有的州都对本州的商业保险人征收1—4个点的保费税。所有的州都建立了保证基金,作为保险人破产后的未决索赔的最后支付。在保险市场上,保险人实际上将保费税的成本转移到消费者身上。而通过自保,雇主可以省下这些成本。

建立自保计划的雇主还可以不受州监管的约束。州监管项目最有名的是强制性福利标准,规定本州的保险人必须提供特定的健康服务或者由特定的机构提供健康服务。这些强制性标准适用于所有商业保险人、蓝十字和蓝盾计划以及医疗健保公司(HMOs)。

在自保健康计划与HMO的保险协议中会出现一些复杂的情形。各州对HMO的监管迥异。有的州将HMO视作保险公司,而有的州认为HMO提供的服务不属于保险。这样,与HMO有契约关系的自保健康计划是否该由州监管就成了一个问题。

资料来源:ERISA条文。

(四)联邦特定保障延续法令

美国1985年的《联邦特定保障延续法令》(Consolidated Omnibus Budget Reconciliation Act, COBRA)是对ERISA第一章的重大修正。它适用于员工超过20人的私营企业以及州和地方政府机构。但是教会以及联邦政府不包括在内,因为这两种实体不在ERISA的管理范围内。

COBRA适用于由于合理事由而失去健康保险的雇员和特定受益人,允许团体健康保险将终止的特定人员通过自缴保费而在合理事由发生后的一个约定时期内继续享有团体保险。比如,当雇员终止其受雇职业时,他已经不是团体的成员,因此不再有资格参与团体保险计划。根据COBRA,由于雇佣关系终止而导致保险丧失是一个正当的事由,因此,雇员必须被允许在雇佣关系终止以后18个月以内继续享有团体保险。此外,若被保障雇员死亡,配偶和受其抚养的子女也可在18个月内继续享有其团体保险。此外,若被保障雇员死亡,配偶与其离婚或合法分居时,雇员的配偶及受抚养的子女在此后36个月内有权继续享有他们的团体医疗费用保险。当受抚养的子女不再是团体医疗费用计划规定的合格受益人时,COBRA将给予他们继续享有团体保险36个月以内的权利。

根据COBRA,选择继续参加团体医疗费用保险的人必须缴纳继续保险的全部成本。另外,保险人还需加收2%的管理费用。因此,如果某人有资格享有团体医疗费用保险,则他为该保险缴纳的保费通常是实际保费的102%。

若某人由某计划保障且正当的事件发生时,团体医疗费用计划的管理人必须告知被保险人在COBRA下的权利。正当事件发生后,受影响的个人在一段约定的时期内能选定继续其团体医疗费用保险保障。这一继续的保障必须与向有资格获得该团体计划保障的个人所提供的保障相同。

(五)健康保险便携性及可得性法案

1996年的《健康保险便携性及可得性法案》(Health Insurance Portability and Accountability Act, HIPAA)对雇主资助的团体医疗费用保险计划,包括补偿保险计划和医疗管理计划,有许多强制性要求。它是ERISA第一章第七部分(团体健康保险便携性、可得性和复效性要求)的重大修正。该法令包括三个主要条款:第一条款保证员工及其家属在退出原雇主的团体健康计划后,能够方便地加入新雇主的健康计划,且不受健康保险索赔记录的影响;第二条款对健康计划和健康保险签发人的既存状况(preexisting conditions)时间做出了限制,并规定了既存状况条款不适用的情况;第三条款对既存状况限制条件下的新形式的综合健康保险计划连续保险期间做出了规定。

HIPAA禁止基于个人及其受益人健康因素的歧视。尤其是,雇主的健康计划不能限制初次雇用的员工的申请资格,不能限制当前员工及其家属的申请资格。

既存状况是指被保险人所受的伤害、罹患的疾病或身体状况,在保单生效日之前已经存在。在HIPAA实施之前,团体保险计划将长达12个月以上的既存状况排除在保险范围之外。而HIPAA降低了既存状况时间。

HIPAA不涉及仅提供意外保险或仅提供残疾收入保险的团体健康计划。HIPAA的有些要求与州保险法的强制性要求重叠,但是HIPAA并不排斥比其强制性最低要求更有利于被保险人的州保险法律。HIPAA也对签发个人医疗费用保险保障的保险人有强制性要求。

雇主资助的团体医疗费用保险计划以及签发个人医疗费用保险保单的保险人,拥有团体费用保险的个人,一般有权通过缴纳到期保费而续保。特定个人保证有权购买个人医疗费用保险。通过限制团体医疗费用计划中可能包括的既存状况除外责任,HIPPA 增加了医疗保险的便携性。

个人医疗费用保单的监督。HIPAA 要求保险人必须根据保单所有人的选择续保或维持一份个人医疗费用保单有效。但是,在下列任意情况下,保险人有权终止或不予续保个人保险:

(1) 未付保费;

(2) 个人犯有欺诈罪行,或对保险条款规定的重大事实有蓄意的不实告知;

(3) 未遵守保险计划的条款;

(4) 停止向某一地区的个人提供福利计划;

(5) 未满足适用的集体谈判条件;

HIPAA 也要求对持有团体医疗费用保险的特定个人保证提供个人医疗费用保险。禁止保险人拒绝为这种合格个人提供保险,而且保险人不得规定对合同个人的保险既存状况的除外责任。然而,若保险人营业所在州实施了可接受的选择机制,且通过此机制上述合格个人可以获得保障,健康保险人可不受这一要求的限制。目前,美国已经有 48 个州实施了可接受的选择机制。

第二节 美国员工福利计划的监管

与员工福利计划相关的保险涉及公民的生存权和福祉,相对于一般的工商企业,保险公司处于公众信托的特殊地位。因此,保险公司的财务状况及运营与公众利益休戚相关。退休金、养老金等服务对公民晚年的生活尤其重要,如果相关的保险公司破产、倒闭,公民不能得到相应的服务,将会带来严重的社会问题。因此,保险业要接受特定的法律监管以保护公众在保险公司的利益。保险公司作为雇主,就必须遵守州、联邦的各种法律法规。

在北美,签发年金合同的保险公司和签发寿险保单的保险公司都由各州或省监管。为了在一定法律适用区域签发年金合同,保险公司必须取得该法律辖区内的人寿保险营业执照。保险人签发的年金合同必须符合各州或省的有关法规,销售年金合约的代理人也必须在相应法律适用区域取得人寿保险代理人资格。

一、退休计划的监督

为了鼓励雇主和工会建立私人退休计划,美国的联邦所得税法对退休计划资助人(plan sponsor),即建立退休计划的雇主和工会以及退休计划参加者(plan participants,享受退休计划的雇员和工会会员)提供所得税税收优惠。在美国,满足法律要求并获得所得税税收优惠的退休计划称为合格计划(qualified plan),而在加拿大称为注册计划(registered plan)。在美国,雇主为了享受所得税税收优惠,无须在计划建立之前获得国内税务部门的批准,但大多数雇主为了确保计划满足合格计划的要求,都选择从国内税务局获得预先批准。

美国退休计划的多数立法由雇员退休收入保证法案规定。ERISA 对退休计划的要求主要包括:

(1) 平等待遇要求,禁止税收优惠计划采取差别待遇而优待高薪雇员。

(2) 退休计划必须包含约定的最小既得权益要求,即界定计划参加者何时有权领取计划规定的部分或全部福利给付,即使他在退休前就已终止雇员身份。在任何情况下,参加者都有权从其本人分担额基金中领取给付,该分担额属于计划参加者。ERISA 还规定了一个时间限制,符合该限制的退休计划参加者必须有权享有雇主分担额的福利给付。

(3) 对于退休计划资产的投资也有各种要求,以确保这些资产的安全性。比如,退休计划的资产通常必须由保险公司或受托人控制并进行投资。

(4) 计划资助人必须向有关政府机构和退休计划参加者报告退休计划条款的特定信息。

(5) 管理退休计划或控制其资产的人,即受托人,必须依照有关法律法规行使职责。

联邦税法应用于税收优惠计划时,ERISA 要对其进行适当修改。联邦所得税待遇有:

(1) 在固定的限度内,将雇主为税收优惠计划所支付的分担视为经营费用,并且从雇主的当期应税收入中扣除。

(2) 雇主以雇员的名义为税收优惠计划支付的分担额不视为雇员的当期应税收入。雇员交付这部分个人所得税将延至雇员从该计划实际领取给付之时。

(3) 不论是雇主分担额,还是雇员分担额,其投资收益都可以免缴所得税。对于雇主分担额的投资收益,只有当退休计划参加者开始从该计划领取给付时,才缴纳相应的所得税。

有些退休计划叫做分担型计划(contributory plans),该计划要求雇员承担部分的分担额。在美国,雇员通常不能从其应税收入中扣除他们对雇主资助的退休计划的分担额,所以,美国的大多数退休计划属于非分担型计划(noncontributory plans),这些计划不要求雇员的分担额。

二、健康保险的监管

美国大多数州已经遵循 NAIC《统一个人意外与疾病保单条款法》(Uniform Individual Accident and Sickness Policy Provision Law,又称《个人健康示范法》)制定了州法律。因此,个人健康保险的监管基本上是一致的。相反,团体健康保险州监管的一致性就少得多,这是因为许多州并未严格遵循 NAIC《团体健康保险定义及其标准条款示范法》(又称《团体健康保险示范法》)来制定他们的团体健康保险法。

(一) 用于监管健康险的 NAIC 示范法

《统一个人意外与疾病保单条款法》,包含对特定的个人健康险保单条款的要求。

《团体健康险定义及其标准条款示范法》,定义了有资格投保的团体,并包含对特定团体健康险保单条款的要求。

《新生儿示范法》,规定了向被保险人的新生儿提供的保障,根据这类保单,受被保险人抚养的子女可以获得这类保单的保障。

《团体健康保险强制转换特权示范法》,要求团体健康保险合同规定,在被保险人的雇用终止之前或者团体合同终止之前,被保险人有权将他们的团体健康保险保单转换为个人健康保单。

团体协调给付法规和准则,在超额保险条款的使用中建立一致性,以避免几个保险人之间因条款歧义导致的误解和理赔延期。

(二) 团体健康保险监管特点

大约有一半的州规定了团体健康保险合同必须保障的最少人数,通常为 5 到 10 人。但许多州没有最少人数要求,在这些州只能依据其本身的核保要求去决定它将为多大的团体提供保障。

大多数州都有法律禁止在本州对某一团体签发团体健康险保单,除非该团体满足特定的资格要求,这些要求因州而异。NAIC《团体健康保险示范法》规定,团体健康保险合同可以签发给雇主、债权人、工会、由雇主或工会建立的信托机构、协会、信用社或者每一特许团体。

1. 法定给付

大多数州的法律规定,个人和团体健康险保单应提供法定给付。但是,法定给付在各州之间有很大差别。在有些州,这些法律只适用于州内签发的保单;而在其他州,法律适用于任何为本州居民签发的保单。法定给付除了其他保险保障之外还应包括为新生儿、酗酒与戒毒治疗、专业医师(如按摩师、心理医生)提供的服务保险,以及特定诊断检查保险所规定的给付。

2. 对提供者的监督

除了监管保险业的健康保险计划之外,各州还监管 HMOs、PPOs 以及其他医疗保险计划。大多数州已经制定了综合法律以监管 HMOs 运作的所有方面,这些法律通常遵循 NAIC《医疗保健组织示范法》而制定。该示范法规定,这种组织在营业之前应取得作为 HMO 经营的资格。为了取得这一资格,HMO 必须提供一定的基本健康护理服务,必须满足各项法定要求,旨在确保该计划在财务和经营方面的竞争力。大多数州也监管PPOs,旨在确保被保险人合理获得医疗服务,并保证这些服务能够充分满足被保险人的医疗需要。

各州制定的其他法律对提供健康险备选方案的开发产生了影响。例如,有的州对住院率进行监控,这一监控将影响健康保险计划与医务提供者协商折扣率的能力。许多州对医疗服务使用情况审核强行做出了许多规定,还有的州对管理自保计划的中介管理机构TPAS也施行监管。

(三)健康保险的联邦监管

自20世纪90年代起,国会逐渐扩大了健康保险的联邦监管,许多年来,健康保险的联邦监管一般被限定于对作为雇员福利提供的健康保险计划的监管。目前,有几种联邦法律同时适用于团体健康给付计划、健康保险人和医疗管理计划。

1. 雇员年龄歧视法令(ADEA)

ADEA适用于拥有20名或20名以上雇员的雇主,被保险对象是40岁或40岁以上的雇员,所有的在职雇员,不论年龄大小,必须有资格享有同样的健康保险,而且不要求高龄雇员为此比年轻雇员交付更多的保险费用。该法案允许雇主减少年满65岁和65岁以上的员工及其受抚养者的残疾收入给付(若该减少额是根据成本原因证明的)。若为年长员工提供给付的成本高于为年轻员工提供给付的成本,则成本方面的正当性得以证明。若成本方面的正当性得到证明,则被保险的短期残疾收入计划可以减少对那些年满65岁和65岁以上员工提供的给付。为那些在65岁或以后致残的员工提供的长期残疾收入给付水平也可以降低。

2. 联邦政府1964年《民权法案》

联邦政府1964年《民权法案》是范围最为广泛的反歧视法之一。《民权法案》第七条禁止在雇用时,基于种族、肤色、性别、宗教或国籍而发生歧视行为。

《民权法案》第七款适用于拥有15名或15名以上雇员且从事跨州经营活动的雇主,被保险对象是所有雇员,影响了怀孕法案的制定(是一项民法修正案),要求由雇主资助的团体健康计划应尊重此法案为怀孕、生育和相关的医疗条件提供保障,该保障与向其他医疗条件提供的保障相同。管理(执行)民权法案的联邦同等就业机会委员会EEOC已经发布了有关性别歧视的准则。这些准则禁止雇员福利计划(包括团体健康保险计划)采取性别歧视。

1978年《民权法案修正案》成为怀孕歧视法案,要求雇主将怀孕、分娩或有关医疗情况与其他医疗情况同等对待。因此,适用于该法案的雇主资助的团体健康计划必须为怀孕、分娩及其有关医疗情况提供保障。此外,享有关替健康计划的男雇员的妻子必须像男(女)雇员一样享有同等的医疗费用保障。

3. 雇员休假法

拥有50名或50名以上雇员的雇主,其雇员在分娩或收养孩子期间,或需要护理患重病的家属,或自己患病,必须被准予在任何12个月的期间内为合理事由停薪休假,至多不超过12周。在他们休假期间,要求雇主继续对员工提供应有的团体健康保险给付。

4. ERISA

适用于资助福利给付计划、提供属于ERISA法案中的给付(如医疗、手术、住院、残疾、死亡和失业给付等)的雇主,以及由福利给付计划保证的雇员。ERISA要求,团体医疗保健计划必须包含书面计划文件和计划概要,而且向国税局递交年度报告,并制定计划受托人的行为规范。ERISA的一个显著特征是,它优先于或可替代监管雇员给付计划的州法律,其条款优先于监管雇员福利给付计划的任何州法律。不过,ERISA的优先条款已经将监管保险、银行和证券的权力留给各州。因此,州保险法律只适用于被保险的雇员给付计划。

1973年HMO法案,有25名或25名以上雇员,且为雇员健康保险计划提供分担额的、联邦认定的HMOs和雇主,通过提供津贴和低息贷款鼓励HMOs的建立和发展,以开办满足联邦资格要求的HMOs。该法案确定了联邦资格要求,要求雇主在特定情况下为雇员提供选择权,即确定参与联邦合格HMO或者参与雇主团体健康计划。

5. 健康保险便携性及解释法令

健康保险便携性及解释法令(Health Insurance Portability and Accountability Act, HIPAA)对雇主资助的团体医疗费用保险计划,包括补偿保险计划和医疗管理计划,有许多强制性要求。HIPAA不涉及仅提供保险以外或仅提供残疾收入保险的团体健康计划。HIPAA的有些要求与州保险法的强制性要求重叠,但是HIPAA并不排斥比其强制性最低要求更有利于被保险人的州保险法律。HIPAA也对签发个人医疗费用保险保障的保险人有强制性要求。

个人医疗费用保单的监督。HIPAA要求保险人必须根据保单所有人的选择续保或维持一份个人医疗费用保单有效。但是,在下列任意情况下,保险人有权终止或不予续保个人保险:

(1) 未付保费。

(2) 个人犯有欺诈罪行,或对保险条款规定的重大事实有蓄意的不实告知。

(3) 保险人依法终止保险,这需要通知被保险人并且让被保险人能够购买该保险人当时向被保险人所在州居民区提供的任何其他一种个人医疗费用保单。

(4) 保险人遵照法律规定要求停止提供保险,这些法定要求包括通知被保险人并向他们提供选择权,使其购买在居住州保险人所提供的任何其他个人医疗费用保单。

(5) 保险由网络健康护理计划提供,被保险人已经不在网络服务的地理区域居住、生活或工作,以及保险人以与被保险人健康无关的理由终止所有这种保险。

(6) 保险仅由一个协会提供或由多个协会提供,被保险人不再是某一协会会员,以及保险人以与被保险人健康无关的理由终止所有这种保险。

HIPAA 也要求对持有团体医疗费用保险的特定个人保证提供个人医疗费用保险。禁止保险人拒绝为这种合同个人提供保险,而且保险人不得对合同个人的保险既存状况予以除外责任。然而,若保险人营业所在州实施了可接受的选择机制,且通过此机制上述合同个人可以获得保障,健康保险人可不受这一要求的限制。目前,美国已经有 48 个州实施了可接受的选择机制。

6. 团体医疗费用保险计划的监管

HIPAA 对团体医疗费用计划,包括补偿计划和医疗管理计划,规定了若干要求:

(1) 为了增加医疗保险的便携性,HIPAA 对团体保险计划可能包括的既存状况除外责任有所限制。这些限制旨在保证既存状况的团体不因保险人变动工作而失去保障。HIPAA 将既存状况定义为被保险人在注册关替保险计划前的 6 个月内被建议接受或已经接受诊断、护理或治疗的一种生理或心理状况。既存状况的最大回溯期为 6 个月。

(2) 要求团体健康给付计划为那些刚刚符合投保资格却拒绝投保的特定个人提供特别的注册期间。获得特别注册资格的个人是指当时由另一健康计划提供保障的未投保个人,他们在当前已经不具备获得原保险的资格。

(3) HIPAA 禁止团体健康给付计划基于特定因素(包括健康状况、医疗条件、理赔经验、遗传信息和残疾)订立投保资格规则,关替医疗费用计划也不能要求任何个人支付的保费分担高于基于特定因素的同等条件的个人所承担的分担额。

(4) 提供团体健康给付保险的保险人必须根据团体保单持有人的选择而续保这种保险。虽然 HIPAA 允许保险人为此续保而提高费率,但除非有特殊原因,例如未缴付保费,团体保单持有人欺诈或蓄意误报某一事实,或保险人不再提供保险,保险人必须向团体保单持有人继续提供团体保险。

7. 心理健康平等法

联邦心理健康平等法对团体健康计划、健康保险公司以及提供心理健康给付的 HMOs 有一些强制性要求。提供心理健康给付的保单不能设定比任何医疗与外科给付更低的年度或终身最大心理健康给付限额。未对医疗与外科给付强制规定年度限额的保单也不能对心理健康给付制定限额。

8. 1996 年《新生儿与母亲健康保护法》

联邦 1996 年《新生儿与母亲健康保护法》对产妇与新生儿护理的健康险保单有所要求。这种保单必须为自然分娩提供至少 48 小时的住院保险,为剖腹产提供至少 96 小时的住院保险。但是,此法不要求保单为产妇与新生儿护理提供给付,相反，对提供这种给付的计划强制规定了一些特殊要求。

9. 1998 年《妇女健康与癌症权力法》

该法规定了为特定的与乳房切除有关的给付与服务提供保险的健康险保单。根据该法，领取与乳房切除手术有关给付的，且于乳房切除后选择丰胸的被保险人，有资格领取为丰胸所提供的给付。

思考题

1. 年金与人寿保险有什么不同？在员工福利计划中所起的作用是什么？
2. 浅析美国公平就业机会相关法律产生的宪政背景。
3. 简述 ERISA 的主要内容。
4. 简述美国政府对员工福利计划的监管体系。

小组讨论

美国公平就业机会相关法律产生的宪政背景对经济转轨国家有哪些启示？

辅助阅读资料

1. www. statsoft. com
2. www. stats. gov. cn
3. 肇越等，《员工福利与退休计划》，中信出版社 2004 年版。

第三章

员工福利计划的设计与行政管理

本章要点

- 影响员工福利计划设计的因素
- 员工福利计划设计的辅助工具和技术
- 员工福利计划的行政管理

引 言

企业对员工福利的重视程度越来越高,福利开支在整个薪酬支出中的比重也越来越大,员工福利已成为企业的一项重要制度安排。为了保证员工福利实施的效果,需要企业对员工福利做出设计和安排,这种设计和安排统称为员工福利计划。

在本章中,第一节介绍影响员工福利计划设计的因素,大体可分为内部环境和外部环境两个方面。内部环境包括企业的人力资源管理理念、企业的商业目标、薪酬策略、工会力量、企业成本等方面;外部环境包括法律法规、税收制度、经济状况、劳动力市场供求状况和企业的外部竞争压力、福利创新等因素。第二节和第三节介绍设计体系和设计的辅助工具与技术。第四节介绍我国企业的福利设计体系。通过本章的学习,可以使读者对员工福利计划设计有一个比较全面的了解。

无论在发达国家,还是在发展中国家,员工福利计划管理已经发生了很大的变化,涉及多个学科。它要求普通管理技巧与员工福利这一特定领域的深层技术熟练结合。

第一节 影响员工福利计划设计的因素

影响员工福利计划设计的因素是多方面的,表 3-1 描述了影响员工福利计划设计的十大基本因素。为了员工福利计划的有效实施,公司的福利管理者必须很好地掌握所有的因素,并理解它们在特定的组织中对员工福利的影响。

表 3-1 影响员工福利计划设计的十大因素

内部环境	外部环境
1. 人力资源管理理念	1. 国家的法律法规
2. 企业的商业目标	2. 税收
3. 全方位薪酬策略	3. 通货膨胀
4. 工会的力量	4. 劳动力市场供求状况和外部竞争压力
5. 成本问题	5. 福利创新

一、人力资源管理理念

人力资源管理是影响员工福利计划设计最稳定的因素。它是雇员之间和雇主与雇员之间在一个组织中关系的基本理念之一。这个理念反映了公司对福利计划的一贯性选择和设计。

在研究大型公司时,人们发现员工福利作为一个关键的政策反映了管理层在个人价值和员工权益中的信念。美国学者对26个大型公司的研究发现,最流行的是利润分享计划、员工持股计划和储蓄计划。同时,这些公司喜欢辅之以无须员工缴费的养老金计划,尽管一些公司的管理者认为员工缴费是一种有利于员工对福利计划的理解同时又能抵消公司成本的方法。

另一个人力资源管理理念影响员工福利的例子是雇主对弹性福利计划所持的态度。弹性福利计划虽然给员工很大的灵活性,但也增加了员工的风险。雇主对雇员福利的基本态度是强调保障风险期的稳定收入,还是旨在提供附加的、现行的且须缴纳的补偿金?大多数雇主对此态度并不明确。近年来,随着雇主一改"家长制"作风,强调员工的个人责任,人们越来越青睐于弹性福利计划。

二、企业的商业目标

员工福利计划设计与一个组织的商业目标相联系。为了开发福利功能合理和及时的计划,员工福利经理必须认识到组织发展的基本方向,并使员工福利计划的设计目标和企业的商业目标保持一定的一致性。表3-2所示的案例显示了两者之间的关系。

表3-2 某企业的商业目标和福利计划设计目标

商业目标	福利计划设计目标
到2008年年底,把公司的一个独立的辅助部门转换到子公司。	做出员工福利计划转变的正反两方面分析。2008年第一季度之前做出建议书。
分散产品销售活动,在第三个计划年内建立六个新部门。	年内检查员工福利辅助政策,在2008年年中之前提出任何需要改变的建议。
在2009年下半年使销售人员多一倍。	在以团体寿险和年金福利为目的基础上考察包括薪酬激励在内的各种福利计划的可能性,在2008年年底前交出计划书。
年底关闭远程产品,在2008年第三季度末通知500个受影响的雇员。	计算各种解雇补助金的成本,例如解雇费、再就业补助金、提前退休激励。在2008第一季度末前与人力资源管理人员一起完成分析计划。

三、全方位薪酬策略

员工福利制度发展的一个很重要的趋势是把直接的工资和员工福利合并在一起。许多福利的成本是随着工资和薪酬的上升而自动上升的。直接工资的提高也影响退休基金的假定。

四、工会的力量

多年来,发达国家工会领导人对是否需要由雇主筹资的福利计划莫衷一是。20 世纪 20 年代,发达国家的工会一般不赞成为其成员提供这种计划。理由是,这种福利体现了雇主的"父爱主义",其实行是为了鼓励员工对公司的忠诚。工会领导人觉得,通过政府举办的覆盖全社会的社会保障体系能够很好地满足这一需要。若没有政府的社会保障体系,则工会应为其成员建立自己的计划。到了 20 世纪 30 年代,美国有几个工会组织已建立了自己的退休金计划。但是,这些计划缺乏资金,在大萧条时期问题严重。到 20 世纪 40 年代初,一些工会领导人认识到福利计划的财务负担,他们开始赞成由雇主支持的福利计划。

美国的国家关系委员会在 1948 年的一次判决为劳方对退休金给付的要求推波助澜,即雇主有法律义务就退休金计划进行谈判。直到那时,关于员工福利计划是否属于传统的集体谈判的范围,如工资、工时等,仍存在一些问题。等到 NLRB 认定养老津贴构成工资的一部分,提供这些计划会影响就业的状况时,这个问题就迎刃而解了。后来有人上诉,尽管法院对 NLRB 认定这种福利是年工资的一部分的假定存有疑义,但还是维持了 NLRB 的决定。这些判决决定了雇主在未经雇员授权的谈判代理人同意前,不得实施、中止或者改变有组织劳工享有的退休金计划的条件。而且,管理方具有此项义务,而不管计划是缴费性的还是非缴费性的,是自愿的还是强制的。劳方对这些决定反应迅速,并在 20 世纪 50 年代建立新的退休金计划,放开现行计划。无疑,劳方对私人福利的兴趣,是这些计划自 1949 年以来获得巨大发展的一个重要因素。

当工会代表员工为了福利而讨价还价时,福利管理者的计划作用在两个重要的方面就改变了。第一,在集体的讨价还价过程中,表达个别雇员的需要就被牺牲掉了,福利管理者就不能完全知道员工的意见。第二,在谈判中福利计划的优先权也许会被忽视或为了谈判过程的策略性而牺牲掉。福利经理也需要知道,在谈判中雇主和工会都需要集中于目前合同的问题。没有一方能公开和有效地就涉及超出两年或者三年的未来计划而展开谈判。结果是,计划的周期被压缩,同时对未来问题的考虑也许被延缓直到下一个合同的谈判。

五、成本问题

雇主对建立员工福利计划成本问题的态度是非常重要的。因为员工福利计划的成本常常是所有计划的成本中最主要的部分之一,雇主应在制订员工福利计划时有具体的目标。

雇主制定的成本目标会影响福利计划形式的选择以及附加福利的水平。这些目标还会影响到雇主是否采纳缴费计划的决定,以及雇员缴费的数量。在成本问题上,雇主还有其他目标,如缴费的灵活性,此外雇主是否愿意承担通货膨胀带来的额外开支也是其中一个目标。

显然,节省退休金计划的成本也是雇主的目标。雇主都希望避免多余的开支。为此,许多雇主试图利用多方资源。例如,他们可以将退休金计划与社会保障相结合。雇主还有可能将退休金计划视为关键员工的避税屏障。比如,在美国,雇主的目标可能就是在《国家税收法》允许的范围之内使退休金和缴费达到最优之比。

其他的员工福利计划也会涉及成本问题。如果要提供退休后的死亡抚恤金和医疗成本,这些钱应该预先筹集。显然,成本问题在计划制订与筹资过程中成为越来越重要的因素。

六、国家相关制度法规

员工福利计划一直受到法律的约束。比如,自美国的 ERISA 规定非歧视原则以来,这一点更为明显。1986 年美国的《税收改革法》的实施也对福利计划的设计产生了重要影响。随后出台的 1996 年《小企业工作保障法》对计划的制订和管理同样有影响。因此,在美国,一个福利计划的设计必须遵循《国家税收法》、《非歧视法》、《安全保障法》、《劳动法》和州保险法的相关规定。

仍以美国为例,影响员工福利的法规可以分为两个基本类别。第一个类别是联邦社会保障计划和各州关于失业、工人的补偿和暂时残疾补偿的法律。这些是政府强制执行的计划,形成了雇主设计福利计划的基础。福利计划设计者们必须经常对这些法律中未决的部分保持警惕,以便做出合适的调整。由于立法过程的反复,这是一项麻烦的任务。举例来说,1988 年《医疗灾难保障法案》(MCCA)制定后,大多数福利设计者利用此法案为超过 65 岁的退休人员的团体健康计划节省费用,这是允许的。然而,1989 年年底,MCCA 被废除,结果许多预想的费用节省也将不能实现了。第二个类别是法律和法规控制私人组织提供员工福利计划,比较典型的是 ERISA 和联邦内部收益法律的许多规定。当美国的福利经理们备受不断增加的法律要求的折磨时,他们应该感到一丝安慰:美国与其他发达国家相比,政府对福利的管制还是要少得多。

七、税收

如果一名雇主希望为福利计划争取更多的税收优惠,他可以有多种考虑:福利计划形式的选择,福利计划与社会保障金的融合程度,筹资水平及方式的选择,待遇确定或缴费确定计划的选择以及应用。

雇主希望争取尽可能多的税收优惠,这必然也会影响到其他福利形式及其筹资方式。比如,退休前的配偶抚恤金可能被算作退休金计划的一部分,也可能单独通过投保集体人寿保险的形式来筹集资金。如果采取人寿保险的形式来筹资,多数死亡抚恤金给付不用缴纳所得税。不过也有很多例外,比如,根据美国《国家税收法》第 79 条的规定,对雇主用于投保的年支出,是要征收所得税的。如果福利计划的资产是退休金给付的来源,此种给付是要缴纳所得税的。对各种税收的关注以及职工的特点影响退休金计划筹资模式的选择。

八、通货膨胀

社会上的每个人都承受着通货膨胀的压力。对很多人来说,可以通过增加收入、投资、改变生活方式等减轻甚至消灭这一负担。但人口中有一个群体——退休金领取者,他们靠固定收入生活,抵消通货膨胀的机会有限。结果,在很大程度上比那些在职人员和那些积累了财产的人受到的影响要大。对于在职人员来说,工资的货币收入由于物价指数上涨而缩水,同样也受到通货膨胀的影响。所以福利管理者在计划过程中就要考虑到通货膨胀因素的重要性,同时必须对通货膨胀做出补偿,例如可以采用带薪休假、病假事假全薪、享受国家法定假日等补偿。

近年来发达国家的通货膨胀率已经降到很低。即使如此,通货膨胀还将继续下去,由于提前退休和人的寿命的增加,考虑退休人口的需要非常重要。人口规模的增长不仅表现在数量,而且表现在总人口的百分比上。例如,中国人口现在正在步入老龄化。按照一些专家的预测,在 20 世纪末到 21 世纪初,每两个工人就需要养活一个 65 岁以上的人。

通货膨胀对退休金领取者的影响,不仅在其退休后,也在其工作时积累退休金期间。福利经理需要正确估计通货膨胀对退休金计划、医疗支出、服务奖励、食品补助、教育补助等其他福利计划上造成的冲击。比如,1979—1981 年间美国两位数字的通货膨胀大大削弱了退休金的购买力,这一幕在许多退休员工和目前临近退休的雇员的脑海中依然很清晰。尽管 20 世纪 80 年代以来通货膨胀率已经低很多了,但是通货膨胀对福利计划的影响还需多加关注。

九、劳动力市场供求状况和外部竞争压力

当雇主在自由竞争的市场上雇用员工时,随着各种员工福利计划的出现和增多,员工开始把员工福利计划纳入其雇佣关系的预期之中。不提供这种计划的雇

主则在吸引和挽留人力资源方面处于不利的竞争地位。因此，有些雇主即便不相信福利计划带来的好处大于其所支付的费用，也感到必须搞一个计划来提高本企业在劳动力市场上的竞争力。应当承认，这是实行福利计划的一个消极的理由。换句话说，尽管这些雇主认为并无多数证据证明福利计划必然会带来员工士气和效率的提高，但他们感到，若不提供福利，则显然会遭到员工的反对。同时，与应劳方要求而建立福利计划的情况相反，在一些发达国家，有的雇主可能为了将工会的影响拒于企业之外，而将福利作为员工关系目标的一部分提供给其员工。

多数雇主认识到，要想吸引和挽留他们需要的员工，就必须维持某种形式的员工福利计划。当然，也有许多雇主并不认为高福利计划对他们吸引和挽留员工有多大的积极影响——至少他们认为影响不大。相反，他们认为高福利计划可能会对企业产生消极影响。这些雇主认为，虽说低福利的计划会妨碍他们吸引和挽留员工，但奢侈的计划也不一定就能增强企业的吸引力。一般说来，上述观点可能并没有错，但是值得注意的是福利计划对员工的影响大同小异，同样，雇员也会更青睐于灵活的退休金计划。

十、福利创新

在企业管理中，有时管理者也想要一个能够反映新组织具有创新精神的福利计划。比如，美国得克萨斯州两个大型银行合并后，很快就它们的福利计划达成一致，并组成了一个新的福利管理团队，它们并不是简单地把原来两个银行的福利计划混合起来，而是构思了一个全新的计划，起名叫“利刃”。在这个创新的一揽子计划中，雇员真正获得了根据他们个人的需要来量身定做的福利。雇主开展了一个调查来评估雇员对新计划的反应，结果发现大家的评价很好。在这个例子中，一些新的弹性福利方法使得一个组织中员工的福利满意度大为提高。

福利管理者在福利计划方面的成功很大程度上取决于他们对创新的认识，而且更重要的是认识到创新是如何与组织的目标相联系的。把握福利发展流行趋势的一种方法是对员工多做调查，阅读至少两份当前的福利期刊，参加更多国家级的专业协会，以及在时间和资金允许的条件下尽可能地参加关于员工福利的研讨会。

第二节 员工福利设计

员工福利的总成本相当庞大，一般会占到工资总额的1/3以上。因此，雇主制订福利计划应更加追求效率，以避免和减少重复或多余的支出。一个行之有效的办法就是：要认识到虽然一个具体福利计划只有一个重点（比如退休金、死亡抚恤金或病残津贴),但所有的福利计划和一些法定的计划都会涉及其他计划所覆盖的重点。所以,有效率的计划意味着要协调好各种福利待遇及资金来源,以保证福利计划与雇主的目标相符合。

福利设计者需要熟悉现在所有的相关环境因素。一个福利计划设计体系主要从以下三个方面考虑:

(1) 福利政策。包括所有的福利计划的基本目标和指导原则。福利政策一旦建立起来,就应具有持久性,但仍然需要定期回顾和修改。

(2) 战略设计。当需要重大的修订和改变当前计划的方向时,就需要战略设计。设计的周期从开始到执行通常需要至少三年的时间。

(3) 执行计划。是在单计划或多计划中,确定每年的福利目标以达到一定的福利水平。

一、福利政策的设计

福利政策的设计包括从理念的表达到计划管理的方针和标准。虽然福利管理者的偏好不同,但他们都一致认为:操作一个没有政策的计划就像试图使一艘缺少舵的船航行一样。

制定全面的福利政策需要考虑的关键问题可以表述如下:

(1) 准备提供给雇员、雇员亲属和退休人员的保障程度;

(2) 可以作为收入的补充福利;

(3) 福利与工作级别的关系;

(4) 重视资历;

(5) 重视工作表现和工作效率;

(6) 雇主对员工福利、亲属福利和退休人员福利成本的责任;

(7) 产生异议时的解决方法;

(8) 对兼职员工的保障;

(9) 员工的选择和计划的弹性;

(10) 设计和管理计划的责任。

由于福利政策被看成是一种承诺,故它们永远不应该被随意地改变。然而,由于设计环境是动态的,一个福利经理需要认识到环境会导致一些福利政策是非法的、无效率的,或者不合适的,或者环境创造了一个对新政策的需要。通常,福利政策的定期修改是必需的。

举例来说,如果提供给临时和兼职的员工的福利政策不是特别有吸引力——这大概与成本的考虑有关,但是,假设在公司发展策略的设计过程中(一直持续到下一个三年),福利经理知道未来会更大规模地使用兼职的远程工作者,而且未来这样的人才还会缺乏,那么在后三年内,政策就需要修改,福利政策就将改为“给兼职员工提供具有竞争力的福利”。

整个福利计划和所有的个人计划,将与员工的需要和竞争的考虑相对应。所有的计划要完全遵从政府的要求,计划也将由特别的政策所包含的内部和外部标准来指导。其中,内部标准包括:

(1) 福利计划包含标准的和弹性的保障。

(2) 标准的保障包括节假日,基本的人寿保险、利润分成计划,以及员工辅助计划。这些计划应该统一适用于所有的员工。公司将负担所有的成本。

(3) 弹性的保障一般包括医疗保险和伤残给付、附加的人寿保险、亲属人寿保险、退休储蓄计划和弹性的退休账户。对其中的每一个种类,雇员有机会在每年的12月份为他们自己和他们符合条件的亲属选择一个特别的保障水平。

(4) 公司将通过提供每年的补助来帮助员工支付弹性保障。这些补助将以员工的薪酬、每一个员工的资历和家庭状况组合为基础。

(5) 福利经理将负责执行每年的所有福利计划的检查,这样做是为了确定福利计划是否符合组织的目标,以及是否符合员工的需要和偏好。

(6) 所有新计划和已被修改的计划在正式传达给员工前,要经过管理者们的详细讨论。

(7) 每一个员工每年都将收到一份福利政策声明,上面列明了已获福利的个人价值、公司的相关成本和员工贡献,还有一个计划变更的摘要。

(8) 除非法律特别规定,临时和兼职员工不享受公司的员工福利计划保障。

外部标准包括:

(1) 每年,公司福利将与15个本行业和地域范围内的领先公司相比较。在基于精算的福利价值分析的基础上,能保持一个至少比15个公司的平均值要高5%的福利值。

(2) 所有公司福利都能与相关法定的计划相协调,从而实现最优的计划设计和财务优势。

(3) 每年所有福利计划的托管人、保险公司、管理者将上交一份详细的报告以供公司检查、分析,同时传达给所有员工。

二、战略的设计

一份典型的员工福利的战略设计在表3-3中体现出来。它由一个三年的计划期间、一系列的环境假设、一份对目前形势的分析、六个战略目标所组成,每一个目标都涉及公司的生产效率和收益。

表 3-3 三年的员工福利策略计划

计划期间	环境假设	形势分析	战略目标
三年	四个	两条	六个

其中,环境假设包括:

(1) 福利成本的连续上升,来自:工资以 20% 的速度递增,健康和伤残福利的增加以及医疗服务成本的上升,员工服务时间长度的增加,由于竞争者的福利行动而需要增加新的福利项目,法律和法规的要求,工会的压力。

(2) 部门间一致性的要求将提高公司部门之间福利的公平性。

(3) 兼职和短期员工的增加。

(4) 收购与兼并导致福利项目的增加。

对目前形势的分析:

(1) 整个公司的福利计划在总体上等于或高于平均水平。

(2) 尽管在整个公司中大多数福利计划水平是一致的,但在不同部门中一些重要的计划特征是不同的,这阻碍了员工在部门间的转换,同时引起了员工的不满。

战略目标:

(1) 检查和修改主要的福利计划,以此来支持总体人力资源目标,特别是在雇主和员工关系方面的目标。

(2) 在一定的地域范围内保持竞争力。

(3) 当法律法规变化时,应以最小的成本调整和修改福利计划。

(4) 与风险管理部门一起工作,学习使用更经济的方法管理计划,例如长期伤残保险计划和健康计划。

(5) 增进与员工之间的沟通以提高员工对福利计划价值的认识和理解。

三、计划的执行

假如组织没有完全接受一个综合的福利计划方案,使用一个可供操作的年度计划也是很普遍的。在大多数案例中,它是常规预算过程的一部分。福利管理者建立起一个可管理的目标数量,这些目标是重要的、可衡量的并且在计划周期内是能够完成的。

第三节　员工福利计划设计的辅助工具和技术

成功的福利计划设计者们为了他们特定的需要,已经学会了利用来自于不同领域的福利辅助工具和技术:使用在消费者和市场调查中的方法来收集和分析员工关于福利的看法,使用精算的分析方法来决定一个特定的福利计划的相对价值。本节描述的所有方法都是在员工福利的设计中被成功采用的方法。

一、构造调查问卷

某种程度上来说,调查员工对福利的意见和态度对福利经理是十分有用的。但是,为了得到关于员工对福利计划的满意、理解和偏好的更准确的信息,一个单独的调查是必要的。调查的问题需要仔细地表达出来才能保证员工能清楚地理解,同时员工的回答应该是现实的和独立的。

二、效用/成本分析

这个方法把员工对福利改变选择的效用(偏好)的衡量与相关的成本数据结合在一起。它产生了福利成本效力的比率,这个比率能被当做在福利设计中的指南。

1983 年由西雅图第一国立银行报道了这种方法学的一个特别应用,一个 4 000 人的雇主投入了重要的资源到员工福利设计中。使用一个此消彼长的分析表格,这家银行取得了员工偏好的数量的衡量。为了获得在 15 个普通福利上可能的提高,这个"效用"分析揭示了对于想要提高的种类,带薪病假排行第一,医疗、口腔/视力保险排行第二。通过采用这种分析方法,即把实际的"效用得分"与需要的成本相除,他们通过提高医疗保障而不是自由病假计划,使得每花费一美元,员工满意度提高了两倍。

20 世纪 80 年代,成本有效性衡量的方法被有效地用在 250 个带薪的员工身上,这些员工来自一个大型跨国公司的同一个部门。在这个例子中,组织的管理者通过收集到的信息设计出在同等成本水平的计划下多种可选择的计划,其中还包括一个弹性福利计划。

三、福利选择模拟

现在经常使用此技术作为弹性福利设计的一个预备调查。它最初是被作为传统的福利计划设计的辅助工具而发明出来的。在20世纪60年代中期,通用电气的行为研究服务小组设计了一个模型,在这个模型中一个代表员工的样本小组被邀请来参加测试。这个测试涉及在限定的成本下,如何在选择福利保障和薪酬提高中做出选择。参加者的选择与个人的特征信息相配对,这些个人信息是参加者们秘密提供的。从这些数据中,福利管理者就可以分析出更适合本单位员工的福利。

第四节 我国企业福利的设计体系

随着我国社会主义市场经济的不断完善,在现代企业制度下,我国的企业必须建立完善的有特色的新型企业福利,其趋势是把我国的企业福利办成真正由企业按自己的需要,在国家法律范围内,自主设置福利项目。我国企业福利与西方发达国家多种多样、灵活、全方位的福利相比,还处于非常落后的水平。但是也要看到,我国的企业正努力在国家法律范围内,按自己的需要,自主设置福利项目,自主确定福利水平,激励员工为本企业努力工作。

一般说来,新型企业由两部分组成:第一部分为法定福利部分,即强制的基本社会保险。它是维持劳动者基本生活保障的企业福利,是国家劳动保护和基本劳动保险政策的体现。主要包括基本养老、基本医疗、女职工生育保障、工伤保障、职工死亡待遇、国家规定的法定假期及年休假制度等。第二部分为企业自主设置的福利。这是企业根据自己的实际及目标需要、个性而设计的企业福利体系部分。由于法定部分的内容和项目是由国家法律法规明确规定的,这里我们重点探讨企业自主设置福利部分的内容项目。在讨论之前我们先来回顾一下我国企业福利计划的历史。

一、我国企业员工福利大致经历了三个发展阶段

(1) 统包阶段:在计划经济时期和改革初期,员工福利的主要内容几乎囊括了衣食住行、生老病死等各方面,而福利形式是以物质为主,包括福利分房、公费医疗、免费教育等,保险费用完全由国家或企业承担。

(2) 过渡阶段:在计划经济向市场经济体制转轨的过渡阶段,福利的形式主要是货币给付,其内容包括各种奖金、津贴、补贴和救济金等。在这一阶段,从企业到员工的福利意识明显增强,但传统体制的惯性还在延续,整个福利体系还未建立,因此经营效益较好的企业主要以货币的形式向员工发放福利。

(3) 综合服务阶段:目前,我国已基本经历了前两个阶段,正在逐步走向综合服务阶段。随着人们收入水平的提高,货币收入的边际效用递减,人们更注重生命

和健康，注重风险保障。同时，随着现代企业制度的建立，人力资源管理的概念逐步引入企业管理中。因此，这个阶段企业员工福利的特点是向员工提供服务型的产品，包括意外伤害保险、养老金、医疗保险、旅游、带薪假期等。

二、我国企业福利设计体系

企业自主设置的企业福利体系主要由企业年金、人寿保险、带薪休假、实物分配、组织公费旅游、培训等项目构成。

（一）企业年金

企业年金即企业补充养老保险，指企业为激励员工，特别是为激励优秀人才为企业作出更大的贡献，向职工提供的补充社会保险退休金。这种基本保险以外的补充养老保险并不是所有的职工都能享受到的。一般说来，为体现激励目标，只有符合一定条件的绩优职工才可享受。从性质上讲，企业补充养老保险金是职工未来收入的一部分，是为了保证能为退休者提供基本养老金以上的收入，使职工退休后的生活水平维持在一定水准。

企业年金的主要形式有缴纳型和给付型两种，一般都采用基金制管理。在企业补充养老金的投资方投资比例、筹资支付方式、基金运作管理等方面都有一定的规范。所以为了保证补充养老保险的收益，在操作方式上，企业首先要制定享受补充养老保险的有关规定，明确享受的条件及标准。这些条件包括员工遵守企业规章、为企业服务的年限、工作业绩量化、维护企业形象等。如一旦发现员工违反企业有关规定，造成事故或损失，则取消其享受补充养老保险金的资格，以确保企业补充养老保险达到激励员工为企业高效工作的目的。

（二）人寿保险

企业充分利用机构大宗购买人寿保险比单个小额购买有价格上的优势。方式可以分为企业集中为职工购买人寿保险，或者企业为员工购买最低保险额，再鼓励员工自己交保，购买一定数额的额外保险。同时，针对企业员工一般为家庭的经济责任者，承担着对子女的抚养、教育、医疗等责任的状况，企业为员工进行保险计划安排时，可根据自身财力，通过商业保险开发家庭保障，如可以选择保障型的商业保险，当员工在缴费期内高残或者死亡时，其家人可得到一笔保险金，使员工的子女教育等费用开支得到保证。

（三）带薪休假

是指企业在非工作的时间内，按工作时间发放工资的一种福利。企业在国家法定休假制度之外应该为员工建立更加丰富的休假计划，作为对员工的一种奖励，可以让优秀员工或者特殊岗位的员工享受企业给予的疗养待遇、出国旅游等。如规定工龄达到一定年限的职工，可享受若干天的带薪假日，对企业的业绩达到一定水平的职工,可享受若干天的带薪休假等,且休假期间他们完全享受正常上班的一切待遇;可规定职工一年中可以享受带薪休假的天数;还可规定职工探亲假。

带薪休假是一种较为特殊的员工福利,体现了现代生活中休息时间的珍贵,适应现代社会劳动者生活压力加剧的需要。

(四) 实物福利

是指企业购买特定实物,低价或免费提供给特殊员工的一种福利。如企业可购买高档住宅、汽车、电脑等物品作为福利分给为企业服务年限特别长的职工以及对企业有重大贡献者,以示对这些职工的奖赏和激励。

(五) 组织职工聚会、旅游,参加培训、学习等

不定期地组织职工聚会,分批组织职工外出旅游,既可以放松职工紧张的神经,使其以更旺盛的精力投入工作,也可使其增长知识、开阔思维,不失为一种好的企业福利方式。同时,教育作为员工的一项重大福利,对于企业的发展有着重大的影响。因此,教育基金不是一项可有可无的投入,而是企业长期规划中的一项重要组成部分。员工培训的设计非常重要,如各类人才的教育管理、员工职业培训的规划、对员工学历教育的奖励,等等。

企业有计划地选派、选送优秀职工参加进修学习或者提供便利条件,如承担学习费用、专业指导、时间保证等,鼓励职工参加各种专业文化学习,既可以提高企业职工的专业及综合素质,又可以满足职工较高层次的需要,具有显著的激励效应。

(六) 其他福利

如通过让职工持有本企业的部分股份,可增强职工参与企业管理的责任感,强化企业主人翁自觉意识;同时还可适当开办有特色的服务项目,如免费午餐、托幼优惠、产假延长、老年人服务等。

第五节 员工福利计划的管理

一、介绍

在过去的25年中,员工福利已经发展成为一个多面学科。它需要普通的管理技巧与员工福利这一特定领域的深层技术相结合。一支内部管理团队和来自多个学科,特别是人力资源管理、法律、税务、财务、医疗保健、风险管理和信息系统方面的外部专家,成为员工福利计划管理的必要条件。

从人力资源的角度来看,一个员工福利计划对一个组织而言具有战略意义。其中,一个退休规划能够影响退休方式和员工队伍的组成。

二、员工福利计划管理的核心

除了福利计划设计外,员工福利计划管理的核心内容还包括:

(1) 福利计划的传达;

(2) 沟通;

(3) 技术的应用;

(4) 成本管理和资源控制;

(5) 管理报告;

(6) 法律制度环境;

(7) 其他外部环境。

1. 福利计划的传达

员工福利计划管理属于服务行业,员工/企业管理者作为"客户"。关键活动包括:

(1) 新员工福利定位;

(2) 确定谁有权享受福利;

(3) 处理异常的情况和不寻常的事件;

(4) 收集和处理登记信息、索赔信息;

(5) 员工的咨询服务和反馈。

这些活动的范围将受到组织特征的影响。举例来说,一个经历过很高员工流失率的雇主将不得不贡献更多的资源给新的员工福利。

2. 沟通

因为许多员工福利项目涉及与保险公司、共同基金公司和第三方管理者订立合约,福利经理必须明确并传达各方的意见,以竭力保持各方在员工福利政策方面的一致性。

福利计划管理中的首要活动是有效地传达福利计划程序,因为:

第一,许多组织中,员工在组成上是很分散的,有不同的教育水平和其他特征。

第二,对大多数员工来说,对福利项目没有太大兴趣,除非到了用它的时候。例如,一般是直到发生导致伤残的疾病,员工才会有迫切地学习和了解保障病残的员工福利项目的愿望。

第三,外部的法律、政策环境发生变化会影响员工福利项目的执行。

3. 技术的应用

技术革新已经并正在影响员工福利计划的管理。信息技术的力量来源于数据被保留和储存的方式、数据的存取能力、终端用户工具,等等。

4. 成本管理和资源控制

随着福利计划的成本的上升,对福利计划管理来说,员工福利的成本管理日益成为一个关键的问题。

福利经理需要有特别的专长和知识,包括保险的安排和在市场上其他风险转移工具的定价。在保险产品上,一个福利经理应该仔细地分析潜在的精算假设和准备金要求。

5. 法律环境

福利经理必须不断关注所有与员工福利有关的法律法规的变化,以使福利计划适应法律环境变化的要求。

6. 其他外部环境

福利经理需要关注的其他的外部环境包括:

(1) 一般的商业和竞争的条件;

(2) 政府的政策;

(3) 劳动力市场和人口状况的变化;

(4) 新产品的开发;

(5) 新组织的结构;

(6) 技术的进步和革新。

案例与资料 3-1

国际知名公司用"薪"良苦

一个企业能否吸引优秀人士加盟,能否长期留住人才并有效激励士气,积极发挥人才的能动性和创造性,以实现组织的目标,一项至关重要的因素就是公司是否建立了公平、公正且具有竞争力的薪酬福利体系。

薪酬设计是现代人力资源管理的核心内容之一,在这方面许多国际知名公司可谓用"薪"良苦,形成了许多值得我们参考的特色机制,现汇编几个具有代表性的案例,以飨读者:

通用电气的薪酬准则

通用电气在构建自身的薪酬体系时,一个关键的原则就是:薪酬中的大部分比例与工作表现直接挂钩,按绩效结果付酬。

其薪酬体系的建立遵循以下准则:准则一,不要把报酬和权力绑在一起;准则二,让员工们更清楚地理解薪酬制度;准则三,大张旗鼓地宣传;准则四,不能想给什么就给什么,不妨试一试不用金钱的激励方法;准则五,不要凡事都予以奖赏,要更多地实行绩效挂钩付酬制度。

微软的薪酬内涵

微软公司的薪酬包含:(1) 工资;(2) 奖金;(3) 股票认购权。公司通常不支付高工资,也拒绝支付加班费,但各类补偿金数目可观,具体为:高达15%的一年两度的奖金、股票认购权及购买股票时享受的折扣。

IBM 的薪酬模式

IBM 公司有一个让所有员工坚信不疑的规则:干得好加薪是必然的。其薪酬管理体现在如下几个方面:

激励文化。对员工基本上没有惩罚,只有激励,工作得好,薪酬上就有所体现,相反就没有体现。这就意味着如果薪酬没有得到升涨,就等于是惩罚。

薪酬与职务重要性、难度相称。IBM 的薪酬构架比较复杂,里面不包含学历工资和工龄工资。薪酬与员工的岗位、职务重要性、工作难度、工作表现和工作业绩直接关联,但绝不会体现于工作时间的长短和学历的高低。在 IBM,高学历也许是一块很好的敲门砖,但绝不是获得更好待遇的桥梁。

薪酬充分反映员工的成绩。在 IBM,每一位员工薪酬的涨幅会有一个关键的参考指标,即个人业务承诺计划 PBC。PBC 考核通常由直属上级对直接下属的工作情况进行评定,上一级领导进行总的把握和调整。评价工作结束后,则在每个部门甚至整个公司进行平衡,划分等级:A 级是大幅度定期晋升者,B 级是无功无过者,C 级是需要努力者,D 级则是因生病或其他原因达不到标准者。在 PBC 的考核基础之上进行员工的薪酬调整。

摩托罗拉的薪酬思维

摩托罗拉公司中,每一位员工的薪酬都与评估紧密挂钩,集中体现在以下方面:

1. 在摩托罗拉公司中,薪酬标准从职位入手,同一个职位由于工作业绩的不同将会有差距,一些人员,由于需从国外招聘,其薪酬水平则跟国际市场挂钩。

2. 员工刚刚开始在摩托罗拉工作时,学历差别会体现在薪酬中,随着时间的推移,若老员工的薪酬基数已经很大,那么新入职员工的涨幅将会比老员工大。

3. 摩托罗拉的个人评估每季度进行一次,部门评估每年进行一次,年底对业务进行总结。根据考核情况,决定员工薪酬的涨幅。

4. 若有员工向人力资源部提出不满意自己的薪酬,摩托罗拉将会进行薪酬水平市场调查,如果证明确实比市场平均水平低,摩托罗拉将进行薪酬调整。

5. 摩托罗拉对有创造性的员工将会破格调级。

朗讯的薪酬设计

朗讯公司的薪酬架构由两部分构成:一块是保障性薪酬,与岗位挂钩;另一块是绩效薪酬,与业绩挂钩。

朗讯的薪酬政策主要考虑两大方面:一是要保持自己的薪酬在市场上有竞争力;二是要考虑人力成本因素。朗讯的薪酬特点体现在以下几个方面:

忽视学历,注重业绩。朗讯在员工招聘时比较重视学历,但入职后,学历很快就被忽视和淡化。朗讯的薪酬采用的是绩效薪酬,任何岗位都是以工作表现来决定薪酬水平。

透明式加薪。在给员工加薪时,朗讯做到尽可能透明,让每位员工都知道他为何加薪。

设立专门奖项。朗讯有一个专门奖项——Lucent Award,也称全球业绩奖。朗讯公司中,销售人员的薪酬中有一部分专门属于销售业绩的奖金。业务部门根据员工的销售业绩,每个季度发放一次。

费雪尔斯的薪酬期权

费雪尔斯公司的薪酬体系中,包含一套行之有效的长期激励机制——期权计划,公司所有员工都有机会获得股票期权,但这种期权与员工业绩紧密相关。其期权计划有多种类型,用以调动不同阶层和不同职位员工的积极性,具体为:

1. 利益性期权。类似于健康保险,公司所有员工都可享受。

2. 薪酬期权。授予数量取决于员工绩效的大小,绩效处于平均水平以下的员工不能享受。

3. 核心员工期权。其焦点是奖励和留住核心员工,目的是留住对公司未来至关重要的员工,期权授予期趋向于长期,通常为五年或更长时间。

4. 奖励性期权。用于奖励那些对公司有特殊贡献的员工,通常用于一次性奖励。与核心员工期权相比,它是作为一种奖励薪酬,所以授予期较短,通常为一年。

资料来源:易迈管理资讯网。

思考题

1. 影响员工福利计划设计的外部因素有哪些？
2. 影响员工福利计划设计的内部因素有哪些？
3. 员工福利计划管理的核心是什么？

小组讨论

请分组选择某一类企业进行调查，利用所学知识对其福利进行设计。

辅助阅读资料

1. www.webnetwork.org/
2. http://www.aigebs.com
3. 仇雨临，《员工福利概论》，中国人民大学出版社 2007 年版。
4. 肇越等，《员工福利与退休计划》，中信出版社 2004 年版。

第四章

员工福利的市场营销

本章要点

- 员工福利市场中的买方
- 员工福利市场中的卖方和中介
- 员工福利的市场营销过程

引　言

政府监管以及雇主方面的影响,致使员工福利处于频繁的变化之中,从而导致了员工福利的营销与其他营销有所不同,成为一个极为复杂和专业化的过程。随着市场中福利提供方的增多,卖方的竞争加剧,买方的选择余地大大增强。

由于员工福利计划直接关系到雇主的成本问题,因此,对员工福利的营销至少产生两方面的影响:一是推销的难度,二是售后服务的重要性。雇主们会定期评估其现有的福利计划方案,就其成本增加与否、服务改善情况等对其福利的提供方——保险公司或其他提供方进行考核,从中选择价格最优、服务最好的机构。因此,对于代理人、经纪人、咨询顾问、第三方行政管理者以及保险公司而言,只有经常保持高水准的技术技能和不断提高完善服务质量,才能赢得稳定的客户群。本章主要介绍了员工福利计划市场的参与者:购买方、提供方和中介,以及员工福利计划营销过程中的各个环节,从而使学生能够比较全面地了解员工福利计划营销的特点及重点。

由于目前我国尚未形成较为成熟的员工福利的营销市场,所以,本章主要介绍美国的情况,以便我国在未来的发展过程中加以借鉴。

第一节　员工福利市场中的买方

员工福利市场中的买方可以通过两种方式来加以划分:一种是按照其组织形式,另一种是按照组织的规模。

一、按照购买者的组织形式划分

可分为各种形式的雇主、信托机构、协会或学会。

二、按照组织规模划分

按照组织规模可以一般性地而非精确地把购买方分为以下几类:

(一) 小型购买者

据市场统计,就福利计划项目而言,将近一半是提供给这类购买者的;而就福利项目的总金额来看,则此类购买者仅占10%—15%。这类购买者具有如下特点:

(1) 一般来讲其员工少于25人。

(2) 大多数情况下,由该组织的所有者或总裁来决定是否购买某福利计划或进行项目选择。

（二）中型购买者

据市场统计，就福利计划项目而言，20%—30%是提供给此类购买者；而就福利项目的总金额来看，则此类购买者仅占10%—15%。这类购买者具有如下特点：

（1）一般来讲，其员工在25人至100人之间；

（2）与上一类相同，大多数情况下，由该组织的所有者或总裁来决定是否购买某福利计划或进行项目选择。

（三）大型购买者

据市场统计，就福利计划项目而言，仅10%是提供给此类购买者；而就福利项目的总金额来看，则此类购买者占将近25%的市场份额。这类购买者具有如下特点：

（1）一般而言，其员工在100人至500人之间；

（2）由于包括项目筹资的替代方式等在内的计划设计方面存在较大弹性，并且对福利项目计划进行管理的方法也多种多样，因此，福利项目的管理者需要投入的时间和精力是这类组织的所有者或总裁无法做到的。因而，在这类组织中关于福利计划的具体筹划是由组织中的其他人员来兼做的，通常是由人力资源部经理负责，但在有些组织中是由财务部副经理或行政副经理负责。组织的所有者或总裁只保留最终决定权。

（四）巨型购买者

据市场统计，就福利计划项目而言，仅有少数提供给此类购买者；而就福利项目的总金额来看，则此类购买者占将近一半的市场份额。这类购买者具有如下特点：

（1）这类组织一般拥有500人以上的员工；

（2）在此类组织中一般有一个以上的专职人员专管此类事宜。这类专职人员可能是在单独的保险或福利部门，或是归属于人力资源部、财务部或行政管理部。

第二节　员工福利市场中的卖方和中介

员工福利计划产品或服务的主要提供方（或卖方）主要包括保险公司、蓝十字或蓝盾组织、健康维护组织、优惠提供者组织，以及第三方管理者，中介方主要包括代理人、经纪人以及集团代表。

一、代理人

保险公司的代理人在员工福利计划的营销中，特别是对雇员少于100人的企业的营销过程中，起着重要作用。代理人的职责通常是寻找准客户，但其进一步参与更深层次的销售则视客户规模的大小而有所不同。如果客户的规模较小,则整个销售过程由代理人完成;如果客户的规模较大,则代理人要邀请保险公司的团体保险代表参与,为其在销售、计划的完成以及服务方面提供帮助。在代理人中,有一部分人是专门负责销售福利计划的,而且这一领域的专业人士通常是销售数家公司的产品;而另一部分代理人则把销售福利计划作为其销售保险公司产品来进行。

代理人的收入主要来源于其从保险公司那里得到的佣金。与销售个人保险的佣金相比,销售福利计划的佣金相对较低。

二、经纪人和咨询顾问

绝大部分福利计划的购买者会寻找一个经纪人或员工福利的咨询顾问,为其提供专业咨询,并帮助其处理与福利计划提供者之间的事宜。经纪人和咨询顾问都是福利计划购买者的代表,他们代其在市场中向保险公司等进行寻价购买。

传统意义上来看,经纪人与咨询顾问二者之间的主要区别是:经纪人的补偿收入主要来源于其为客户购买计划项目时向生产者收取的佣金,而咨询顾问的补偿收入则主要来源于直接向客户收取的费用。从实务的角度看,二者的区别在逐渐模糊,更多地成为字面上的区别而非实际意义上的区别。通常那些被称为经纪人的组织除在产品购买过程中收取的佣金外,也对向客户提供的非产品购买方面的咨询和服务收取费用。在咨询顾问方面,有一些公司仍然仅以费用作为收入来源,而另一些则也开始向产品的销售方收取佣金,这可能是他们帮助客户进行产品购买过程中的唯一收入,其他服务另外收费,或者是以此对冲它的高额收费。

通常,福利项目的提供方支付给经纪人的佣金与支付给代理人的是相同的。但是,对一些大宗项目则有进行商谈的可能。在过去几年中,福利计划的提供方已经降低了其支付的佣金率。因此,经纪人和咨询顾问比过去更可能采用以下一种或两种方法:一是对过去不收费的项目收费;二是提高现有项目的收费标准。

有一些团体福利项目可能由非团体福利项目的专业经纪人兼营,例如,财产和责任保险的专业经纪人可能同时来帮助客户购买福利计划项目。但是,大多数经纪人和咨询顾问,可能是个人、当地小型的或国内国际大型的公司。大型的经纪或咨询公司能够为地域分布广泛的公司提供量身定做的服务。这些大型经纪或咨询公司的雇员大部分是前保险公司的集团代表。

三、集团代表

集团代表通常是指某家保险公司的雇员,他们通常在总部之外的地方另设职场办公,专门从事本公司福利计划产品的销售和服务工作。集团代表的销售活动通常是通过代理人、经纪人和咨询顾问来完成的,集团代表的主要工作是为他们提供产品的培训和激励工作。另外,集团代表也为代理人、经纪人和咨询顾问在以下诸方面提供帮助:寻找客户,获得必要的核保数据,计划设计,福利计划书的准备和演示等。在一个计划项目售出之后,集团代表通常会进一步参与以下事宜:注册合格的雇员,计划项目实施的行政手续,为使计划项目有效而提供各种必要的服务。

集团代表的收入基本上来源于工资收入,外加一些根据业绩而定的奖金。而依公司不同这两部分有很大不同:有些公司是支付较低的工资而提供可能超过工资的较高的奖金,而另一些公司则提供较高的工资而支付较低的奖金。奖金通常是支付给代理人、经纪人或咨询公司的佣金的一个比例。另外,奖金也可能是所销售的福利计划项目的续保率和利润率的一个比例。

四、服务计划

在员工福利计划的提供者中存在着激烈的竞争。在美国,蓝十字、蓝盾和健康维护组织的产品与服务的销售通常是由以工资为收入的雇员来进行,而不是通过以佣金为收入的代理人、经纪人和咨询顾问来进行的,保险公司的销售则主要是通过代理人、经纪人和咨询顾问完成的。使用两种方式各有利弊。使用以工资为收入的雇员可以节省销售成本,因为工资通常低于佣金;使用以佣金为收入的代理人、经纪人和咨询顾问则可能获得更大的业务量。

但是,近几年蓝十字—蓝盾计划也开始同时使用其以工资为收入的雇员和以佣金为收入的代理人进行销售活动。与保险公司的集团代表一样,蓝十字—蓝盾计划也开始加强与经纪人或员工福利计划咨询公司的联系,以便招揽更多的客户资源。

五、第三方行政管理者

第三方行政管理者是专门为员工福利计划的购买者提供福利计划行政管理方面服务的组织机构。传统意义上来看,它最初主要是为协会和信托机构的福利计划提供行政管理服务。它提供的服务主要包括:收取员工的报告和部分分摊款项;追踪雇员参加福利计划的资格变动情况;准备联邦及州政府法律要求的各种报告;处理投诉案件,等等。另外,行政管理者也参与理赔过程中的一些事宜,至少可能包括以下几种:准备递交给保险公司的各种合格证明,以及理赔单证。另外,专业的福利计划行政管理者、第三方行政管理者可能是由银行和保险公司来兼任的。

许多多元雇主福利计划,包括保险计划,通常是由第三方行政管理者来进行管理的。其功能和作用则会有很大的弹性,主要取决于行政管理者和信托机构之间的互相商榷。不断增长的替代性基金方式的使用,包括完全自主筹资,导致雇主需要提供很多过去采用购买保险时由保险公司提供的服务,例如索赔的处理等。当这些雇主在对成本效益进行考量之后,认为自己提供更不经济时,便通过外包雇用第三方行政管理者来负责这方面的事宜。某些情况下,这些第三方行政管理者是专门从事这方面业务的专门机构,而有些则是由经纪人、咨询顾问或保险公司提供的,作为向客户提供的额外产品。在过去十几年中,雇用第三方行政管理者为福利计划,特别是为医疗费用福利计划提供行政管理服务的雇主已大大增加。

第三节　员工福利的市场营销过程

员工福利计划营销的主要目标是完成销售,整个过程可以被分为两大类活动:售前活动和售后活动。售前活动包括:寻找目标,进一步接触达成意向,演示设计的员工福利计划方案。售后活动包括:员工登记;方案实际运行,提供服务;确保所销售的福利计划每年在本公司(组织)继续。员工福利的市场营销过程可如图 4-1 所示。

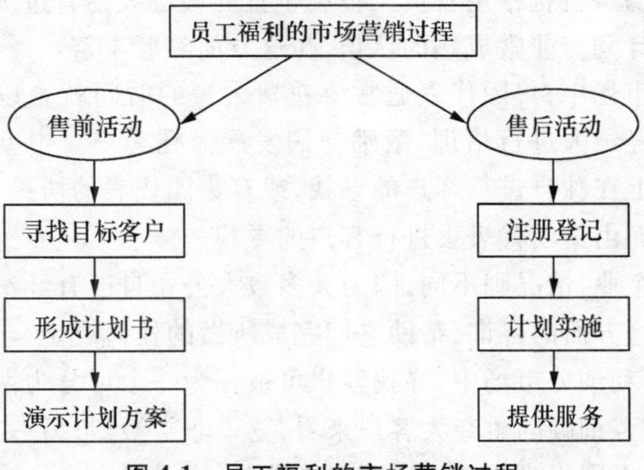

图 4-1　员工福利的市场营销过程

一、售前活动

1. 寻找目标客户

寻找目标客户是进行市场营销的第一步。它包括劝说雇主(或雇主的经纪人或咨询顾问)接受本公司或组织提供的福利计划书。为了确保在实际演示计划书时的成功,在寻找目标客户的过程中就需要说服雇主为计划书的准备提供必要的信息。

寻找目标客户的过程因福利计划市场细分的不同而各有不同。对非常小(通常少于10个雇员)的团体而言,福利计划通常是由多元雇主福利安排(multiple-employer welfare arrangements)来进行销售的,而不是通过传统的保险公司来进行的。在这一细分市场中,有一部分的销售是由专门进行团体福利计划产品销售的代理人来进行的,而大部分的销售活动是由主要负责销售个人产品的代理人和经纪人来进行的(事实上,许多保险公司的多元雇主信托从营销的目的来看被认为是个人产品而不是团体产品)。大多数情况下,这些代理人和经纪人都曾经就雇主的个人或其商业的保险事宜与其有过联系。但是,在对小型团体的产品推销中,寻找的目标客户往往是过去没有任何联系的。由于这一细分市场所产生的保费并不是很多,所有的销售活动通常由代理人或经纪人独立完成,保险公司的代表很少参与。由于适合这类小型雇主的产品有限而且产品的弹性相对较小,因此,对销售这些产品的代理人和经纪人的培训仅限于产品本身的讲解,而不是总体介绍有关员工福利产品的规划。

随着雇主规模的增大,成功寻找客户目标的可能性迅速降低,除非代理人和经纪人:

(1)先前已与某机构中主管员工福利事宜的关键人物有过关系;

(2)对福利计划有非常成熟的认识,在这方面经验丰富。

在这一细分市场中,集团代表通常要花费大量的时间就难以理解的福利计划知识对代理人和经纪人进行培训,激励他们发展潜在客户。中型企业的代理人或经纪人可能实际上在独自进行客户的寻找,或有集团代表的协助,或他给集团代表提供合格的指引而由集团代表去进行客户的寻找。

对于大型的企业,情况则不同,因为大多数大公司自己有经纪人或员工福利顾问可以为其提供这方面的咨询,帮助它们完成所做的任何决定,包括购买保险。因此,在这一员工福利细分市场中,寻找客户可被视为一个可分为两部分的过程。一方面,就经纪人和咨询顾问争夺大客户来看,竞争非常激烈;另一方面,除非通过经纪人或咨询顾问,否则很难成功接近客户。因此,在寻找客户的过程中包含了这样的因素,即集团代表与经纪人和咨询顾问之间亲密的工作关系将有助于其所代表的机构成为团体保险或其他员工福利产品和服务的提供者。也就是说,对于这一细分市场的产品提供方而言,是否能卖出产品,其代表与市场中的经纪人和咨询顾问的关系起着很大作用。

2. 形成计划书

从广义上来讲,福利计划书的形成包括福利计划的设计、费率的计算以及最终形成计划书。在这一阶段,对于最终能够承保的项目,其主要的核保工作将会基本完成。实际上,大多数保险公司认为它们呈现给雇主的福利计划方案中标明的费率基本上是公司能够接受的。但是,大多数保险公司会给自己留有余地,即它们不会在这一阶段做出承保的绝对承诺,除非面对非常大的客户,其情况已经资深核保人进行了检查。一般来讲,初级核保在分支机构即可完成,而计划书最终要经公司总部批准。另外,初级核保中包含有一定的条件假设的,在项目最终决定承保时须经进一步确认。

最后,任何在承保决定做出之前必须满足的核保条件,通常也列示在计划书中。通常对于保险公司来讲,获得对核保有用的资料是很困难的,特别是当代理人和经纪人主要销售个人产品时。在个人产品的市场中,代理人和经纪人习惯于在客户填写投保书时才取得必要的核保信息,而不是在销售完成之前。而且,由代理人和经纪人接触的小型雇主与大型雇主相比,前者一般对福利计划方面的知识更缺乏认识,他们无法认识到在这一阶段提供详细信息的必要性。因此,为了这一销售阶段的顺利通过,非常有必要使代理人和经纪人清楚获取核保信息的重要性,并且愿意而且能够把这一理念传达给雇主。

在福利计划书中提供的费率是基于在计划书形成之前提供的雇员的统计情况。因而,它通常只是暂定的。这一情况一般都在计划书中明确指明。最终的费率将在项目开始实施时才确定,最终费率的确定将依据即将实施的计划下受保障的员工的统计情况而定。

计划书的形式千差万别,其中的内容也是各有不同,而且随着福利计划的增大,内容一般会更详细、更繁杂。但是,一般而言,大多数计划书都会包含以下内容:

(1) 描述计划中包含的每一项保障内容;

(2) 暂定费率表和每一项保障计划的总保费;

(3) 描述计划中可以获得保障的人员的资格条件;

(4) 任何核保假设和条件;

(5) 为计划项目所能提供的服务,例如理赔管理的程序和条件等,包括计划提供方的一般情况介绍,如其规模、财务实力、产品、服务等。

对大型福利计划项目,有关保险公司的自留额和保费以及准备金的计算等更详细的资料也会在计划书中写明。

在这一阶段,计划书的形成过程会因为所面对的客户大小的不同而不同。对于通过多元雇主福利计划(MEWA)来进行的小型雇主,计划书的准备通常是相对简单的事。因为提供给这类客户的产品很少而且弹性很小,计划设计主要包括代理人和经纪人向客户讲解产品选择,从而影响雇主的偏好。初级的核保由代理人和经纪人来完成,凭其经验和对福利计划提供方相对严格的核保条件来判断客户是否满足基本条件。由于费率结构相对简单,代理人和经纪人通常可以根据雇主提供的统计资料给出暂定保费。计划书主要包括:① 一个标准宣传手册:宣传福利计划提供方和其产品；② 一个简要保费计算方法：受保障的员工名单，以及雇主应支付的首期暂定保费。

在多元雇主福利计划安排中，特别是当其被用做承保雇员多于10—15个的团体时，有关核保、保费计算以及计划书的准备都由保险公司或信托行政管理者来进行。而且，随着承保的团体规模的增大，可能需要提供额外的核保信息，例如过去的赔付记录等。

对于大型的团体来讲，情况会大为不同。对于未经大的经纪人或福利计划咨询顾问控制的团体福利计划项目，集团代表将在计划书的形成过程中扮演重要角色。集团代表有时可能与代理人和经纪人一道去与雇主直接见面洽谈。雇主和代理人与经纪人之间的关系不同，所以集团代表需要投入大量精力去说服雇主帮助其完成计划书。这其中包括对雇主的反对意见做出解释，使雇主确信保险公司提供的产品和服务将能够很好地满足其需要，等等。在这段时间，集团代表也需要根据情况判定该雇主是否是重要的潜在客户，即雇主是否有可能要求增加保障内容，或更换福利计划提供者。另外，集团代表也必须评估该雇主是否可能满足本公司的核保条件。例如，保险公司可能不愿意为经常更换福利计划提供方的雇主提供计划书。

计划书的形成过程经过了最初接触阶段后，集团代表必须：① 决定雇主的目标。② 帮助雇主设计在计划书中所需列明的福利计划方案。③ 获取完成计划书所需的信息。从雇主方获得的数据资料需要反馈回总公司，通常是由子公司来完成的。费率的计算和计划书的实际设计正常情况下是在子公司完成的，但是除非是小型项目，否则核保工作一般是由总公司进行的，对一些大保险公司而言，则是在区域中心进行的。但是，对一些非常大的项目来讲，通常是整个过程，而不仅仅是核保，是由比子公司更高的机构来实施完成的。

当大的经纪人或福利计划咨询顾问对整个福利计划具有控制能力时，经纪人或咨询顾问就能够与雇主一起设计计划方案。有时这项业务由现有的福利计划提供方继续做，或者是交由雇主或经纪人咨询顾问推荐的提供方来做。在另一些情况下，这项业务最终由谁来做通常要经过福利计划提供方的竞标，最后由中标者来做。通常情况下，这一竞标过程并不是完全对外公开的，而是建立在发送邀请竞标书的基础上。也就是说，只有接到竞标邀请书的福利计划提供者才有资格参加竞标。而究竟谁有资格参加竞标则由咨询顾问或经纪人或雇主来决定。例如有些雇主只选择公司总部与其在同一州的福利计划方参加竞标。

招标说明书中都附有一封邀请函，说明被邀请的公司以及收标的最后日期。这一日期通常是开标前45天至90天。标准的招标说明书包括以下几部分内容：福利计划的描述，雇员的统计资料，任何福利计划提供方进行适当的核保和费率厘定所需的信息资料。

在以上这些资料的基础之上,福利计划提供方应当对所提的方案所需的保费、月缴保费或年缴保费数量提出报价。通常也要求提供 2 年或 5 年期的“净成本”、“自留额”的资料。这些资料必须显示其每年的目标保费、已发生赔款、自留额以及分红等数据资料,这些数据的计算通常都要求建立在招标说明书中给定条件的基础之上。

保险公司通常会面对一份条件非常严格的招标书。但是,有一些说明书是有一定弹性的,允许保险公司做适当调整,并在调整的基础上进行准备。而且,招标说明书也要询问各类有关的问题:

如何定义已发生赔款?

如何定义自留额?

如何确定准备金水平?

准备金的利率是多少?

在经验费率的厘定过程中,巨灾损失如何处理?

在哪一时间段利率是确定的?

在续保时,对客户就利率变化方面的事宜给予多少提醒?

理赔处理的程序是什么?

成本控制方面采取了什么措施?

如果你中标,什么时间可以提供正式合同书和保险单?

3. 演示计划书

一次成功的计划书演示将会对销售的成功起到极为重要的作用,即会促成雇主签署购买申请和缴纳首期保费。对小型团体而言,就由代理人或经纪人来直接向雇主演示计划方案。一般来讲,商谈的余地很小,雇主只能选择接受或不接受这一计划。

对于大型团体而言,也可能由代理人或经纪人与雇主直接接触,并向其演示计划方案。但是,由于技术的需要,集团代表可能加入演示过程,或直接进行计划方案的演示,或帮助代理人或经纪人完成演示过程。这一阶段集团代表的介入,使得雇主有可能就方案设计和计划修改等方面的事宜与提供方进行协商。

当福利计划提供方的方案被经纪人或咨询顾问提出参加竞标时,通常在最初阶段该提供方与雇主无法进行直接接触,而是由集团代表向经纪人或咨询顾问进行演示,然后,经纪人或咨询顾问对该计划进行评估,再向雇主推荐。通常要准备二至三套适合该雇主的方案,最后由雇主选择其中的一套。在这种情况下,集团代表会被要求与经纪人或咨询顾问或雇主会面以就方案进行进一步讨论。

二、售后活动

1. 注册登记

福利计划营销过程中售后活动的第一步是对参加福利计划的员工进行注册登记。如果不是雇主和雇员之间分摊缴费的,则雇主必须向福利计划方提供注册卡或所有被保障员工的名单以及他们满足资格条件的证明,比如,能够正常参加工作,满足观察期的要求。如果是雇主和雇员分摊缴费的,则必须向雇员进行很好的推销以确保尽量多的员工加入。事实上,除非对雇员实施了良好有效的招揽计划,否则可能因为注册人员太少而使计划的真正实施发生困难。通常,福利计划提供方会准备大量的宣传资料以供员工认识其重要性,了解产品。对小型雇主而言,可能只是提供公司标准化的资料;而对大型雇主而言,则可能是专门为其设计的。如果该雇主的规模非常大,福利计划提供方则可能准备视听材料来向员工演示其产品。尽管在实际员工招揽活动中有雇主的参与,但也仅限于雇主将材料提供给雇员。然而,雇主通常允许集团代表、代理人或经纪人在工作期间召集员工,为他们解释产品和回答有关问题。

员工的实际注册可能是在这样的招揽活动结束不久或在活动进行的同时。注册主要是由员工填写注册表。这些注册表通常都比较简明,但如果除了团体核保外,需要对员工个人进行额外的个人核保,就需要填写更复杂的表格。尽管可能是代理人、经纪人或集团代表来具体操作注册过程,但是,大多数情况下这一工作是由雇主的助理人员来完成的。

虽然雇主、雇员分摊缴费的福利计划需要倾力运用推销技术,但是非分摊缴费的福利计划的销售也不可忽视,也需要与员工进行良好的沟通,使他们更好地了解和珍视这些保障。在大多数情况下,这意味着不论所销售的福利计划是雇主、雇员分摊缴费还是雇主全部代缴,都应当重视与员工的沟通和向他们进行产品推介。

2. 计划实施

当注册程序完成后,福利计划提供方就要做如下工作:一是计算最终的费率;二是为雇主准备总保单和其他行政管理资料;三是为雇员准备保单。对于小型团体,这些材料就由代理人和经纪人直接送达;而对于大型团体,则大多数情况下由集团代表在代理人或经纪人的陪同下完成。此时,集团代表、代理人或经纪人和雇主再检查福利计划,并与其商讨行政管理方面的事宜,比如,保费的缴纳、索赔手续、员工的加入和退出计划方面的事宜,等等。与雇主的这次会面非常重要,因为它将影响到这一计划的进一步实施以及以后的客户留存度等问题。

3. 提供服务

同样,为已经开始实施的福利计划提供持续良好的服务也不可忽视。良好的服务将不仅能提高客户的满意度,而且也能降低在续保期到来时客户转向别的竞争对手的可能性。另外,它也可能促成客户新的购买需要或提高续保率。

为福利计划提供服务开始于最初的销售工作,并且这一工作在整个合同有效期内都会持续进行。除了小型的团体,一般整个的服务工作都由集团代表负责。但是,有些福利计划提供方设有专门人员从事客户服务工作,集团代表主要是进行销售工作。大多数与日常行政管理相关的服务项目包括缴费、索赔、注册登记等。如前所述,如果项目的实施过程进行得顺利,则这些需求将会大大减少。为了尽早发现福利计划中的困难,集团代表必须与集团内其他职能部门的人员建立紧密的工作关系。例如,雇主与理赔部门人员之间的关系可能就是任何潜在问题的第一征兆。

即使没有特殊问题存在,集团代表也应定时与雇主会面,讨论诸如计划的行政管理、赔付的情况、影响福利计划的联邦和州法律的变化等事宜。这些会面可能使集团代表了解雇主对计划的要求和一些建议,从而更好地满足客户的期望和需要。

服务中最重要也是最艰难的时期是续保期,特别是当原来的产品已提高了费率时,情况更是如此,因为对费率涨价的不满情绪可能会使客户流失。对集团代表来讲,最重要的是要定期使客户了解集团的运作情况和目前的发展趋势,以便使客户对费率涨价等不至于太意外。而且,在续保时,集团代表也应当与代理人或经纪人一起对现有的计划进行彻底检查,以决定是否有必要进行修改。如果雇主考虑更换提供方,则集团代表应当强调这种行动带来的不利影响,例如,实施新计划所要发生的各种行政管理费用;而且在福利计划的转换中,可能由于一些原因使一些员工失去原有的福利保障。

案例与资料 4-1

员工福利计划书的主要内容

为完成计划书,保险公司需要一系列影响其是否承保和以什么样的保费承保的资料信息,如对设计好的福利计划的描述,以及对被保障员工的统计资料。这些信息资料至少包括以下几方面的内容:年龄和性别、婚姻状况、住址、收入和是否有被抚养对象。这些人口统计资料可能是员工的实际姓名、详细名单表或者是总的数据。另外,大多数保险公司都要求潜在客户或其代理人和经纪人或咨询顾问提供以下几方面的资料:

- 更换提供方的原因(除非是新的购买者);
- 雇主的行业性质;
- 雇员数量变化的历史记录;
- 福利计划的供款是否由雇主和雇员分摊,并提供相应的证明文件,如果是,雇主的分摊数额是多少;
- 与现有福利计划提供方合作的时间;
- 在目前的福利计划提供方下,每一项保障项目的保费、费率以及赔付记录;
- 现有福利计划信息的复印件;
- 最近的保费缴纳收据;
- 现有福利计划提供方的任何续保信息。

思考题

1. 在客户服务方面集团代表应当做哪些工作?
2. 员工福利的市场营销过程包括哪些?
3. 员工福利计划的卖方及中介有哪些?
4. 员工福利计划的买方有哪些?
5. 什么是第三方管理者,主要功能有哪些?

小组讨论

分组查找某公司的产品资料。按照销售过程进行模仿销售,并写出完成各阶段的方法。

辅助阅读资料

1. 粟芳,《保险营销学》,上海财经大学出版社 2006 年版。

2. Kenneth Black Jr. , Harold D. Skipper Jr. , *Life and Health Insurance*, 13rd edition, Prentice Hall, September 1999.

3. www. pima-assn. org

4. www. imcanet. com/

第五章

团体人寿保险

本章要点

- 团体保险的概念
- 团体定期人寿保险
- 团体万能和变额万能寿险

引　言

雇员在工作期间和退休以后都会面临诸如死亡、伤残、抚养亲属、收入锐减等风险,从而使员工存在重重后顾之忧。作为雇主帮助员工解决这些方面的问题,将会极大地调动员工的工作热情,为雇主创造更多的效益。保险作为转嫁风险的工具,可以为雇主提供这方面的帮助。特别是团体保险,它既可以使雇主获得税收优惠,又可以使雇员获得保费的优惠,是员工福利计划的主要内容之一。本章在概括介绍团体保险的概念特征的基础上,主要介绍团体人寿保险的内容,即保险公司可以为雇员工作期间和退休以后的生活提供的保险保障计划。

第一节　团体保险概述

一、团体保险的概念

团体保险是指以雇主为投保人,雇员为被保险人,并且以一张保单为众多被保险人提供保障的保险形式。该保单称为总保单。通常在团体保险中要求被保险人即雇员必须是投保人即雇主的全职雇员。尽管雇员不是团体保险合同的当事人,但是,他们可以在法律上行使其权利。受保障的雇员一般只收到一张简单保险凭证作为其获得保障的证明,它并不是总保单的组成部分。

团体保险 20 世纪初起源于西方国家,其后得到迅速发展。特别是第二次世界大战后,由于西方发达资本主义国家政治经济环境的变化,市场竞争的激烈,以及工会组织力量的加强,许多雇主为了满足工会的要求,或是为了改善雇主与雇员的关系,或是为了吸引和留住员工,开始大量购买团体保险,促使团体保险日益发达,现已成为寿险市场的重要组成部分。

二、团体保险的特征

(一) 团体资格认证方面的特征

对投保团体最基本的资格要求,就是该团体不是为购买保险而成立的。成员之间是基于正式的雇主、雇员关系。具体包括以下几点:

1. 对雇主的要求

投保的团体必须是经营特定业务的独立核算的正式法人团体;而专门为购买保险而集结成的团体,不具有购买团体保险的资格。这主要是为了防止逆选择。

2. 对雇员的要求

投保团体中对雇员的要求，一是必须具有正常的工作能力，也就是正在生病休息的雇员不得参加；二是必须在职，也就是那些虽然身体健康但已退休的人员不得参加。通过这两方面的要求，基本保证参加保险的员工身体健康（尽管可能存在体质好坏的差异），消除了逆选择的影响；而且年龄控制在一定范围，由于新老员工的自然更替，大多数团体的平均年龄趋于稳定，从而也保证了死亡率和疾病率的稳定。

3. 对团体人数的要求

在团体保险中对团体人数即团体投保人数是有一定规定的。在美国，对于单个雇主大多要求至少 10 人，而有一些则规定不少于 100 人。

（二）团体的种类方面的特征

在美国参加团体保险的团体包括以下几种：

1. 单一雇主（individual employer groups）

这是最普通的团体形式，即该团体内只有一个雇主，其雇员都属于这一雇主。这一雇主可以各种形式存在：公司组织形式，合伙形式，单一业主，等等。

2. 行业协会（trade association）

这种行业协会不能是为非购买保险方面的原因而成立的协会。其中的会员一般为同行业或经营同一种业务的雇主，而且大部分会员拥有的员工数量通常达不到保险公司对购买团体保险的最低人数要求。有的做法是由协会作为投保人，将总保单签发给协会，有的是需要建立一个信托机构，该信托机构作为投保人，将保单签发给该信托机构。通过这两种形式，这些会员雇主可以为其雇员购买到团体保险。

3. 协商信托（taft-hartley trusts）

协商信托是为工会与工会成员的雇主们之间就福利问题进行集体协商而成立的。通常这些工会成员都来自同一行业或相关行业，其中大部分是来自卡车运输或建筑业等这些工会会员在雇主间频繁流动的行业。美国的《协商信托法案》禁止雇主为了向其成员提供团体保险而直接向工会支付专款，需要成立信托基金来专门管理此项事宜。基金的受托人必须由数量相等的雇主和工会组成，而且可以选择是采取自筹资金的福利方式，还是购买保险作为保单持有人。因为只有集体协商单位的成员才是合格的雇员，因此，为其他雇员提供的福利则须以其他形式提供。

4. 工会组织

工会可以为其会员提供团体保险计划，即由工会作为总保单的投保人。除了在《协商信托法案》中禁止雇主替工会缴纳保费外，美国一些州的法律也禁止这种保费完全由员工自己负担。所以,工会组织购买保险时,保费一般是两种方式:一是完全由工会基金提供;二是由工会基金和工会成员共同负担。工会组织购买的团体保险占团体保险市场的份额较小。

5. 多元雇主福利计划安排(multiple-employer welfare arrangements,MEWA)

多元雇主福利计划安排是一种普遍的但也具有争议的为拥有少量雇员的雇主提供团体福利的方法。MEWA是由保险公司、独立行政管理者或其他人员或组织资助,为那些受雇于多个雇主的员工提供团体福利计划的合法实体。每一个MEWA必须有一个行政管理者,或者是保险公司或者是专业的行政管理者。MEWA通常为诸如建筑、农业或银行业等一些特定行业的雇主提供团体福利计划。这些雇主要想通过这种方式为其员工提供团体福利,必须首先成为MEWA的成员。MEWA所提供的团体福利可能是以自己筹资的形式,也可能是以向保险公司购买保险的形式。若采取后者,则MEWA是总保单的投保人。

(三) 费率厘定方面的特征

在团体保险的费率厘定时,一般采用经验费率方法。经验费率厘定方法是指对某一团体当年费率的确定一般是以上一年度该团体理赔记录作为决定费率的主要因素的一种非确定性的计算费率的方法。每隔一定时期,由保险双方参考实际的理赔情况,对费率加以修订,以使之更好地与实际情况相符。

采用经验费率进行费率的厘定,一方面可以使该团体所缴的保费更加准确地反映其风险情况,进一步体现保费确定中的公平性原则;另一方面也避免了保险公司业务质量的恶化,即采用同一费率时,可能会使风险低于平均水平的团体转向其他公司,而风险高于平均水平的团体留在公司。

从雇主的角度讲,团体保险的这一特性可以使雇主享受到成本优惠,有利于公司财务。

(四) 核保方面的特征

在核保方面,团体保险与个人保险不同。在个人保险中,每个投保人必须证明其可保性。但是,在团体保险中,团体中的单个成员并不需要在投保时证明其可保性。团体保险核保主要是对团体的选择而不是对每个人的选择。团体保险进行核保时对不同的险种核保的重点有所不同,但是,以下各方面的因素则对所有或大多数险种的核保有重要影响:团体存在的原因,团体的稳定性,福利计划决定的方法,资格认定条款,保费缴纳的方法,团体保险计划的行政管理,团体的规模,团体所属的行业,团体的地理位置,等等。

团体保险核保对团体的选择这一特点对员工来说具有很重要的意义。

(五) 保险计划的设计方面的特征

团体保险单与普通的个人保险单在保险计划的内容设计方面有很大不同。在个人保险单中，保障的内容是保险公司事先设计好的格式条款，个人只能做出接受或不接受的选择，不能对保单内容做任何修改。而团体保险单则不同。尽管团体保险单也应遵循一定的格式和包括一些特定的标准条款，但是投保团体保险的雇主可以就保单条款的设计和保险内容的制定等方面，根据自己的需要与保险公司进行协商。因此，团体保险在计划的设计方面具有更大的灵活性，这种灵活性使它适合于成为员工福利计划，使雇主购买的团体保险能充分体现其总的福利计划目标和水平，满足其特定需求。

（六）成本方面的特征

在团体保险的形式下，每一个被保障的员工都能以较低的保费获得较高的保险保障。从雇员的角度来看成本的节约主要是由于团体保险采用集体作业，产生了一定的规模效益。对于提供同样的保障，保险公司之所以在团体购买时能给予优惠有以下几个原因：

1. 节省体检费用

一般在团体保险中，被保险人可以免于进行体检，这样就省去了在个人保险中保险公司对体检费的支出。

2. 减少逆选择的可能性

在团体投保的方法中，团体的资格方式决定了其成员进行逆选择的机会大大减少，从而使平均死亡率和疾病率发生相对下降，减少了逆选择因素对公司的消极影响。

3. 节省管理费用

采用团体形式投保，一方面因为在一张保单下承保了成百上千人，也就简化了诸如承保、收费、会计等手续；另一方面也减少了代理人的佣金支出。因此，总体上节约了保险公司的业务管理费用。从员工福利的角度来看，这一特征，一方面使雇主获得成本优势，另一方面也使员工获得实惠。

三、团体保险的分类

团体保险按照保障的内容可分为以下几种：

1. 团体人寿保险

团体人寿保险是指为团体内成员提供死亡给付或储蓄性质的保险。团体人寿保险可分为：团体定期人寿保险，团体万能保险，团体变额万能保险。

2. 团体健康保险

团体健康保险所承保的范围包括各类促进身体健康和心理健康的服务成本，诸如体检、诊断检查、手术、住院、口腔和视力矫正等。

3. 团体伤残保险

团体伤残保险是指保险人为工作者在丧失工作能力期间所提供的收入损失补偿的保险。

第二节 团体定期人寿保险

一、团体定期人寿保险的概念

团体定期人寿保险是最古老、最传统的团体人寿保险形式。它是指在一定期限内(通常是一年)当被保险人死亡时保险人给付保险金的保险。团体定期人寿保险一般都带有续保条款,而且没有储蓄成分,没有现金价值的累积,是单纯的保障型产品。

二、合同条款

团体定期人寿保险合同中的条款比其他形式的团体保险的条款更加规范。以下各条款是团体定期人寿保险合同中的常见条款,当然,投保人可以与保险公司进行协商以对条款进行一定的修改。

(一) 给付方法

给付方法的设定一般有两个目的:一是可以将有资格领取保险金的员工进行分类,二是可以明确对每一类员工所应支付的保险金数额。这样做便可以使团体中每个员工的具体保险金领取数额能够事先确定,从而降低逆选择的可能性。

给付方法可以非常简单,也可以很复杂。最简单的是为团体中的每个成员提供同样数额的保险金;也可复杂到对员工进行不同的分类,然后,为不同的类别提供不同数额的保险金。对于每个雇主团体而言,最常用的方法是按照工资收入或者职位确定每个员工保险金的数额。

(二) 资格认定

在团体保险合同中,资格的认定是非常重要的内容,一般来讲包括以下几方面的条件:

1. 属于既定给付类别

所有的团体保险合同都指明员工必须属于某一给付方法的类别。有些划分方法可能很广,从而包括该组织所有的员工,而有些划分方法则可能很窄,把许多员工排除在这种福利计划之外。有时,这些被排除在外的员工可能可以获得雇主提供的其他保险保障;而有时这些被排除在外的员工可能无法获得任何保障,因为雇主希望此福利只提供给某一类员工。任何员工不得同时属于一个以上的类别,这些对员工进行分类的工作一般由雇主来完成。

2. 全职工作人员

大多数的团体保险合同都要求受保障的员工是雇主的全职员工。全职员工通常被定义为每周为雇主工作的时间不少于30小时的员工。在某些情况下,如果核保政策允许,雇主也可以为兼职员工购买保险。这些兼职员工的工作时间一般规定为少于全职员工但高于某一指定的最低时间,而且所受限制更加严格。例如,全职员工可能一加入工作就可获得20 000元的人寿保险,而兼职员工可能仅获得10 000元的人寿保险,而且可能还要有等待期。

3. 正常地从事工作

大部分团体保险合同都包含有正常从事工作的条款。该条款规定,雇员如果因为疾病、受伤或其他原因不能从事正常工作则没有资格参加保险。但是在以下情况下,这一条款可能被取消:投保员工的雇主将其保险计划从一家保险公司转到另一家,而该员工在前一家公司中能满足正常从事工作条款的要求。

4. 观察期

团体保险合同中可能会包含观察期条款,即员工必须满足观察期要求才可获得相应的资格。观察期通常不会超过6个月。条款将会规定:员工将在观察期结束的第一天起即获得资格,或者是在观察期结束的下一个月的第一天起开始获得资格。

5. 可保性

大多数团体保单中不要求每一位员工证明其可保性,但是在以下情况下却要求可保性的存在:一种情况是在雇主和员工共同分摊保费的福利计划中,该员工起初不参加而之后改变主意希望重新加入;另一种情况是该员工将获得的保险金数额巨大。在这两种情况下,该员工需要提交可保性证明并经保险公司核准后方能获得保险保障。

6. 保费分摊

如果该保险计划的保费是由雇主与雇员共同分摊的,则只有在授权雇主从其工资中扣除保费后雇员才获得被保障的资格。如果这一切已在保单生效前完成,则该员工从保单生效时就有了享受保障的资格,如果在31天内没有对雇主进行授权,则雇员必须自行提供可保性证明。另外,如果雇员放弃参加保费分摊计划之后又希望重新加入,则雇员也必须提交可保性证明。

(三) 受益人的指定

除了少数例外,一般来讲团体保险合同中的被保险人有权指定其受益人。而且除非指定受益人是不可撤销受益人,否则雇员有权随时更换受益人。通常所有的公司都要求受益人的变更须以书面形式通知保险公司,而关于变更后的生效日期则依合同条款的不同而不同。有些合同规定生效的日期是保险公司收到变更书面申请的日期,而另一些合同则规定合同生效日期为雇员提出变更要求的日期。

在个人保单中,如果没有指定受益人或所有受益人都在被保险人之前死亡,则死亡给付金支付给被保险人的法定继承人。在有些团体保单中也包含同样的条款;但在有些团体保单中则规定在上述两种情况下死亡给付金依照继承受益条款支付。在继承受益条款中规定,保险金可由保险公司选择支付给以下类别中的一个或多个继承人:一类是被保险人的亲属,包括配偶、孩子、父母、兄弟姐妹;另一类是雇员财产的遗嘱执行人。通常支付给第一类之中的人。

(四) 保费的来源

团体保险合同规定由雇主负责向保险公司缴纳保费,即使保费是在雇主和雇员之间进行分摊的。雇员分摊的任何需要都可以纳入团体保险计划,但是这些均与保险合同无关,不属于保险合同的内容,因此,雇员对保险公司没有任何责任。这种分摊仅代表雇员对雇主的责任,通常由雇主在雇员的工资中扣除。

(五) 保单的转让

对于个人寿险保单,保单所有者有权将保单的各种权利转让给另外一方。过去在美国历史上,由于法律的限制,团体保单中不允许转让权。然而,最近几年许多州已开始取消这种限制,许多保险公司对其合同条款加以修改从而允许转让,或者可以应客户要求而取消限制。基本上而言,只要符合法律和合同条款,转让即有效。通常保险公司要求转让必须以书面的形式进行。

(六) 宽限期条款

所有寿险保单都有一个宽限期(通常为31天),允许保单所有者无息支付其逾期未缴的保费。如果在此期间仍未缴纳保费,则在宽限期结束后保单效力中止。在宽限期内发生的保险事故,保险公司仍负保险责任。

(七) 年龄误告条款

在个人保险中,当发现年龄误告时,保费的缴纳数额以及保险金的给付额都要做相应的调整,而在团体保险中,一经发现受保障成员的年龄误告,则保险金给付额仍是既定给付计划的规定数额,而保费将被调整为反映该成员真实年龄的数额。而且额外保费的支付或保费的退还都要由雇主而不是该雇员完成,即使计划是以分摊保费的形式购买的。如果年龄误告引起了雇员的分摊额的变化,则具体事宜由雇员和雇主解决。

(八) 保单终止

1. 法定终止或约定终止

所有的团体保单都规定在以下情况下,保险公司可以终止保单:

(1) 在宽限期结束时仍未缴纳保费。

(2) 满足任何合同约定条件或给雇主提供的31天的宽限期到期。一般情况下的约定条件包括:第一,在福利计划中未能保持约定的最低参加人数;第二,在保费分摊计划中未能保持约定的最低分摊比例。

2. 雇主终止

雇主可在提前31天给保险公司书面通知的情况下终止合同。另外,雇主有权在任何时候通知保险公司对保单进行修改。

3. 其他终止

在以下情况下对任何一个被保险人的保障将自动终止:

(1) 雇员终止雇佣合同;

(2) 雇员不再满足合同规定的资格,例如,雇员不再满足全职工作的条件等;

(3) 雇主或保险公司终止了总保单;

(4) 在分摊保费合同中,所需分摊的保费未能缴纳。

(九) 保险金领取方式

除了生存收入福利保险之外,其他团体保险中的雇员死亡保险金如果不选择其他支付方式则一般都采用一次性支付方式。每一个被保险的雇员在其生存期间有权选择或改变支付方式。如果雇员死亡时没有选定的支付方式,则受益人有权选择。

除了一次性的支付方式外,大部分保险公司会提供以下的一些选择:

1. 利息累计法

给付金存在保险公司,利息支付给受益人,受益人可以随时提取。

2. 限期支取法

给付金在特定期限内分期支取。

3. 终身支取法

给付金在受益人的有生之年分期支取。

(十) 理赔

团体保险中的死亡条款非常简单。条款规定当保险公司收到死亡证明时即支付死亡给付金。关于索赔的期限没有具体规定,但是大部分保险公司都要求保单所有者和受益人在理赔开始前填写一份表格。

(十一) 不可抗辩条款

与个人保险相同,团体保险也包含不可抗辩条款。除了不支付保费的情况外,任何有效的合同在保单生效一年或两年后不得再进行抗辩。在保单生效的前两年内,任何被保险人所作的陈述都可以作为保险人拒赔的依据,但这些陈述仅限于与可保性有关的内容。另外,该陈述必须以有被保险人签字的书面形式提供。

三、附加险

在保险市场比较成熟的国家,团体保险合同通常通过附加险的形式提供另外一些保险保障。这些保障可能提供给所有参加基本定期保险的被保险人,或者是提供给某一类被保险人。在以下四种附加险中,除了被抚养者人寿保险(dependent life insurance)外,其他三种也可以单独承保。

(一)补充人寿保险(supplemental life insurance)

大部分团体人寿保险计划都允许所有或某一类雇员购买额外的人寿保险。通常雇主承担全部保费为所有员工提供基本数额的保险。补充人寿保险则通常是分摊保费的,或者是与基本保障在一个合同下或者是单独的合同。尽管雇员可能承担补充人寿保险的全部保费,但是无论是法律还是保险公司的核保要求都常常会导致雇主分担一部分保费。

另外,由于补充人寿保险的保额可以由被保险人自行选择,因此,为防止逆选择的出现,在补充人寿保险中核保政策非常严格,例如通常要求个人提供可保性证明。

(二)意外死亡和伤残保险(accidental death and dismemberment insurance)

许多团体人寿保险合同都包含意外死亡和伤残条款,条款规定如果雇员意外死亡或受伤,则保险公司提供一定保障。在传统的团体保险中这种保障仅存在于附加险中,而现在这种保障通常出现在单独的保费分摊的团体保险合同中。

(三)生存者收入福利保险(survivor income benefit insurance)

生存者收入福利保险是一种为满足雇员家属(通常指配偶和子女)实际需要的保险。这种保险有两个特点:一是保险金的支付不是一次性的,而是定期向被保险人的指定家属支付;二是只有当雇员有合格的家属时,死亡给付金才予支付,没有合格的家属则不支付死亡给付金。

生存者收入福利保险从20世纪60年代开始出现,一直没有得到很大的发展。雇员们认为这种计划带有歧视性,因为如果没有合格的家属则该保险对其毫无意义。

(四)被抚养者人寿保险(dependent life insurance)

被抚养者人寿保险是以雇员所抚养的人的生命为保险标的,雇员为受益人,当被抚养人死亡时,雇员可得到一定数额的死亡保险金。因此,被抚养者人寿保险通常被视为为雇员提供的、帮助其为被抚养人料理丧葬事宜的经济补贴。被抚养人一般限于雇员的配偶和未婚子女。

第三节 团体万能和变额万能寿险

一、团体万能寿险

(一) 概念

团体万能寿险是以一种形式的保障为被保险人提供灵活多样的财务需求服务的保险。团体万能寿险于20世纪80年代中期在美国出现,主要是随着美国的税收制度的变化而应运而生的。团体万能寿险有两个很重要的特点:

1. 双账户列支

保险金分别由死亡给付金和现金价值累积两个账户列支。这一特点带给被保险人的便利可以体现在两个方面:一是被保险人可以根据自己的财力和需要随时对死亡给付额进行调整。例如,由于结婚、子女的出生或是收入的增加等原因导致了对死亡给付金需求的增加,则被保险人可以申请提高死亡给付金,而之后随着子女的独立或收入的减少从而对死亡给付金的需求减少,则被保险人可以申请调低死亡给付金。二是现金价值累积账户也可灵活使用。例如,购买房屋时可以提取现金用于支付首期付款或者用于支付子女的大学学费。

2. 缴费灵活

保费缴纳的数额不固定,可以灵活掌握。例如,当被保险人刚刚成立家庭,财力紧张时,可以减少保费缴纳的数额,而当财力状况好转后可以提高缴纳的保费数额,从而为未来的退休生活积累更多的资金。

(二) 团体万能寿险的产品分类

一般而言,团体万能寿险从产品的设计角度可以划分为两类:

1. 单一团体保险计划

单一团体保险计划是指一个产品中仅包含一个计划,所缴纳的保费正好等于死亡率的费用与公司费用支出之和,没有现金价值的累积。这种计划是为满足仅需要定期寿险的员工的需要。

2. 两个团体保险计划

两个团体保险计划是指一个产品中包含定期保险和万能寿险两个计划。在此产品中,员工可以有如下几种选择:

(1) 需要定期寿险的员工仅支付定期寿险的费用;

(2) 需要万能寿险的员工仅支付万能寿险的费用;

(3) 两种都需要而同时支付两项保费。

需要指出的是,购买定期寿险的员工日后如需要也可以转换为万能寿险,购买万能寿险的员工日后也可以转换为定期寿险。购买万能寿险产品的员工需要支付较高的保费以支撑其现金价值累积账户。对于同时购买两种计划的员工一般有一个最高保额的限制,例如,保额总和为工资的三倍,其中定期寿险保额是工资的两倍,万能寿险保额是工资的一倍。

(三)团体万能寿险的优缺点

团体万能寿险最初是作为补充寿险计划向雇主进行销售的,或者是替代现有的定期寿险计划,或者是作为额外的补充。它对雇主和雇员而言都具有一定的优点。

1. 对雇主而言的优点

首先,除了与扣除工资和注册登记有关的费用外,对雇主而言没有额外的费用成本。

其次,由于该险种能够为员工提供持续到退休后的生活保障,因此,能够帮助雇主减轻为员工提供退休后生活福利的压力。

2. 对雇员而言的优点

首先,可以以团体保险的优惠价享受新型保险产品;

其次,可以在退休后继续有获得保险保障的机会,而且不需要任何退休后保费的分摊;

最后,能够在福利设计方面有较大弹性,最大限度地满足每个员工的个人需要。

作为有储蓄性质的团体万能寿险,其缺点有两个:一是由于产品的设计管理比较复杂,因而费用较高,所以大部分保险公司仅为拥有1 000名员工以上的大型雇主提供此优惠的团体保险;二是当利率下降时,其产品的优势就会减弱。

二、团体变额万能寿险

团体变额万能寿险是一种能更好地满足被保险人投资需求的保险产品。它最早出现在20世纪90年代中期,保险公司在推出团体万能寿险的产品后,对其加以改进,推出了新产品——团体变额万能寿险。因此,团体变额万能寿险具有许多团体万能寿险的基本特征。

与团体万能寿险最大的区别在于,团体变额万能寿险给员工提供许多可供选择的投资方式,满足不同员工的投资需求。大部分的团体变额万能寿险计划都为员工提供8—15个不同类型的投资方式,这些投资方式可能有:增长型基金,债券基金,货币市场基金,指数基金,国际股票基金,抵押证券基金以及小公司股票基金等。为了缓解管理的压力和进行便利的交流,通常每个员工选择4—6种方式。每种投资方式的资金投入量由员工在投保时选定,之后每期保费就按此比例进行分配。这些投资方式通常没有最低利率保障,所以全部的投资风险由员工自己承担。

另外,也有一些团体变额寿险产品有一个最低利率保证账户,在这种情况下就使产品更雷同于团体万能寿险。

案例与资料 5-1

英国的员工福利保障产品

英国社会保障制度具有规模大、结构庞杂、支付项目多等特点。

近年来,为了减轻财政负担,英国对社会保障制度进行了以私有化为特点的改革,主要是发展补充养老保险,减少地方政府健康部门对医院的管制,要求社会福利的受益者接受生计调查等。

改革的推行使私营机构受益匪浅,其中,多种福利的供给者,尤其是保险公司获得了新的发展空间。保险公司业务的拓展也对英国的福利改革起到了积极的促进作用。当前,英国的保险公司尤其是寿险公司,向企业团体客户提供多元化的金融产品和服务,包括寿险、储金、养老金、年金、医疗健康保险、投资与基金管理、银行与抵押融资等,并应企业需求的变化,积极开发各种新型团体保险产品。

其中,团体寿险类的特点是核保和理赔程序简单,只要企业雇员人数超过30人,一般无须进行健康检查。但保险公司会根据企业雇员的年龄结构、性别、吸烟状况、婚姻状况、工种等数据调整费率,并适时评估员工总体的健康状况。市场上流行的主要团体寿险产品为:定期寿险、终身寿险、混合寿险。

另外,一般来说,只要雇员在2人以上,一般都有相应的团体保险项目覆盖其健康保险方面的需求。通常对于雇员人数在50人以下的小公司,保险公司提供多种可供选择的团体保险产品及其组合,尽量满足每个员工的不同需求。对于雇员超过50人的大型企业,寿险公司与企业充分协商,就产品服务、费率达成一致。其费率一般根据经验费率,并结合同类企业的理赔状况及其他保险公司的类似费率决定。这类保险一般具有三种保障作用:伤残收入保障、医疗费用保障、生病期间保费豁免保障。

通常情况下,如果员工抚养未成年子女,则所有未成年子女都可以享受企业提供的健康保险福利。如果夫妻都在同一企业任职,其未成年子女的健康险保费将享受较大折扣,待遇水平也比较优厚。

团体健康保险的期限一般为一年，每年重新续保并适度调整，如果出现以下情况，则员工可要求保险公司在一个月之内对其参与的健康险项目进行调整：婚姻状况变动，即结婚、离婚、丧偶；生育、收养子女，或未成年子女夭折；配偶失业。雇员因上述原因对健康险的条款、品种进行调整时，通常不用健康检查，也无须提交健康证明。

除上述几点以外，目前，英国有2/3的员工参加了团体年金计划，年金类团体保险产品较为丰富。保费由雇主和雇员共同缴纳，雇员缴纳的比例一般为工资的5%—9%，所积累的资金要求单独建立账户。

大多数产品都提供抚恤金，并保证无固定生活来源的遗属可以继续领取一定额度的年金。与个人年金产品类似，团体年金的产品也分为固定投资收益型、浮动投资收益型（投资收益可在一定幅度内变动），员工可以依照自己的储蓄和投资意愿加以选择，而且可以进行调整，所得投资收益享受延迟纳税的税收优惠。

在英国，企业年金市场除了保险公司以外，还有众多的信托、基金和其他非保险金融机构参与，市场主体繁多，竞争激烈，因此，各种退休年金计划具有较明显的地域、行业特点。截至2003年8月，经英国金融服务局（FSA）批准认证的退休基金有156家，很多基金是由寿险公司参与开发的。

资料来源：www.people.com.cn。

思考题

1. 什么是团体保险？如何分类？
2. 与个人保险相比较，团体保险有哪些特征？
3. 团体定期人寿保险的主要条款内容有哪些？
4. 简述团体万能寿险的概念及特征。
5. 简述团体万能寿险的优缺点。
6. 简述团体变额万能寿险的概念及其与团体万能寿险的区别。

小组讨论

分组对大型企业进行实地调研。总结讨论雇主和雇员对团体保险的不同观点，包括从各自角度出发对其优劣的评述，以及在当地实施的可行性分析。

辅助阅读资料

1. Kenneth Black, Jr. , Harold D. Skipper, Jr. , *Life and Health Insurance*, 13rd edtion, Prentice Hall, September 1999.

2. www. cfainstitute. org

第六章

团体健康保险

本章要点

- 团体健康保险计划
- 口腔护理计划
- 处方药及五官保险计划

引　言

随着医疗和健康护理成本的不断攀升,团体健康保险越来越成为员工福利的重要组成部分。对于雇主而言,它是吸引和留住员工的一揽子福利计划中必不可少的部分。对于员工而言,它不仅是对其个人及家庭成员的健康保护,而且是对他们收入的保护,因为员工个人或家庭成员患病,不可预料的巨大医疗费用支出可能会使员工陷入财务危机。因此,学习员工福利计划,团体健康保险是极为重要的内容。

第一节　团体健康保险概述

一、团体健康保险的范围与分类

团体健康保险所承保的范围包括各类促进身体健康和心理健康的服务成本,诸如体检、诊断检查、手术、住院、口腔护理和视力矫正,等等。雇主通常与一个或多个保险公司签订协议为其雇员及家属提供健康服务。在美国,商业健康保险提供者分为非营利性和营利性两种,前者在税收上可以享受优惠待遇,包括蓝十字和蓝盾组织两家最大的非营利性的民间健康保险提供者;后者不享受相关的待遇,主要是其他私营保险公司。

团体健康保险计划可分为两大类。第一类是主要健康保险计划,其中又包括三种:一是实际服务收费计划(fee-for-service plan);二是管理式医疗计划(managed care plan);三是自选医疗服务机构计划(point-of-service plan)。第二类是其他健康保险计划,包括口腔护理和视力矫正等。

二、美国雇主资助的健康保险的发展历史

雇主资助的健康保险在美国起源于20世纪30年代的大萧条期间。由于当时大范围的失业使得许多个人没有经济能力承担健康医疗方面的费用支出。因此,美国国会颁布了《1935年社会保障法案》以解决经济大萧条引发的各种社会问题,包括健康保险问题。但是由于当时的总统罗斯福反对把健康保险列入社会保障法案,所以,美国《1935年社会保障法案》中并未包含政府在健康方面为民众提供任何福利保障的条款。也正因为如此,私人企业获得了为员工提供健康福利的机会。

首先出现的提供健康保险服务的机构是由医院控制的蓝十字,该组织主要是允许个人可以每月缴费的形式准备未来可能的住院费用;20世纪30年代后期出现

的蓝盾组织,主要是为医生的服务费用提供预付计划。

整个20世纪40年代,蓝十字和蓝盾组织是主要的医疗保险的提供者。由于第二次世界大战期间政府实施工资冻结的政策,雇主开始通过发展员工福利来提高生产率和员工对企业的忠诚度,其中医疗费用的保险被雇主们广泛采用。

但是,随着政府解除对工资的冻结,许多雇主停止为员工提供医疗保险,由此引起员工不满,双方对簿公堂,结果最高法院判定健康保险福利的提供与否取决于工会的力量。

保险公司参与医疗保险则相对晚一些,直到1949年才开始开展此项业务,20世纪50年代中期,保险公司在保费收入和承保人数方面都超过了蓝十字和蓝盾组织。

20世纪60年代中期,美国政府对社会保障法案进行修改,增加了医疗护理和医疗救助福利:

第一,联邦政府首次成为一家重要的医疗费用承担者,为老人和穷人提供健康保险。资金主要来自三方:政府预算、受益人缴纳的保费以及雇主的税收。

第二,政府为低收入的个人及家庭提供医疗救助。政府的介入使之前得不到医疗救助的底层老百姓享受到医疗福利,健康保险市场出现供不应求的局面,医疗设施和医护人员大量短缺,这为之后医疗成本的飙升埋下了伏笔。

从20世纪70年代开始,医疗成本的不断攀升开始引起美国政府和雇主们的关注。据统计,1950年美国医疗费用的总支出相当于国民生产总值(GNP)的4.4%,1960年相当于GNP的5.4%,到1970年该比例上升到7.3%。大公司开始对医疗福利进行自我融资,这样一方面可以改善企业现金流,另一方面也可以节约资金。1974年美国国会通过《雇员退休收入保障法案》,放弃将雇主自我融资计划纳入保险监管体系之内,给雇主更大的自由度,从而促进了这一融资技术的发展。

在20世纪70年代,美国第一次就国家提供健康保险的问题展开大规模讨论。官员们的意见五花八门,但最终于1973年通过了一项重要法案——《联邦健康维护组织法案》。根据该法案,政府将对健康维护组织(HMO)提供资金支持,并且强制要求拥有25名以上雇员的企业向雇员提供加入HMO计划的选择。至此,HMO计划终于正式进入企业员工健康保险市场。

三、主要健康保险计划

主要健康保险计划包括三类:一是实际服务收费计划;二是管理式医疗计划。大公司通常为员工提供一种或多种计划。

(一) 实际服务收费计划

1. 概念及分类

实际服务收费计划是指在雇员接受了健康护理服务后,对其所发生的费用,以实报实销或者现金形式支付给被保险人,或者直接支付给服务的提供者。该计划承担三种医疗费用:住院费用、手术费用和医生费用。在该计划下,被保险人(雇员)一般可以选择任何有经营执照的医生、外科手术大夫或医疗设备,保险人报销被保险人所发生的医疗费用。

实际服务收费计划又分为两类,一种称为补偿计划,它是指保险人根据雇主与保险公司之间签订的合同,对所发生的费用按合同约定的种类和比率向被保险人进行补偿。另一种是自我融资计划,该计划是指当员工因生病支出规定范围内的医疗费用时,雇主自己筹措资金对员工进行补偿。这两类计划的区别在于,补偿计划的保险基金由独立的保险公司通过收取保费而形成并由保险公司进行管理。而自我融资计划中的补偿资金或者来源于雇主经营过程中的现金流,或者是事先专门设立的赔付基金。与补偿计划相比,采用自我融资计划对雇主而言的最大优点就是可以使企业增加当期现金流,但是采用这种方式需要雇主考虑其进行补偿的财务承受能力。

2. 基本福利内容

实际服务收费计划所承担的医疗费用包括三类:住院费用福利、手术费用福利以及医生费用福利。有时公司可能会不局限于这三种而提供综合性医疗保险,或者在这三种的基础上进行一些补充。

(1) 住院费用福利。住院费用福利担负因住院治疗而发生的费用。实际收费服务计划将其分为入院治疗费用和门诊治疗费用两种。入院治疗费用指住院治疗期间所发生的费用。包括两项内容:一是住宿和伙食。包括在医院过夜停留所支出的房费和伙食以及护理费用。该计划一般按天来规定一定数额。二是其他相关费用。包括住院期间各种相关的支出,如医生要求的化验、检查、X 射线、药物等的治疗费用。门诊治疗费用是指在医院治疗但不需住院所发生的费用。包括三项内容:一是急救室治疗费用,即由于意外导致身体受到伤害而需要的急救,或由于突发疾病需抢救而发生的费用,一般有时间限制(通常是 24 小时至 72 小时不等);二是手术前检查化验,即病人手术之前医生为确定病人对手术的承受能力而进行的各种检查化验所发生的费用;三是手术费用,一般只包括手术室使用费而不包括医生的费用。

(2) 手术费用福利。手术费用福利担负为治疗疾病而必须进行的手术的费用,不包括非必需手术例如整容等。通常,实际服务收费计划对此费用的支付遵循“通常、习惯和合理”的原则,“通常”是指费用不能超过医生通常的收费标准,“习惯”是指要在当地此项收费的惯常标准内,“合理”是指收费要与病情相符。

(3) 医生费用福利。医生费用福利担负与医生相关的费用,在病人由于病情无法到医院就诊时,也包括医生到病人家中出诊的费用。

3. 实际服务收费计划的特点

实际服务收费计划设立有各种用于控制成本的规定,常见的有以下条款:

(1) 免赔额条款。在规定的计划期间内,雇员必须承担一定的免赔额,只有在支出的费用超过免赔额时,保险公司才承担赔付责任。免赔额通常是一固定数额,一般为100—500美元。另外,免赔额的数量也会随着员工的年收入不同而有所不同,或者以绝对值表示或者以工资的比率表示。而且,免赔额是分福利项目而独立计算的,即住院费用、手术费用和医生费用都有各自的免赔额。

(2) 共保条款。该条款规定支出费用超出免赔额的部分由被保险人与保险人共同分担,一般是以百分比计算。例如共保比例为20%,是指被保险人承担超过免赔额的费用的20%,保险人承担80%。共保的比例随费用种类的不同而有所差异。通常,诊断化验不进行共保,也就是全部由保险人承担,其他医疗费用为20%。许多保险计划承保心理健康方面的医疗支出,这些费用的共保比例较高,一般为50%。

(3) 保户自付最高限额条款。尽管有共保条款的限制,但是由于医疗成本的不断攀升,个人承担的医疗费用数额处于不断的变化之中,有时这个数额可能会超出大多数个人的财务承担能力。因此为了避免某一重大疾病造成被保险人财务困难,许多计划中设计了保户自付最高限额条款。所谓保户自付最高限额是指超过免赔额的费用中,被保险人在每日历年或保单年度承担的最高费用额,通常以固定数额表示。在美国,一般规定未婚人士每年承担的最高额为800美元,家庭承担的最高限额为200美元。例如,某保险计划规定,保单有200美元免赔额,800美元保户自付最高额(未婚人士),因此,该未婚人士一年的医疗支出上限为200+800=1 000(美元)。

(4) 既存健康状况条款。既存健康状况是指在保单生效之前一定时间内被保险人接受或被建议进行医疗咨询、诊断、护理或治疗的状况。既存状况的指定期限通常在三个月到一年。保险公司设计此条款旨在避免对被保险人投保前已患有严重疾病的赔付责任。

(5) 入院许可条款。许多保险计划要求必须有住院治疗的入院许可方能对住院费用进行赔付。特别是在非急诊住院治疗前,医生必须得到保险公司雇用的注册医生或护士的同意才能对被保险人进行住院治疗。也就是被保险人是否需要住院治疗或需要其他的治疗方式最终要由保险公司的医生和护士来判断决定,住院时间也由他们决定。此条款为保险公司保留了拒绝赔付未批准的入院治疗费用的权利。

(6) 第二手术意见。第二手术意见是指被保险人在收到其医生提出的手术建议后,为减少不必要的手术向其他医生就手术必要性征询意见。保险公司将负担此项咨询费用。有些保险公司规定在手术前必须进行第二手术意见的征求程序,有些保险公司则将其列入可选项目。

(7) 最高福利限额条款。最高福利限额是指被保险人在一年内或终身享有的最高福利限额,通常以具体数额表示。在大多数情况下,保单同时规定了一年和终身可享有的最高福利限额。制定每年的最高福利限额为保险公司提供了更大的对成本进行控制的权利,终身福利限额可以使雇主避免长期或巨大赔付以及疾病反复发作引起的巨额成本支出。

(二) 管理式医疗计划

管理式医疗计划(managed care plans)是指通过限制员工对医院和医生的选择从而控制医疗成本支出的一种医疗计划。它把商业经营的观念和办法引入医疗保险领域,对医疗保健的价格、医疗服务的质量和人们获得医疗服务的途径,都进行了严格的管理。具体来说,病人不再像过去那样自由选择医生看病,而是到指定的医院看病;保险公司直接参与对医疗保险整个运行过程的管理,与医院谈判医疗保险的价格;改变医疗保险费用"实报实销"的支付方式。

1. 管理式医疗模式的主要特点

管理式医疗模式的主要特点是在控制成本的同时又能维持高质量的医疗服务,具体包括以下几点:

(1) 积极收集服务质量反馈意见;

(2) 对医护人员的从业行为进行监控和分析;

(3) 鼓励患者去高质、高效的医院就医;

(4) 对医疗服务提出改进意见;

(5) 让医护人员、医院明白提高服务质量和医院效益的关系。

可以看出,管理式医疗模式旨在通过促进正确、有效地使用医疗服务系统而降低成本。

2. 与传统模式的区别

管理式医疗与传统的补偿医疗保险在运作和目标方面有着许多的不同。

(1) 医院选择。在传统的补偿医疗保险中,被保险人可以随意选择医院,保险公司没有限制;而在管理式医疗计划中,一般由保险人提议或者直接指定。

(2) 费用支付。在传统的补偿医疗保险中,医院实际收取多少,保险公司报多少;而在管理式医疗计划中,则是向医院支付事先商定的费率。

(3) 风险承担。在传统的补偿医疗保险中,保险人承担了所有财务风险;而在管理式医疗计划中,保险人与医疗服务的提供者共同分担风险。

(4) 成本控制。在传统的补偿医疗保险中,很少有控制成本的激励机制;而管理式医疗计划为医院、患者都建立了很好的成本控制机制。

(5) 医疗服务质量监控。在传统的补偿医疗保险中,对医院的服务质量以及护理是否得当均无考核;而管理式医疗计划积极采用各种方法考核提供者的服务质量,并监控护理是否得当。

(6) 财务方面。在传统的补偿医疗保险中,没有真正的服务成本预算,仅是"实收实付";而管理式医疗计划建立了服务成本预算,许多情况下采取固定费用。

3. 管理式医疗计划的三种形式

管理式医疗计划包括三种形式:健康维护组织(health maintenance organizations, HMO)、优惠提供者组织(preferred provider organizations, PPO)和自选医疗服务机构(point-of-service, POS)。

(1) HMO

HMO 有时又被称为预付医疗费用服务计划,因为 HMO 成员定期缴纳的固定注册费用就可以支付其所有医疗必需的服务费用(只要这些服务是 HMO 提供或同意的)。HMO 一般提供住院和门诊以及医生、手术大夫等服务。大多数医疗服务费用能够得到全额赔付,有些 HMO 参保人需要进行象征意义的共同支付,作为其享受服务的条件。这种象征意义的共同支付一般以固定数量的货币表示,通常每次看医生需要支付 5—10 美元,医生每开一次处方药需支付 5—35 美元。

HMO 开办自己的合同医院并自行招收医生,直接为参保人提供医疗服务。它将医疗服务的提供者(供方)和医疗保险经费的出资方(第三方)合二为一。参保人定期缴纳一定的会费,就诊只能到指定的医院,不能随便选择医生和医院(急诊除外)。在 HMO 工作的医生是其雇员,只拿薪水,不能获得额外报酬。HMO 的医生较少像个体医生那样诱导患者多开药或向患者提供更多的服务,而是把工作重点放在健康教育和强化预防措施方面,目的是节约医疗费用开支,如加强预防性初诊,加强健康检查,提供戒烟和减肥等服务,做好入院前的准备,尽量缩短平均住院天数等。据调查,实行 HMO 的地区,医疗费用下降了 25%。目前,美国政府也将大部分公办的社会医疗保险基金交给 HMO 经办,参加 HMO 的人数达 4 000 万人。

HMO 由于其服务提供的地点不同,医疗护理提供的方法不同,医疗提供者之间合同关系的不同,以及组织的结构不同可以分为不同的形式:

第一,雇员模式的 HMO。这类模式的 HMO 拥有自己的设施,并且雇有自己的医生。它或者有自己的医院、实验室或药房,或者与这些设施的所有者签有合约。如果不能雇用自己的医生,也可以与医生签约为其会员提供服务。在这种模式中工作的医生就是 HMO 的雇员,他们是以工资和可能的激励性奖金的形式得到报酬的。因此,这种模式的 HMO 就可以对医疗成本有较大的控制权,因为如果 HMO 亏损或医生在执业中加大成本,则可能被解雇。尽管这类模式的 HMO 有成本节约的潜在可能性,但是,由于其初始成本和运营成本都很高,所以,真正建立这类模式的很少。

第二,团体模式的 HMO。这是最普遍的 HMO 模式。在这种模式中,HMO 本身不雇用医生(或其他医护人员),也不拥有自己的医疗设施,HMO 与另外一个实体(医疗提供者)签约,由该医疗提供者为 HMO 的会员提供医疗服务。这些医疗提供者本身则与医生或其他医护人员签约。大多数情况下,这些与提供者签约的医生仅为 HMO 的会员提供服务。这些 HMO 通常与一个或多个不同类型的医疗服务提供者签约,例如,一个 HMO 同时与医生的提供者签约,又与医院服务的提供者签约。HMO 支付给这些提供者的费用通常是按照每个会员一年应付的费用预先决定的,之后这些提供者必须为全部规定的服务付费。而且,HMO 支付给提供者的费用与提供者支付给其签约的医生或设施所有者的费用是互不关联的。因此,提供者与 HMO 共同分担了风险,即如果医疗成本低,则提供者可能盈利,否则就会亏损,从而也为提供者带来了极大的控制医疗成本支出的动力。

第三,网络模式的 HMO。在这种模式的 HMO 中,HMO 与两个或更多的独立医生组织签约为其会员提供服务,而且这些与 HMO 签约的医生组织同时也为非 HMO 会员提供服务。

第四,个体从业协会(Individual Practice Associations, IPAs)。在这种形式的 HMO 中,参与的医生是个人独立从业或一小组人员联合从业,这些医生同时为 HMO 会员和非 HMO 会员提供服务。这种形式下,为 HMO 会员提供更多的可供选择的医生。在此形式中,对参与的医生的补偿方式各有不同,最普遍的方法是就提供服务的项目列出费用表。为鼓励医生节约成本,通常又配有相应的鼓励和惩罚措施,即如果实际支出大于预算则减少对其的支付额,如果实际支出小于预算则对其进行奖励。一般个人从业协会没有自己的医院,而是与当地的医院签约为其会员提供服务。

第五,混合模式的 HMO(mixed-model HMOs)。这种模式是指以上所述各种模式的混合使用,例如,某计划开始时采用雇员模式,之后决定通过采用个人从业协会的模式进一步扩大其容量。目前在美国这种模式的使用在不断增加。

(2) PPO

PPO 与雇主、保险公司、工会信托基金、第三方管理者或其他组织签订协议(如图 6-1 所示),以低于实际收费的水平提供医疗服务,一般优惠 15% 左右。PPO 可能是由医疗服务提供者自己组织成立的,也可能是由保险公司、蓝盾组织或雇主发起成立的。

与 HMO 相似，PPO 可能采取集体从业或个人分散从业的形式。它们可能提供一系列广泛的医疗服务，包括医生服务、医院护理、实验室测试以及家庭护理等，也可能仅限于提供住院或医生服务。有些 PPO 非常专业，仅提供牙齿护理、心理健康、围产保健或处方药等服务。

PPO 与 HMO 有以下两点不同：

第一，PPO 很少以预付费用的形式提供服务。它们一般采取实际服务收费的方式为客户提供服务。但是，它们组织内部所有参与提供服务的提供者采用相同的服务收费标准，而且通过与使用者之间签订的奖励协议而有降低医疗成本的动力。

第二，员工并不强制只能使用与其保险公司、蓝色组织或雇主等签约的优先提供者组织中的医生和设施，员工可以选择使用其他医疗提供者的服务，但是优先提供者组织能够提供较其他提供者更优惠的服务，包括更低的免赔额、共同支付额，以及新增的福利如疾病预防护理等，例如就共同支付额这项看，对签约组织的员工是 10%—20%，而对非签约组织的员工则是 60%—80%。

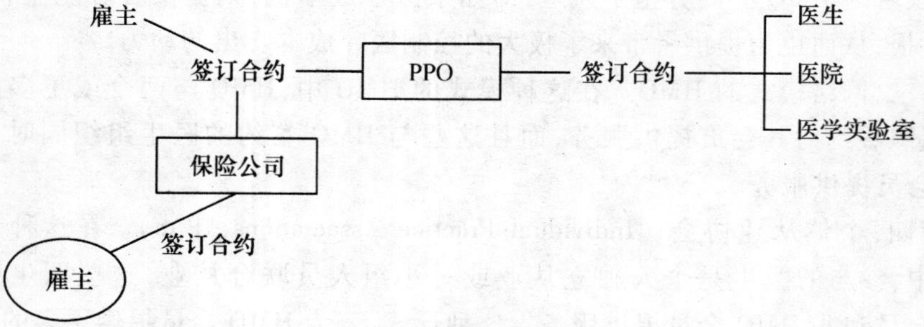

图 6-1　PPO 的组织构架

由于 PPO 的保险费较低，并且可以自由选择医院和医生（一般保险公司提供三家医院供选择），因此比较受欢迎。

(3) POS

自选医疗服务机构计划是把传统的实际服务收费计划与健康维护计划或优先者提供组织相结合而形成的一种混合型健康保险计划。在该计划中，会员可以选择是否使用计划中的指定服务提供者进行治疗，但若使用计划中指定的服务提供者，则可以在免赔额和共付额方面得到极大的优惠。例如，某计划规定使用指定之外的服务提供者每年的免赔额是 500 美元，而且超过免赔额的费用也仅补偿 70%。

一般而言，雇主使用这种计划是为了鼓励大多数老年或体弱的员工离开昂贵的传统补偿计划而加入 HMO 或 PPO，因为后面两个计划能更好地控制医疗成本。

自选医疗服务机构计划有两种形式：一种是开放式的 HMO，另一种是控制式的 PPO。开放式的 HMO 与前面所述的 HMO 的运作基本相同，只是参加这种计划的会员可以随时选择去非指定服务提供者处就医。控制式的PPO计划要求会员选择一个主要的护理医生,这个医生就扮演了控制医疗成本的角色,他可以根据病情需要,推荐病人在指定服务提供者范围内选择就医。但是,病人也可以选择去非指定服务提供者处就医。有些计划要求病人在去非指定服务提供者处就医前无须告知主要护理医生,而有些计划则要求首先告知,尽管主要护理医生无权阻止,但至少可以提出劝告或可以更好地把握该病人未来的医疗护理情况。

四、健康保险中各方关系的演进

健康保险中各方关系的演进可以用下面三幅图(图6-2、图6-3、图6-4)进行归纳:

1. 传统医疗服务中的双方关系

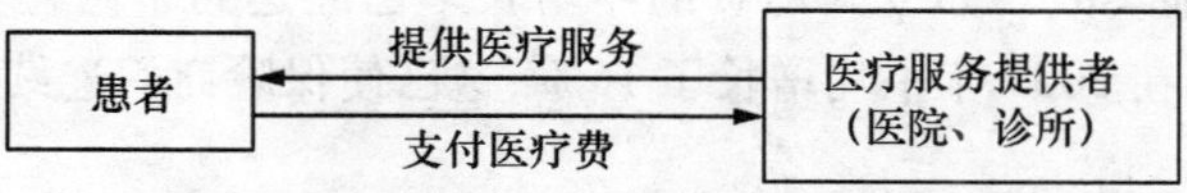

图6-2　传统医疗服务中的双方交换关系

2. 出现医疗保险后医疗保险中的三方关系

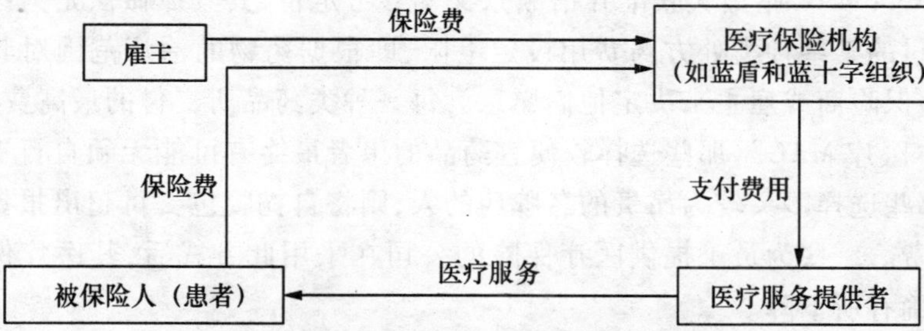

图6-3　出现医疗保险后医疗保险中的三方关系

3. 管理式医疗保险中各方的关系

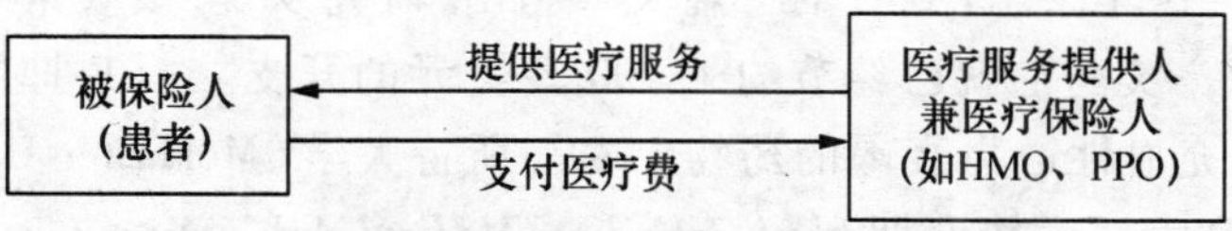

图6-4　管理式医疗保险中各方的关系

当然在基础和补充医疗保障之外,美国的医疗保险还包括许多特种医疗,用于给付被保险人因保险单指定疾病而发生的治疗费及购买指定医疗用品的费用。其中包括口腔护理计划、处方药计划、视力保健计划、听力保健计划、长期护理计划以及残疾收入福利计划,等等。在接下来的各节中将一一介绍。

五、医疗健康保险计划中的新动态

迈入21世纪，全球经济普遍不景气，美国公司迫切希望控制日渐高涨的员工医疗福利成本。美国许多保险商采用一种所谓三级处方药保险计划，根据此计划，患者需要自己支付固定比例的医疗费用。但是这种方法也存在问题，例如，员工每月需为仿制药缴纳10美元药费，而品牌药则被分为首选药和非首选药两类，员工据此分类为品牌药支付20美元或40美元。根据一些医疗保险商的分类，Zocor是一种首选品牌药，员工需为一个月剂量的药支付20美元，而雇主则需支付其余90美元。奇怪的是，员工需为价格比Zocor低的辉瑞制药有限公司的处方药Lipitor支付40美元，因为这种药物属于非首选药。

因此，尽管美国公司为遏制成本上升已采取了种种举措，但这些措施的效果好坏不一，均未明显奏效。如今其药费的年增长率已经达到了两位数。向员工提供医疗福利的成本在2003年平均增长了15%，这已使保险商们连续四年将保费上调2个百分点。

目前，许多美国大公司和医疗保险商正在对一些欧洲国家管理处方药成本的方式进行研究，特别是对“医疗MAC”进行问询调查，以期未来再开始采用此做法。“医疗MAC”(MAC指最大获准开销额)，又称参考定价，其具体做法是为医疗保险承保人支付的某些种类处方药费用设定上限，即根据药物的治疗范围对其进行分类，然后由保险商或雇主来决定他们愿意为每一种类药品所支付的最高费用。

根据“医疗MAC”，那些选择较便宜药品的患者最终有可能无须自行支付任何费用，而那些选择购买较为昂贵的名牌药的人，则将自掏腰包支付超出报销上限的那部分药费。一些为员工提供医疗保险的公司在采用此方式后，其医疗保险计划的费用的确有所下降。

另有两项研究显示，在不列颠哥伦比亚省，参考定价已经在没有带来负面后果的情况下帮助企业大大减少了药费支出。

《新英格兰医学杂志》刊登的一篇文章指出，研究发现，该政策一年之内仅在ACE抑制剂这一类药上就已经节约了700万美元的开支。ACE抑制剂是用于治疗高血压以及充血性心力衰竭的药物。麦马斯特大学(McMaster University)的研究人员在《加拿大医学协会期刊》(*Canadian Medical Association Journal*)上发表了另一份研究报告，他们发现，在一年的时间里该保险计划仅在治疗胃灼热药物这一项上就节约了7 860万美元。

不过这种做法也存在内生性限制。该机制仅能在几种药品基本可以相互替代的情况下使用。因此对于像ACE抑制剂这样的药物最为适合，而治疗癫痫病的各种药物由于对不同患者会有不同的影响，因此不应该被归为一类。保险人将不得不为处理药品的非适应症使用情况而确立一套体系，而且要面对来自医生的抱怨，医生们认为那些较便宜的药物并不适用于他们的患者，或者疗效较差。

所以，并非所有人都赞成采用“医疗 MAC”方式。一方面，此做法究竟能为医疗保险计划节约多少成本，完全取决于如何设计福利计划以及将费用上限定为多少。此外，还要看制药商为医疗保险计划提供多少折扣和回扣。以 Statins 抗胆固醇药物为例。此类药的价差很大，同样是可供服用 30 天的剂量，默克公司（Merck & Co., Inc., MRK）的药物 Zocor 的价格为 110 美元，而仿制药的价格仅为 31 美元。另一方面，这种做法实施起来相当复杂，而且需要对员工进行大量的解释工作。一些人担心，这会增加员工的发病率，从而增加门诊费以及住院开销，因为此做法鼓励人们使用成本低但疗效不佳的药物，且制药商可能将不再愿意提供价格折扣。

目前，越来越多的公司在采纳这一做法的同时，也在逐渐推广其他一些方式，比如说，扩大分级医疗保险计划中不同级别间的差距，为参保人员开设专门账户用于支付药费，降低员工为疗效最好的药品所支付的费用，或者采用四级处方药计划，等等。

第二节　口腔护理计划

美国第一个预付制的牙科保险计划是 1954 年由美国国际码头工人和仓库工人组成的太平洋工会所发起的。该计划与直接加薪相比享有税收优惠，因此很快被西海岸的其他工厂效仿，后来全美国的公司都开始使用该计划。现在许多大公司在提供医疗保险的同时也提供牙科保险。在员工超过 100 名的公司中有将近 2/3 的雇员得到了牙科保险的保障，规模较小的公司中约有 1/3 得到了保障。不过，较小的公司不大可能提供牙科保险。实际上，少于 10 个人的公司中只有 10% 提供牙科保险。

一、保险内容

常见的牙科保险包括如下保障：

1. 预防医疗

口腔清洁、检查和 X 射线，无免赔额限制。

2. 基本医疗

基本口腔医疗服务，如填充、拔除、牙周治疗（对牙龈和牙周组织疾病的治疗）和牙内治疗（牙根管），共保比例为 80%。

3. 恢复治疗

如托牙、牙桥和牙冠的治疗，共保比例为 50%。

4．牙齿矫正

对预防和修正牙齿问题以及牙齿复位的矫正治疗，共保比例为50%。

如今，将氟化物、密封胶和其他可减少牙科疾病的预防性保障纳入计划已成了一种趋势。多数计划保障正常的费用，但有年度最高金额限制。总体牙科给付和牙齿矫正使用不同的最高限额。

基本和恢复性服务一般有免赔额限制，但预防服务没有。免赔额可以以年为基础，也可以以终生为基础。终身免赔额有时适用于基本服务，年度免赔额适用于恢复性服务。牙齿矫正一般使用终生免赔额。

合同条款一般将预防服务，如清洁和检查，限定为每6个月一次。有些计划使用激励性共保比例，如果每年都进行医疗预防，那么保险人承担的基本服务的共保比例将由70%增加至80%，再到100%。如果任何一年没有进行预防护理，那么共保比例将回到较低的水平上。

牙齿矫正保险不很普遍，约有70%的计划提供这种保险。尽管牙齿矫正已有扩展为成人保障的趋势，但目前仍然以为儿童提供保险为主。

二、成本控制

不同执业者的收费水平不一样，服务内容也不一样，因此保险计划发起人须对赔付范围做出限制。当成本超过某一特定数额时，有必要对其进行审批。审批通常包括X光和既往病史的检查，以确保治疗是必要的。

牙科保险计划大多会用大量篇幅说明哪些口腔医疗服务属于保险范围，被保险人须注意哪些不属于保险范围。除非保险人愿意保障不必要的牙齿美容服务，否则必须要有预先审批程序。此外，许多保单包括失去牙齿条款，即对在签单日期已失去的牙齿不予赔偿。

还有一些旨在控制成本的限制性条款，如对临时下颌骨脱落（tempor-mandibular joint disorder）治疗的赔偿限制，已经更换牙冠和托牙的时间限制，等等。

支付牙科赔款并非易事。核赔人员必须十分熟悉预先批准的程序，恢复服务的等待期间，以及合理、常见的限制。为了高效地完成工作，核赔人员必须借助复杂的计算机系统，以提高效率。许多牙科保险计划使用计算机系统来决定是否赔付以及赔付多少，无须人力参与。

三、牙科承保人和管理医疗

大多数牙科保险由商业保险人、德尔塔（Delta）牙科计划、蓝十字/蓝盾计划和牙科HMO承保。商业保险公司最早出现在该市场，现在依然占有很大比重，大多数州都有德尔塔牙科计划。德尔塔计划是非营利组织，是最初由牙科学会发起的德尔塔牙科保险计划协会的一部分。最初在许多省,地方蓝十字/蓝盾计划是德尔塔牙科计划的合作伙伴,但现在许多蓝十字/蓝盾组织都建立起与德尔塔相竞争的牙科计划。

牙科医疗市场正慢慢朝着管理式医疗的方向变动。牙科承保人正在建立 PPO 网络,与地方牙科 HMO 合作建立或建立自己的牙科 HMO。牙科优先服务提供者与医疗优先服务提供者的运作非常相似。网络内提供者统一降低赔偿水平以换取患者数量的增加,患者们则通过较高的网络内部赔付水平而更多地使用网络内部服务。较低的提供者费用通过较低的 PPO 价格和较高的保险金转移给计划的发起人。

第三节　处方药及五官保险计划

一、处方药保险计划

(一) 计划内容

处方药(prescription drug,ethical(ethic) drug 或 legend drug)指经过医生处方才能从药房或药店获取并要在医生监控或指导下使用的药物。处方药大都属于如下情况:

(1) 刚上市的新药:其活性、副作用尚需进一步观察;

(2) 可产生依赖性的某些药物:如吗啡类镇痛药及某些催眠安定药物等;

(3) 药物本身毒性较大:如抗癌药物等;

(4) 某些疾病必须由医生和实验室进行确诊,使用药物需医生处方,并在医生指导下使用,如心血管疾病药物等。

非处方药(nonprescription drug)是指那些不需要医生处方,消费者可直接从药房或药店购取的药物。美国称之为柜台销售药(over the counter drug),简称为OTC,目前已成为国际上通用的非处方药的简称。患者可根据病情自我判断,在没有医生指导下有选择地购药,用以缓解轻微短期病症及不适,治疗轻微病症并按规定方法使用是安全有效的。这些药物大都属于如下情况:感冒、发烧、咳嗽;消化系统疾病;头痛;关节疾病;鼻炎等过敏症;营养补剂,如维生素、某些中药补剂等。

处方药保险计划为门诊处方药提供赔付保障,只包含很小的定额分摊。总体来说,专利药品、医疗设施、非处方药、住院药、血液和血浆化验、免疫药剂和所有其他未列在处方上的药品均是这种保险的除外责任。有些计划甚至把避孕药列为除外责任。

处方药保险计划一般对药品发放的数量、次数都有所限制。例如,可能规定同类药品的定额分摊是5美元,品牌药的定额分摊是10美元。如果品牌药有同类替代药,而又开出品牌药,那么该被保险人就要负责支付品牌药和同类药品的成本差额加上定额分摊。被保险人有一张保险金给付卡,通过这张卡药剂师可以验证投保资格和保险信息,有时还会提醒药剂师该患者服用后可能出现的副作用。

(二) 成本控制

随着处方药市场的成长,这种保险的成本引起了普遍的关注。保险机构和雇主修改了计划设计,并向药品提供者施加压力,以降低费用。新的计划设计提高了共同支付比例,并设定了单独的药品免赔额或与雇主主要医疗保险免赔额合为一体的药品免赔额。

20世纪90年代末,随着新品牌的药品需要获得美国食品与药物管理局(FDA)的认证,以及制药厂商开始直接对消费者进行销售,处方药的成本已显著增长,结果导致多数支付者不得不继续更改保险金给付,以控制成本。

由于处方药的日益膨胀,药品不再是雇主福利成本中可有可无的一部分了。处方药报销比例是管理式医疗保健计划的重点管理对象,保险人对该领域的管理日益加强。由于从技术上可以做到将患者的药品消费随时更新进入患者档案,因此处方药的消费亦日益融入患者的个人医疗档案之中。

二、视力保险计划

(一) 计划内容

美国民众普遍存在视力问题,一半以上的人需要接受视力保健。据统计,74%的雇员佩戴隐形眼镜。视力的问题往往是长期形成的,需要定期保健。虽然在美国视力保险计划不像牙科计划那么普遍,但许多大公司的雇员都可以参加。

除了眼部手术或白内障手术之后配备的隐形眼镜之外,传统的健康医疗保险计划很少提供视力保障。但是员工福利中的保险往往提供视力保险计划,其中包括一般保障普通眼镜、隐形眼镜以及检查,每年有一特定数额的最高限额。这些计划在大公司中很普遍,而且数量正在增长。

与大多数医疗计划相似的是,如想加入视力保险计划,雇员必须经过一定的等待期;保费通常由雇主支付。此外,大多数计划还为雇员的家属提供相应的保障,这部分保费可能由雇主支付、雇员支付或双方共担。

提供视力保险计划的机构有很多,如管理基金、HMO、蓝十字、蓝盾、视力保健公司、验光公司、保险公司等。此外,某些雇主还自己出资,自己管理。

(二) 保障范围

视力保险计划的保障范围包括视力检查、普通眼镜和隐形眼镜。传统的视力保险计划对视力检查、隐形眼镜、镜架、镜片提供赔付。视力检查是配眼镜或隐形眼镜的必需步骤，且能发现眼部疾病，例如青光眼和白内障（这也有助于检查是否患有高血压和糖尿病）。在美国，大约94%的保险范围涵盖了视力检查。许多视力保险计划还能提供部分的隐形眼镜赔付，占全体计划的91%。但某些视力保险计划仅仅对白内障手术后配备的隐形眼镜提供赔付保障。几乎100%的视力计划都提供镜架、镜片赔付保障。

当然，几乎所有的视力保险都会对保险金给付和被保险服务次数进行限制，如表6-1所示。

表6-1 视力计划给付举例

检查	30美元（每年一次）
镜架	40美元（每两年一次）
镜片：单片	40美元（每两年一次）
双片	60美元（每两年一次）
隐形	100美元（每两年一次）

三、听力保险计划

大部分员工福利并未包含听力保险计划。但是随着人口的老龄化以及社会环境的日益嘈杂，患有听力损伤或障碍的人日益增多。据估计，美国有超过10%的人的听力存在或多或少的问题。尽管听力受损人群在增多，尽管助听技术在发展，大多数患者还是不愿意在大庭广众之下佩戴助听器之类的听力设备。

（一）保障范围

听力保险计划保障因意外事故造成的一般说话和语言问题。因手术造成的听力障碍通常均包括在标准医疗保单中。除此之外，一些健康维护组织、补充医疗保单还包含部分听力补偿。但若希望得到更加完备的听力保障就必须投保专门的听力险。

而对于慢性的、职业性失聪问题，由社会保障提供职业性失聪补偿。该补偿专门针对长期在噪音行业工作因而听力受损的员工。美国几乎各个州均对职业失聪补偿进行了规定。长期在噪音行业工作使得听力受损的雇员可以根据相关法案申请补偿。

（二）听力保健

听力保健通常包含听力检查、助听器评估测试、助听器和配药服务方面的保障，并规定免赔额和共保，赔付比例通常为80%。通常情况下这些保险都规定有终生最高限额和年最高限额，从300美元到600美元不等。但该保健计划一般不保障丢失或损坏的助听器、更换部件，等等。

案例与资料 6-1

新华保险公司员工福利团体健康保险条款

一、投保人根据实际情况选择以下保险责任进行组合，作为本合同项下的保险责任：

1. 门诊医疗保障

在保险期间内，被保险人、连带被保险人因意外伤害或疾病在本公司指定医院治疗所发生的合理门诊医疗费用，本公司按约定的绝对免赔额（本款所述"绝对免赔额"为每保单年度的免赔额概念，以下皆同）和给付比例（具体见费率表）给付门诊医疗保险金。

每一保单年度内本公司只对约定的门诊医疗费用限额（具体见费率表）以下的合理门诊医疗费用承担保险责任。门诊医疗保障不得单独投保。

2. 住院医疗保障

在保险期间内，被保险人、连带被保险人因意外伤害或疾病在本公司指定医院住院治疗所发生的合理住院医疗费用，本公司按约定的比例（具体见费率表）给付住院医疗保险金。每一保单年度内本公司只对发生在约定的住院医疗费用限额（具体见费率表）以下的合理住院医疗费用承担保险责任。

3. 特殊津贴保障

在保险期间内，被保险人因意外伤害或疾病在本公司指定医院住院治疗，本公司从被保险人住院的第一天起每日按约定的金额给付住院补贴保险金。每一保单年度累计给付天数不超过约定的天数（90 天或 180 天）。连带被保险人不享受特殊津贴保障。

4. 全残、身故或重大疾病保障

在保险期间内，被保险人、连带被保险人发生以下三项情形之一者，本公司按投保时约定的保险金额给付重大疾病保险金或全残保险金或身故保险金，本公司对该被保险人、连带被保险人的以下三项保险责任终止：

(1) 被保险人、连带被保险人于合同生效（或复效）后全残；

(2) 被保险人、连带被保险人于合同生效（或复效）后身故；

(3) 被保险人、连带被保险人于合同生效（或复效）后初次患本合同所指"重大疾病"或初次实施本合同所指的手术。

投保人可单独选择全残、身故保障，但选择重大疾病保障时必须同时选择全残、身故保障。

5. 女工生育保障

在保险期间内，本公司对符合国家计划生育法规规定的下列医疗费用承担给付女工生育保障保险金责任：

(1) 孕妇孕产期检查费；

(2) 产妇分娩住院医疗费用(不包括婴儿费用)；

(3) 由于人工流产、引产等终止妊娠措施而发生的医疗费用。

被保险人在某一保单年度内怀孕分娩，本公司累计给付的女工生育保障保险金达到女工生育保障保险金额时，本公司对该被保险人的该项保险责任终止。女工生育保障不得单独投保。连带被保险人不得享有此项保险责任。

6. 住院特殊保障

在某一保单年度内，本合同项下每个被保险人确定的住院医疗费用限额达到或超出本公司规定的额度时，其所在的投保单位可选择住院特殊保障。

如被保险人在某一保单年度内实际支付的合理住院医疗费用超出其住院医疗费用限额，经投保单位同意后，对于超出部分，本公司按照约定的给付比例(具体见费率表)给付住院特殊保障保险金；某一保单年度内，本公司向投保单位支付的住院特殊保障保险金以投保单位住院特殊保障医疗费用限额为限。

二、如被保险人在保险期间内因意外伤害或疾病所发生的本公司保险责任范围内的医疗费用，已经从社会医疗保险保障计划或其他商业医疗保险保障计划或其他商业医疗保险保障计划或其他任何途径获得补偿或赔偿，本公司仅对剩余部分承担保险责任。

资料来源：新华人寿网。

案例与资料 6-2

太平洋寿险管理式团体健康保险条款(A)款

(一) 保险责任

门急诊医疗保障

住院医疗保障

高额住院补充医疗保障

住院津贴保障

在上述责任项下,投保人可以自由选择保障项目,每一项保障项目的具体责任均可协商确定,包括绝对免赔额、给付比例、保险金额、日补贴额、单次住院的最高给付天数等。

(二) 给付范围

各项健康保障项目的给付范围在正常情况下按当地基本医疗保险的给付范围执行,也可应客户需求由保险双方灵活约定,通过特别约定放宽药品、检查项目、医疗服务项目等的范围。

(三) 医疗管理服务项目

1. 基本服务项目

保险费用核算服务

理赔管理服务

制作发放《理赔指南》

及时办理好理赔手续

定期提供一份账户资金运作报告

定点医疗机构服务

医疗保障计划经营管理报告

2. 特约服务项目

健康档案管理

体检安排

导医咨询

健康讲座

(四) 专项账户的确定与管理

1. 保险费的确定

保险公司根据投保人选定的保障项目、具体的保险责任和参保人数等为客户核定保障计划的保费规模。

2. 管理费的提取

投保双方按医疗保障计划的保费规模和保障项目的责任组合方式约定管理费的提取比例,保险公司按保费总额和提取比例的乘积提取医疗保障计划的管理费。提取方式可从按保费总额和按确定金额两种方式中选择。

3. 专项账户的形成

保险人根据投保人实际缴纳的保险费,按照投保双方约定的一定比例扣除管理费后,将保费余额划入专项账户,各项保险责任的给付均由此专项账户支付,最大给付责任以专项账户的金额为限。

4. 专项账户的余额安排

专项账户余额可根据投保人的意愿结转至下一年度或给付投保人。对专项账户进行上述操作后保险公司不再承担本期的给付责任。

(五) 产品特点

(1) 保障项目简洁明晰,组合搭配灵活;

(2) 保障范围机动灵活,层次变化多样;

(3) 保险公司提供专业化管理,降低整体成本;

(4) 保险公司提供专业化服务,提升保单价值。

资料来源:太平洋保险公司网站。

思考题

1. 什么叫医疗健康保险?它具有哪些特点?
2. 简述医疗健康保险的发展历史。
3. 请介绍美国的医疗保险模式及其特点。
4. 请介绍被保险人分担保险成本的若干种方法。
5. 请介绍管理式医疗保险模式的若干种形式以及各自的特点。
6. 美国的医疗健康保险包括哪些内容?

小组讨论

请结合美国的经验,思考如何通过医疗保险费用支付方式的选择来改革和完善中国的医疗保险制度。

辅助阅读资料

1. http://www.chcf.org
2. http://www.hhs.gov/
3. http://www.picchealth.com/

第七章

退休计划

本章要点

- 待遇确定型退休计划,供款基准型退休计划
- 个人退休账户,退休计划的设计
- 利润分享计划
- 401(k)计划
- 雇员股权补偿计划
- 高层管理人员补偿计划

引　言

随着人口老龄化问题的加重，人们对退休后生活的保障越来越关注。在大多数国家中，个人的退休福利主要来源于三大部分：第一，法律强制要求就业者参加的社会保障计划；第二，雇主出资资助的、带有福利性质的公司退休计划；第三，个人自行管理的个人退休储蓄账户。其中由国家强制执行的社会保险只为劳动者提供基本水平的退休收入，雇主出资资助的公司退休计划和个人自行管理的退休储蓄账户则发挥着重要的作用。随着家庭结构的变化以及寿命的延长，养老问题不仅是员工更加关注的问题，而且也是政府更加关注的问题。因此，政府除通过社会保障体系直接提供退休计划外，还通过各类立法和税收优惠制度鼓励雇主及个人提供和安排退休计划，企业也为吸引和留住员工，不断地开发设计退休计划。总之，退休福利计划已成为整个员工福利计划中非常重要的组成部分。由于经过多年的立法实践和经济发展，美国社会开发出了各类最具代表性的公司退休福利计划，如利润分享计划、401(k)计划和高层管理人员补偿计划等。因此，本章主要以美国为例介绍公司雇主出资资助的公司退休计划的内容，社会保障中包含的退休计划将在后面的相关章节中讲述。

第一节　退休计划概述

美国退休金体系包括三大部分：法律强制要求就业者参加的社会保障计划，政府及雇主出资带有福利的退休金计划，以及个人自行管理的个人退休储蓄账户。

退休金是为保障年老丧失劳动力者的基本生活水准的风险支出。这种风险依其来源可大致分为以下三种：

1. 个人风险

公民工资高低和健康状况等因素决定了其退休收入的个人风险。

2. 经济风险

退休收入在长期积累的过程中必然受到经济形势及个人理财能力、方式的影响。

3. 社会风险

人们的观念和养老方式的变化以及因社会变革而引起的不确定因素，都是退休养老系统要应付的风险。

建立个人、雇主、政府三方分担、共同负责的多元退休金体系，是许多国家采取的具体对策。

美国国家运营的正式的退休计划，即由社会保障计划包括的养老计划开始于1935年。1935年由罗斯福总统签署的《1935年社会保障法案》，建立了包括老年及遗属人员保险（old-age and survivors insurance，OASI）在内的一整套社会保障体系，旨在保证所有合法劳动者都能享受"基本水平"的退休收入。由此拉开了政府干预劳动者退休养老保险的序幕。

然而，由国家强制执行的社会保险只能保障公民基本生活的需要，多数退休人员须有其他收入来源，才可维持退休前的生活水平。雇主出资的退休金计划在退休人员的收入来源中占了很大比重。

第一个正式的公司退休计划产生于1875年，即美国快递公司为员工提供的退休计划。之后的一个世纪以来，美国的公司退休计划发展到400多个，主要分布于铁路、银行以及公共事业领域。

然而，由于此类退休金计划建立在雇主自愿的基础上，常发生雇主擅自取消退休金计划或拖欠退休金发放的情况。例如，1963年汽车制造商Studebaker公司单方面终止了员工的养老保障，造成4 000多名员工失去大部分退休收入。而且由于该公司没有在雇佣合同中承诺要维持员工的养老保障，因而对于该公司的这种单方面行为，员工们又不能诉诸法律来解决。该事件引起社会的极大反响，也引起政府的关注。

为解决这类问题，福特总统在1974年签署了《雇员退休收入保障法》（Employee Retirement Income Security Act，ERISA）。该法以鼓励雇主自愿出资为目的，规定了严格的操作标准，确保雇主出资的退休计划正常运作。并且根据该法，企业不一定提供退休计划，但一旦提供，就必须遵循一定的标准，履行相关义务。该法至今仍是管制员工福利计划的基本法律。

在通过《雇员退休收入保障法》的同时，1974年国会也修改了《国内税法》（Internal Revenue Code，IRC），对所有用于养老保险目的的基金，凡合乎有关规定的，其经营投资的利息所得一律免税。此外，对某些特殊账户，还规定了其他的减免税待遇。

早期的员工退休福利计划比较单一，主要内容就是员工为公司工作一定年限后就可以退休，公司按月固定发给其一定的退休金。这种退休计划叫"待遇确定型"计划。到20世纪40年代中期以后，退休计划开始得到蓬勃的发展。政府提供的退休计划和公司退休计划都进一步发挥作用。随着历史的发展，不同的私有公司从自身情况和员工需要出发，不断发展出多种多样的退休计划。如个人退休账户、利润分享计划和反向个人退休账户等。今天，新型的养老计划仍在不断涌现。如因安然公司破产案而知名的401(k)计划就是20世纪80年代以来的新生事物。今天，全美私有企业的员工中，48%至少加入一种私有养老保障。

经过多年的立法实践和经济发展,目前美国社会已形成了以政府强制实行的社会养老保险,以雇主出资自愿设立的公司退休计划,以及公民自主管理、实施的个人退休计划这一完整的退休计划体系。

第二节　退休计划的有关概念和工具

由于 ERISA 等社会福利制度方面的重大立法,员工退休计划无论采取何种形式,都要在以下几方面符合相关的法律法规。其中包括几个重要概念:税收优惠待遇、最低保险要求、退休年龄等,还有关于退休计划实施的重要工具,比如退休金基金、个人退休账户等。

一、重要概念

(一) 所得税收优惠待遇

满足国税局规定的私人退休计划被称为合格退休金计划,受到所得税的优惠待遇。雇主出资在一定限额内被当做日常经营费用可抵税;雇主出资也不认为是员工的应税收入;该计划中资产的投资收益享受税收递延的好处;属于雇主出资部分的退休金给付额在员工退休或收到给付之前不予以课税。税收优惠给员工的好处是巨大的。

(二) 最低保险要求

一个合格的退休金计划必须使员工普遍获利,而不仅仅是高薪雇员。要得到税收优惠待遇必须满足最低保险要求。这些保险规则非常复杂,然而为了减少歧视,不过分优惠高薪雇员,一个合格的退休计划必须满足以下指标之一:

1. 比率指标

该计划必须使受到保障的非高薪雇员比率达到受保障的高薪雇员比例的70%,因此,如果该计划给100%的高薪雇员提供了保险,就必须向70%的非高薪雇员提供保险。同样,如果该计划只对50%的高薪雇员提供保障,就必须至少向35%(50%×70%)的非高薪雇员提供保障。

2. 平均给付金额指标

在这个指标中,必须满足两个条件:① 该计划必须合理地使一部分员工获利,不能仅利于高薪雇员;② 平均给付金必须达到所有高薪雇员的平均给付金的70%。

3. 最低投保年龄和工龄要求

多数退休计划对加入它们的员工有最低投保年龄和工龄的要求,在现行法律下,所有年满21岁的有资格员工只要工龄已满1年,都可以加入退休计划。只有一个例外是,如果一加入该计划就立刻有100%的既得权益,则对最低工龄的要求就为两年。

为了确定是否具有加入资格,一年的工龄具体是指该员工在12个月内至少工作1 000小时。

(三)退休年龄

一个典型的退休计划规定了三个退休年龄:正常退休年龄、提前退休年龄、推迟退休年龄。

1. 正常退休年龄

在正常退休年龄退休,工人可以得到完整的金额给付。在美国,多数退休计划的正常退休年龄是65岁。但是《年龄歧视法案》的修正案规定不得强迫大多数雇员在某个指明的退休年龄强制性退休。私人退休计划为了使自己合法化,就不能将其规定的退休年龄强加于人。

2. 提前退休年龄

提前退休年龄是工人退休后能够领取给付金的最低年龄限制。现在美国大多数员工在65岁之前就退休了。比如,一个典型的退休金计划可能会允许一个有10年工龄的工人在55岁时退休。

在供款基准退休金计划中,对提前退休员工的给付要经过精算予以扣减。扣减的必要性在于:在提前退休日期,工人的退休给付金还未全额积累;退休给付的时间会更长;提前退休给付还要付给那些达到正常退休年龄之前就已死亡的工人。

3. 推迟退休年龄

任何在正常退休年龄之后的退休都属于推迟退休年龄的范围。还有一小部分员工在达到正常退休年龄之后继续工作。但是,在存在某些例外的现行法律下,工人们只要能够工作,就可以延迟退休,且没有最大年龄限制。

法律要求退休计划承认正常退休年龄之后的收入及工龄,以确定对退休计划的投入和给付。在供款基准计划中,必须同等地对待年长的工人与年轻的工人,员工们必须持续地向退休计划中增加积累。不过也有例外,例如,该计划可以规定一个工人工作25年以后就不必进行给付金的积累,这种行为不被视为年龄歧视。

二、退休金基金

合格的个人退休计划采用预先提供基金的方法建立退休金基金。预先建立基金意为雇主在雇员退休之前定期地、有序地划拨基金。这种建立基金的方法提高了给付金的安全性,因为基金是在退休前定期划拨的,而且投入款和投资收益又能享受所得税的优惠待遇。

一个合格的退休计划必须满足设立基金的最低要求。在供款基准退休计划中，雇主每年的投入应至少等于该退休计划的正常成本再加上足以分期偿还一段期间内（可从 5 年到 40 年，具体长短依债务本身和它何时产生而定）未弥补债务的金额。正常成本是为弥补退休计划的营运成本所必需的资金。该计划之所以产生债务有可能是由于未付费的初始服务、精算前提的变动，以及经验损失和盈利。如果雇主未能满足设立基金的最低标准，就会被施以税收惩罚。

设立基金的最低标准专门适用于供款基准退休计划。但是，由于没有过去工龄的债务，只要雇主按投入公式每年缴付所需的投入款，就能满足最低标准。

三、基金机构和基金工具

雇主必须在建立退休计划时选择一家基金机构。基金机构是可以积累并管理将来用于支付退休金的基金的金融机构或个人。如果该基金机构是一家商业银行或个人信托人，该退休计划就被称作信托基金计划。如果基金机构是寿险保险人，该计划就被称作保险计划。如果两种基金机构都采用，该计划就叫联合计划。

雇主必须选择一种基金工具来为他的退休计划提供资金。基金工具是指写明术语的信托协议或保险合同，在该协议或合同的规定下基金机构将积累、管理及支付退休金基金。主要的基金工具有：信托基金计划、存款管理计划、立即加入保证计划（IPG）、团体递延年金、保障投资合同（GIC）。

1. 信托基金计划

大约 2/3 的退休金资产都掌握在信托基金计划中。在这种计划下，所有的投入金都存在受托人手中，受托人按他和雇主间的信托协议将基金进行投资。受托人可以是商业银行或个人。员工退休时不一定获得年金，养老给付金直接从基金中支取。受托人并不保证基金的充足性，也不保证本金和利息的数额。精算咨询师会定期计算基金是否充分。

2. 存款管理计划

存款管理计划是一项保险计划。全部退休金投入都存在一个未分配基金中。员工退休时立刻从退休计划的资产中获得年金支付。

分离账户计划是存款管理计划的变形。在分离账户计划中，退休金基金被分离出来以使退休金账户资产不与保险人的总资产相混合。退休金基金可以投资于权益账户或固定收入户。

3. 立即加入保证计划

立即加入保证计划是另一种保险计划。全部退休金投入都存在一个未分配基金中，该基金能迅速反映出退休计划的任何不利经历，如失败率、投资和费用。员工退休时一般都没有年金支付，养老给付金直接从该计划的资产中支出。保险人并不保证基金的充足性，但是他定期对基金进行评估以确定它是否足以向退休员工支付承诺的给付金。如果该基金减少到不足以向退休工人支付全额给付金的水平,就会向他们支付年金。

4. 团体递延年金

团体递延年金是近年来重要性逐渐下降的一种保险计划。在团体递延年金中,退休员工每年可获得与当年退休给付金相等的单一保险费递延年金。例如,在供款基准退休计划中,工人可能会从65岁起每月收到退休给付金25美元。退休时支付的给付金是工人所有递延年金合同支付的给付金的总和。

团体递延年金现在没有得到广泛应用,是因为有更新、更为灵活的退休金产品被开发出来。多数退休计划都已转而采用其他设立基金的方法,但转化之前的老的递延年金仍然有效。

5. 保证投资合同

保证投资合同是保险人保证参加者的趸缴存款在一定年份里获得相对较高利率的一种安排。保证投资合同近年来在雇主间极为流行,因为保险人保障了相对较高的利率,此外,本金也由保险人保证不受损失。多数保证投资合同制定了年金选择或其他支付选择,但是雇主不允许使用这些选择权。

总之,要想退休后过上舒适的生活,合格的退休计划是极为重要的。遗憾的是,有些人没有参加雇主的退休计划,或者没有向退休计划中投入最大可能的积累。这样的后果就是退休期间收入不足。许多工人相当严重地低估了一个舒适的退休后生活所必需的金钱。

四、个人退休账户

1974年美国国会在通过《雇员退休收入保障法》的同时,修改了《国内税法》,规定所有养老基金账户一律免税。但是,这一免税政策仅仅适用于钱存入个人退休账户后投资增值时的经营收入,并不能解决员工当年个人收入税的申报问题。为此,1974年修改税法时,增加了"个人退休账户"(individual retirement account)一条,给予其附加的税收优惠。此后,相关法律多次修改和完善,形成一整套的各种个人退休账户制度。

政府为了鼓励国民建立个人退休计划,一般规定加入政府特定退休计划的个人可以享受联邦所得税税收优惠。

在计算联邦所得税时,个人可以将部分收入存入相应的退休计划中,从而降低当年的应税收入。个人所得税税率都是超额累进的,通常,一个人在工作期间的收入会高于退休后的收入,因而他可以将部分收入存入税收优惠账户,而税收优惠账户的储蓄能够递减应税收入,这就降低了个人工作期间的应税收入。当个人退休以后,从税收优惠账户领取现金,而这时个人收入通常低于工作期间的收入水平,所以从账户领取的资金就可能以较低的税率纳税。

在美国,能够享受联邦税收优惠待遇的个人退休计划有个人退休账户(IRAs)和自营事业者退休金计划。联邦法律做了如下规定:满足什么条件的个人可以建立个人退休账户或自营事业者退休金计划;纳税人存入个人退休账户或自营事业者退休金账户的最高限额;从个人退休计划中提取现金的征税规则。

(一) 传统个人退休账户

传统个人退休账户(traditional IRA),也就是1974年建立的第一种个人退休账户,通常直接简称为“个退账户”(IRA)。传统IRA是可以享受延后纳税优惠的个人退休储蓄计划。任何人都可以建立传统IRA,每人每年投入的数额没有最低限制或其他要求,但有最高限制。

简单来说,个退账户允许每个人每年向指定账户存入一定数额的钱,这笔钱不计入当年个人收入,不必缴纳当年税收。存款限额,最初是每年2 000美元。2001年小布什政府主导修改法律,通过的一揽子减税法案中,把该限额提高到3 000美元,并将在2008年提高到5 000美元。

需要指出的是,个退账户并不是“免税”,而是“延迟纳税”,亦即存钱的当年,这笔钱不计为个人收入,但将来退休后,从账户中取款时需要缴纳取款当年的个人所得税。由于美国税收是累进税率,这种延迟纳税的方式仍然会带来极大的优惠。这是因为,在存款当年,由于个人工资收入基数较高,课税的税率也比较高;等退休后,由于退休总收入较低(通常为退休前收入的70%左右),税率也就大大降低了。

个退账户可以由个人单独设立,也可以由企业代为设立,但不能由企业自己管理。只有符合资格的第三方金融机构(银行、投资公司等)可以为个人管理个退账户。个退账户一经设立,不得再随意终止或变更用途。否则就将失去税收优惠,还需补缴以前的税款。不过,一旦退休,个人就可以随意从个退账户中取款,数量和次数都不受限制。

存入IRA的收入是否享受延后纳税,取决于所有者的收入税申报身份、扣除各种免税部分后的调整收入和参加具有税收优惠性质的退休金计划的情况。如果IRA所有者在纳税年份内参加了雇主提供的退休金计划,IRA存款享受延后纳税的部分将减少,减少的部分与调整收入、投入雇主退休金计划的数额等有关。后者越大,IRA中享受延后纳税的部分越少,直至为零。

通过IRA资金所获得的收入在取出时纳税。如果当初的本金享受延后纳税,在取款时也要补缴本金的应缴税额部分。

法律规定,IRA所有者的年龄达到70.5岁后的下一年4月1日前,必须从账户中开始提款。如果到时没有提取所规定的最低数额,将对没有提取部分处以50%的罚款。年龄超过70.5岁者不能建立IRA。

案例与资料 7-1

A 在某公司工作，该公司没有为雇员提供退休计划。则他在 56 岁以后的 10 年中，每年在常规 IRA 中存入 2000 美元。他在 73 岁退休时从 IRA 中按月支取现金。在存款期间，存款金额不必缴纳个人所得税；但他从 IRA 中支取的金额（包括本金和收益）要缴纳所得税。由于他在到 70.5 岁的两年半后才开始取款，所以还要缴纳罚金。

（二）反向个人退休账户

如上所述，个退账户的主要优惠政策，就是“延迟纳税”。对于一般人来说，这种缴税方式可以规避高税率，是有利的。但是，20 世纪 90 年代以来，由于股市等投资方式兴起，许多人希望在退休时，一次性取出大量个退账户存款，再投入股市。此外，有些人退休后希望改变生活方式，往往要购置新的房产等，也需要大量从个退账户中取款。问题在于，一次性取款的数额如果十分庞大，将适用更高的税率，结果反而是得不偿失了。

针对这种情况，1997 年，参议员威廉·鲁斯（William Roth）提出了“反向个退账户”的思路，后来人们以他的名字命名，将其称为 Roth IRA。Roth IRA 就是：个人向该账户存款的当年，需要缴纳当年税率的所得税，但是，将来取款时，不再征所得税。这种个退账户特别适用于那些退休后需要一次性大量取款的人。

Roth IRA 中的存款不享受延后纳税，但持有 Roth IRA 满 5 年和年龄超过 59.5 岁时，通过 Roth IRA 获得的收入可免缴个人所得税。

在符合条件时，Roth IRA 所有者取款不必缴税和罚款。如持有 Roth IRA 满 5 年，用于第一次购房、从账户利润中提取的 10 000 美元享受免税。如果用于教育支出，还有其他优惠。但是，超过规定部分和不符合条件的提前提取账户利润将被征收收入所得税；如果年龄没有达到 59.5 岁，还要缴纳 10% 的罚款。

建立 Roth IRA 有一定的资格限制。以个人方式申报所得税、调整收入在 95 000 美元以下，以及夫妻联合申报所得税、调整收入在 150 000 美元以下者可以建立 Roth IRA。个人报税者调整收入在 110 000 美元以上、夫妻联合报税者调整收入在 160 000 美元以上时不能建立 Roth IRA。收入处于中间者的 Roth IRA 存款数量有限制。

当 Roth IRA 所有者年龄超过 70.5 岁时，仍可继续向账户投入资金，也没有到 70.5 岁时必须提款的要求。

个人或夫妻双方的调整收入低于10 000美元时，可将普通IRA中的存款转入Roth IRA，转入部分作为当年收入纳税，但不必缴纳因提前取款导致的罚款。

（三）小企业个退账户

个退账户由于有存款额度限制（长期以来为每年2 000美元），不足以满足养老的需要，常常需要其他退休计划的补充，如传统的给付金计划以及401(k)计划。但这些计划都要求企业较大和有稳定的投入，对小企业（员工不足100人）来说，相当困难。为此，1997年，也是在参议员鲁斯的推动下，通过新的法律，要求小企业员工每年向个退账户的存款额度达到7 000美元（50岁以上员工可达7 500美元），同时要求企业方匹配投入员工工资额的1%—3%。

第三节 退休计划的基本类型

尽管员工退休计划已经名目繁多，但大致上可以分为以下几种类型：① 待遇确定型计划（defined benefit plans）；② 供款基准型计划（defined contribution plans）；③ 混合型计划（hybrid plans）。

“待遇确定型计划”是最古老也是最“正统”的一种退休金。事实上，联邦政府运营的“社会保障计划”，也是一种待遇确定型计划。早期的私有退休计划，绝大多数也是待遇确定型计划。我们后面要谈到，它的缺点是不够灵活，不太适应现代社会灵活多变的工作环境。因此，今天它在私有保障计划中已退居次席。在美国，全部私有保障计划的受保人中，只有40%（占全部企业雇员的19%）受保于此类计划。

所谓“供款基准”，就是每个员工有独立的退休账户，雇主和员工单独或共同向该账户以确定方式按期缴款。账户基金通过适当的投资方式保值增值。退休后个人收益均从该账户提取，提完为止。因此，个人账户相互独立。退休金额度和员工的工龄、职位没有直接关系，而取决于退休账户的余款额。20世纪新出现的各种退休计划，绝大多数属于这一大类。它们的共同特点是灵活，往往可相互转换，较适应现代社会多变的工作环境。今天，75%的私有退休计划的参加者（占全部私企雇员的36%），受保于某种限定分担类计划。

从上面可以看出，两种计划是有重叠的，即有大约15%的受保人（全部私企雇员的7%）同时持有这两种计划。

一、待遇确定型计划

待遇确定型计划，是按工龄、职位等因素，确定一个固定的（可按通货膨胀率调整）退休津贴数额，当员工退休后按一定的周期（通常按月）发放，直到受益人去世。同样条件的两个人,寿命长者领取津贴的时间越长,总受益也越高。退休账户互相不独立,相当于一种集体的退休保险。

待遇确定型计划的特点有两个:一是缴费不确定,而给付是确定的,即无论缴费多少,雇员退休时的待遇都是确定的。二是给付金额与雇员的工资、工作年限(工龄)挂钩。参加待遇确定型计划的雇员退休时,领取的退休金待遇,与雇员的工资收入高低有关,与雇员的工作年限有关。具体计算公式为:

退休金=若干年的平均工资×系数×工作年限

若干年的平均工资是计发退休金的基数。可以是退休前一年的工资,也可以是退休前二至五年的平均工资,还有的规定为在该企业工作期间收入最高的10年或15年的平均工资。

系数是根据工作年限的长短来确定的。比如,有的计划中规定在该企业工作30年及以上的,系数为2%;低于30年的,在1.5%左右;有的计划规定,凡工作年限超过15年的,系数相同。

系数乘以工作年限,构成雇员退休时个人退休金的替代率。一般工作30年以上者,退休金的替代率可达到75%左右。这样,如果加上社会保障计划提供的基本退休金,替代率就显得过高。解决这一问题的普遍做法是采用"抵消法",即将待遇确定型计划中取得的退休金总额,扣除部分社会保障计划所提供的退休金。最高的抵消比例是50%。

案例与资料 7-2

某雇员参加的私人退休计划的计发基数为三年的最高平均工资(50 000美元),工作年限为35年,系数为2%,抵消比例为50%,那么,他从待遇确定型计划中所实际得到的退休金则为:

退休金=50 000×2%×35-从社会保障计划中得到的退休金×50%

假如他退休时从社会保障计划中得到的退休金为每年20 000美元。那么按照上述公式,他能从私人退休计划中得到的退休金数额为25 000美元。公共退休金与私人退休金两项之和为45 000美元。

在待遇确定型计划中,一般都规定有享受的资格或条件,大部分规定必须工作满10年,也有规定须满5年或15年的,达不到这一条件,则雇员退休时不享受任何退休金。达到这一条件的,每年享受的退休金数额还有最低限额和最高限额的规定。另外,该计划中的退休金,在雇员退休前不能支取;流动后也不能转移(保留资格,退休后仍按月支付);雇员退休前或退休后死亡的,终止保险关系,不再向其家属提供退休金待遇,但付给死亡雇员家庭一定数额的一次性抚恤金。退休人员死亡后,家属隐瞒不报,继续领取退休金的,则视为犯罪行为。

如上所述,私有企业最初提供退休计划,目的是吸引和留住员工。待遇确定型计划作为最早的退休计划,设计思路上就服务于此。它通常要求员工在企业工作到一定年限(通常为35年以上)后,才可退休并领取退休金。工作年限越长,领取的退休金越高。如果中途过早离开企业,将只能拿到一笔数额很低的一次性补偿金。

待遇确定型计划的目标,是要使员工安心在本企业工作。所以,它的一个重要特点就是终身受益,即员工可领取退休金直到死亡。这是一个很基本的公平原则:既然企业希望员工终身服务,则员工当然要求退休福利同样是终身制的。员工退休时定下的津贴标准,也固定不变或随通货膨胀率调整,通常为退休前工资额的一半。如果该员工同时也加入了国家的社会保障计划,则正常退休时,其退休总收入即可与退休前相当。所以,凡提供给付金的企业,员工基本上不用再担心养老问题。

给付的福利一般有两种计算方法供公司选用:

1. 均衡福利公式 (flat benefit formulas)

这一方法是指每个员工享有均衡的给付金额或者是均衡的给付率。年度福利通常用工资的百分比来表示。通常计算基础为近三年或四年的平均工资。例如,某员工近三年的年平均工资是100 000美元,假设该计划设定的给付率为60%,则该员工年退休收入为100 000×60% =60 000(美元)。

采用均衡福利公式计算给付金,往往引起员工的不满,因为在此方法中,服务年限(工龄)没有考虑在内。工龄长的员工希望在退休时比工龄短的员工得到更多的退休收入。因为工龄长的员工对公司的贡献更多;而且工龄长说明这些员工对公司的忠诚度高,从而公司也应该在退休金给付方面给予其奖励。

2. 单位福利公式(unit benefit formulas)

单位福利公式根据员工的工龄计算给付。公司员工每累积一年的工龄都对应着特定金额的给付。一般来说,建立在单位福利公式基础上的退休计划会根据员工的退休年龄、服务年限(工龄)确定最终平均薪酬的一个比例,以此确定年给付金额。表7-1给出了考虑退休年龄和工龄两种因素的给付金额计算示例:假设某女性员工的退休年龄为59岁,工龄25年,假设她最终的平均薪酬为52 500美元,则根据该表,她对应的比例值为43.43%,则她的退休计划年给付金额为52 500×43.43% =22 800.75(美元)。

表 7-1　单位福利公式的年给付金额(女性)

工龄(年)	退休年龄					
	60 +	59	58	57	56	55
5	…	…	…	…	…	…
6	…	…	…	…	…	…
…	…	…	…	…	…	…
21	37.80	33.53	33.26	31.00	28.73	26.46
22	39.90	37.51	35.11	32.72	30.32	27.93
23	42.00	39.48	36.96	34.44	31.93	29.40
24	44.10	41.45	38.81	36.16	33.52	30.87
25	46.20	43.43	40.66	37.88	35.11	32.34
26	48.30	45.40	42.50	39.61	36.71	33.81
27	50.40	47.38	44.35	41.33	38.30	35.28
28	52.50	49.35	46.20	43.05	39.90	36.75
…	…	…	…	…	…	…
40	79.70	75.00	75.00	75.00	75.00	75.00
40 +	80.00	75.00	75.00	75.00	75.00	75.00

待遇确定型计划要遵守非歧视性原则,即在特定给付金额计算方法下,给予员工一致性的待遇。

1. 统一的正常退休年龄给付

员工退休计划必须对所有员工一视同仁地采用同一计算方法,该方法能为所有员工计算他们正常年龄退休时能拿到的年给付金额,具体的年给付金额应当是年薪酬的一个比例,而退休年龄和工龄相同的员工应当得到相同金额的给付金。

2. 统一的延迟退休给付

如果员工在正常退休年龄之后退休,考虑其工龄,年给付金额应为其年薪酬的一个比例。

二、供款基准型计划

供款基准型计划是为每个计划参与者提供一个单独账户。受益金取决于其缴纳的费用以及其收入、支出和投资收益。其优点有:

(1) 参与者在某种程度上可以选择储蓄多少;

(2) 可以通过扣除工资的方式进行计划的融资;

(3) 计划参与者可以分享投资收益;

(4) 操作易于理解。

其缺点表现为：

(1) 年龄大的雇员很难加入计划；

(2) 计划参与者承担投资风险。

由于这些优点，供款基准型计划越来越受到雇主的青睐，逐渐成为普遍的退休计划，主要类型有 401(k)计划、利润分享计划、雇员股权补偿计划、403(b)与 TDA 计划，等等。

三、混合型计划

混合型计划综合了待遇确定型计划和供款基准型计划的特点。这里主要讨论三种混合型计划：现金余额计划、目标给付计划和现金收购计划。

(一) 现金余额计划(cash balance plans)

所谓现金余额计划是指一种福利限定的计划，但给每个员工的福利则是通过建立起来的相关虚拟账户决定的。一般情况下，现金余额计划建立在已有的供款基准型计划之上。参加计划的员工会分配一个信用额度(credit)，表示为年薪酬的一个比例，这个信用额度还指定了利息收益，该利息收益是有保证的，不会因为个人退休账户的投资收益波动而变化。

现金余额计划最初是由美国 Kwasha Lipton“雇员退休金咨询公司”在 1984 年 10 月“雇员给付理事会秋季年会”上首次提出来的，这个崭新的退休金投资理财的理念和计划次年被美洲银行接受并采用。该公司认为，与传统的待遇确定型计划相比，现金余额计划具有如下优势：对年轻雇员和退休者的慷慨度都比较高；同工同酬，没有年龄、性别和婚姻状况等方面的歧视倾向；易于结算和理解；收益和损失都易于转让；年复一年的积累余额具有灵活性；在出现“积累过度”时也不要求相应增加行政费用；雇主可以进行长期投资，投资可以多样化；如果回报率低于雇员所获得的积分，行政成本将相应下降；可以纳入联邦政府“退休金给付担保公司”的管理系列之中，得到“再保险”，而实行供款基准型计划的公司则没有这个待遇；可以解决提前退休等问题导致的“补贴”问题。

1. 现金余额计划的特点

(1) 从融资方面来看，它具有待遇确定的特征：虽然雇员与雇主共同的供款记入了雇员的个人账户，但其累计资产的运营、管理与增值则与雇员本人没有关系，是由雇主统一运作管理的，从这个意义上讲，个人账户的“资产积累”是“虚拟”的，仅具有纸面上的“簿记”意义。

(2) 从风险分担方面来看，雇主全面负责所有“名义资产”在资本市场的增值行为，承担了全部风险。

(3) 从退休金给付标准的决定因素来看,现金余额计划不像待遇确定型计划那样由一个预先约定的"公式"或"承诺"来决定,而是按工资水平并参考工龄和年龄等因素折算成"年度积分",记入其个人账户之中,同时,利率也是"虚拟的",并也以信用额度的形式记入其中。

(4) 从退休金给付的条件来看,由信用额度换算成的现金余额是由个人缴费和利息构成的,二者之和决定了账户持有人最终的"权利",因此,现金余额计划的给付支出条件带有供款基准型计划的"精算"性质。

2. 现金余额计划的优势

对雇主而言,该计划具有如下优势:一是成本相对较低,有利于企业在员工福利总成本方面的降低;二是退休金给付金额是一次性的,而不是进行一系列的支付,这就使得公司易于招聘流动性强的员工;三是加强了收益与缴费之间的联系,具有较好的激励机制;四是灵活的精算机制为雇主带来了潜在的投资利润的可能性。

在这一计划推出后,财富100强的企业中大约有20%实施了现金余额计划,受益雇员达到200万人。由此可见雇主对这一计划的欢迎。

对雇员而言,该计划的优势表现在如下几点:一是它具有较强的便携性,有利于员工的流动;二是透明度较高,一目了然,便于员工了解计划;三是员工承担的投资风险降低,从而退休福利金更有保障。

(二) 现金购买计划(money purchase plan)

现金购买形式的缴费制度是最能体现确定供款型计划特点的,它将每位员工的供款按照某一公式确定下来,比如工资的一定百分比,或按职位递增的固定数额。这种形式的供款可以由员工和企业共同参加,比如按工资百分比,企业和个人各自承担4%。而退休利益的多少一般不作详细考虑。

企业供款与公司利润一般不相关,也就是说无论经营利润如何波动,企业每年按预先制定的供款水平缴费。

为方便员工了解周期性供款与退休收入之间的关系,我们在不同收益率假设下大致测算了供款与退休利益之间的关系。

假定:年缴1 000元,退休年龄60岁,若平均余命20年(即平均寿命80岁,注意,这里没有考虑性别因素,据中国生命表统计,60岁女性的平均余命比男性多3年),那么不同起始供款年龄、不同收益率假设下,退休月收入如表7-2所示。

表 7-2 不同年龄、不同收益率下的退休月收入表(年缴 1 000 元,60 岁退休) 单位:元

起始供款年龄	2%	4%	6%	8%	10%
25	258	463	842	1 546	2 853
30	209	352	597	1 017	1 732
35	165	262	415	656	1 035
40	125	187	278	411	603
45	89	126	176	244	334
50	56	75	100	130	168
55	27	34	43	53	64

(三)目标给付计划(target benefit plans)

在目标给付形式下的供款制度吸收了确定给付型计划的特点,即先制定了一个目标退休利益,然后假定员工工资和退休待遇不改变,而且一直受雇于公司,在保守投资收益率假设下,计算企业每月应为每位员工支付的供款。

举例说明:假定企业设计退休金计划时决定让员工每工作一年"赢"得月退休收入 20 元,某员工入职年龄为 30 岁, 60 岁退休, 那么他从企业年金计划拿到的月退休收入为 20 ×(60 - 30)= 600(元)。将此月退休收入在考虑寿命、利率的基础上折算成一个总数,这个总数要在员工受雇年内分摊,分摊额就是企业供款额。

在这种付款方式下员工实际退休所得很可能偏离原来设定的目标。因为实际投资收益率与计划订立之初的假设通常是不一致的。因此它既具有确定供款计划中退休利益取决于实际投资收益率的特点,也有确定给付计划中在固定收益率下设计目标给付的特点,只是该目标收益不受保障。

为方便企业制定缴费水平,仍然假定退休年龄为 60 岁,平均余命为 20 年。60 岁以后为获得 100 元/月的退休给付,不同在职年龄和不同投资收益率假设下的应付供款如表 7-3 所示。

表 7-3 不同年龄、不同投资收益率假设下的应付月供款(假定 60 岁退休,月给付 100 元)

单位:元

起始供款年龄	2%	3%	4%	5%
25	32.5	24.3	18.1	13.3
30	40.1	30.9	23.8	18.2
35	50.8	40.4	32.1	25.4
40	67.1	54.9	45.0	36.9
45	94.3	79.4	67.0	56.7
50	148.9	129.0	112.1	97.6
55	313.5	278.9	248.9	222.8

在上面的例子中，若企业年金赋予 30 岁员工的月退休收入为 600 元，那么从 30 岁开始，在 3% 收益率假设下，该员工月供款为 185.4 元(600/100 ×30.9 =185.4)。

在这种供款制度下，若员工职位提升或工资上涨导致目标给付增加，那么只需计算自提升年所处年龄开始的由于增加给付而带来的每月追加供款。例如表 7-3 中，假定员工于 35 岁晋升，雇主决定在企业年金中使其每月退休给付增加 200 元，即月退休给付达到 800 元，那么在 3% 的预定投资收益率下自 35 岁开始，公司每年要在原来的基础上为该员工多供款 80.8 元(40.4 ×200/ 100 =80.8)。

第四节　利润分享计划

利润分享计划是从雇主的当期利润中支付分担额而建立计划基金的一种退休储蓄计划。在加拿大，这种税收优惠利润分享计划称为延期利润分享计划(deferred profit sharing plan)。尽管税收优惠利润分享计划类似于供款基准退休计划，但雇主在利润分享计划中的分担额通常取决于公司的盈利状况，而且那些分担额数量可以按年变化。雇主在利润不高的年份可以不支付任何分担额。而退休计划中的分担额必须每年按计划和规定方法支付。雇主的分担额必须重新计算而且需要定期支付，并且不能过分优待高薪雇员。大多数利润分享计划属于非分担计划。

早在一百多年前，宝洁公司设立的现金分享计划就有了利润分享计划的雏形。到了 1936 年，芝加哥的哈里斯信托与储蓄银行设立了第一个延期利润分享计划。1939 年，美国立法确立了延迟计划的税收优惠待遇。这个立法以及第二次世界大战的工资冻结使得 20 世纪 40 年代利润分享计划风行全美国。1974 年的 ERISA 进一步减轻了对利润分享计划的限制，使得利润分享计划相对于限定福利退休计划更有吸引力。

一、利润分享计划的类型

1. 现金计划

在当期利润得到确认后，分担额直接以现金、支票或股票的形式支付给员工，这部分金额视作普通收入征税。

2. 延迟计划

利润分享分担额不是当期而是延迟支付到员工个人账户中去。补偿额包括累积的投资收益直到退休、死亡、残疾等事件发生时支付。

3. 混合计划

在这种计划中，计划参加者有权延迟全部或部分的利润分配金额。延迟的那部分金额打入计划参加者账户，这部分金额及其投资收益增值累积部分在提现之前是免税的。出于税收目的,国税局对利润分享计划的税收优惠资格仅局限于延迟计划和混合计划。

二、利润分享计划的税收优惠标准

利润分享计划同其他退休计划一样,必须符合 ERISA 原则,以保护员工权利,保证员工退休后能够得到及时的退休金支付。这些原则包括计划的报告与披露,信托责任,雇员加入计划的资格,补偿的既得权益,补偿支付形式以及融资形式。除此之外,税收优惠计划必须满足国税局的非歧视原则,不能过分优待高薪雇员。

三、利润分享计划的分担额

1. 雇主分担额

雇主必须分担相应的金额,并打入雇员账户中去。分担额的计算基于雇员薪酬,可以是员工工资的一个百分比,也可以是每个雇员薪酬占计划参加者总薪酬的百分比。比如,若某员工年薪 15 000 美元,计划参加者的总薪酬为 300 000 美元,则雇主支付给他 5% 的分担额。

有的计划的分担额的计算除了考虑员工薪酬,还考虑该员工的信用,其分担额标准高于一般分担额标准。这种计划必须精心设计,保证分担额的计算符合相关法律,没有歧视普通员工和优待高层管理人员。至于利润分享计划采取哪种形式,取决于雇主的目标。若企业建立利润分享计划主要是为了维护员工的忠诚,则分担额要依照高标准计算。

雇主的分担额一般不超过当年利润或累积利润。雇主设立利润分享计划时,企业不一定是盈利的,其分担额不必是全部利润。但是,计划文件一定要注明这是利润分享计划。

2. 雇员分担额

纯粹的利润分享计划不要求雇员的分担额,但是准许员工自愿缴纳一定的分担额。员工以工资扣除形式缴纳的分担额实际上是一种通常做法。若该计划符合 401(k)计划的规定,则这部分扣除额是享受税收优惠的。

3. 税收政策

利润分享计划中的雇主分担额(规定限额之内)视作企业费用,可作税前扣除。员工的延迟分担额及相应的计息也是免税的。

四、利润分享计划的投资方式

利润分享基金可以广泛投资于股票、债券、不动产、保险产品以及互助基金。总之,退休计划持有的资产中,雇主的有价证券金额不能超过 10%。不过,某些情况下也有例外，就像在ERISA实施之前存在现金购买计划一样，有的计划分担额主要投资于雇主证券之上。这会激励计划参加者更加关注所在企业的发展。

个人账户资产可以存放在一个基金或几个不同基金中。计划发起人有责任进行广泛的投资使基金增值。基金受托人(如银行)统一对计划资产的实际投资负责。另外，计划参加人在劳动部规定的一定限额内能够得到指导。

五、利润分享计划的补偿支付

退休、残疾以及死亡补偿。法律规定计划参加人的账户余额在参加人退休之日起必须兑现。此外，计划通常提供死亡和残疾补偿。计划的既得权益(vesting)条款规定了员工在雇佣关系终止时是否能够得到全部补偿。若该计划是分担型的(员工缴纳分担额)，员工将会得到与他自己的分担额相应的补偿。利润分享计划通常给将要退休的计划参加人和亡故参加人的受益人选择权，即是一次性领取支付补偿还是分期领取。由于退休、死亡或残疾以外的原因终止雇佣关系的员工通常领取一次性补偿支付。利润分享账户的补偿支付必须遵守对税收优惠计划的规定。补偿支付必须在员工满70.5岁的那一年开始，除非该员工还没有退休。年补偿额有上下限，若不在上下限范围内，都会处以惩罚性税收。

雇佣期内的提现。有的利润分享计划准许员工在雇佣期内从账户内提取现金，但必须是计划实施两年后才能提现。

在员工达到59.5岁之前，其取得的补偿支付适用于10%的附加所得税。该附加所得税在以下几种情形中并不适用：

(1) 计划参加人死亡或残疾而得到的支付；

(2) 在参加者的余生或计划参加者及其受益人合并余生(joint lives)期间，以年金或分期支付的形式形成的补偿支付；

(3) 在计划参加人55岁后得到的补偿；

(4) 联邦所得税规定的用于医疗费用的支付；

(5) 在60天内转移到个人退休账户或另一个税收优惠计划的补偿支付。

利润分享计划给员工分享企业利润的机会。因此，企业业绩与员工从计划中得到的补偿支付息息相关。对现金计划来说，通常视作某种形式的分红。企业利润多，补偿支付也多。延迟计划一般是其他养老计划的补充，更适用于员工退休后的补偿。

第五节　401(k)计划

401(k)计划得名于《国内税法》第401(k)条款。在美国它几乎就是退休计划的代名词。

一、401(k)计划的内容

在该计划下，职工可为养老设立专门的401(k)账户，以雇员出资为主，雇主定额增配(match)，由雇主和雇员共同向该账户存款，职工在领取工资时自动将一部分工资存入账户，由雇主向职工提供相应的配套资金，即按照职工存款比例由公司拿出一定资金存入职工401(k)账户。雇员自己决定出资数额，从工资中直接扣除；雇主的增配额按雇员工资的百分比计算，不论工资高低。雇员投入的资金和投资回报全部归雇员。雇主增配的资金额，往往要等雇员在本公司工作5—7年后才全部归属雇员。雇员如果工作不到年限便遭解雇或辞职，将失去部分或全部的雇主增配金额。2001年IRS规定不超过工资的25%(2002年起这一比例被取消)、总额不超过10 500美元的存款可延期纳税。对于账户上的存款，由职工自己自动选择投资方式，可以购买股票、债券、专项定期存储等。职工到59.5岁时允许提取账户上的存款，在提取存款时缴纳个人所得税。如果欲提前提取退休计划的存款，则提取的存款要视同为一般收入所得，按20%的税率预缴所得税，另外还要被征收10%的惩罚税。

《国内税法》规定，雇员对401(k)个人账户投入的资金可以享受推迟纳税的优惠，即推迟至退休。雇主支付的增配金额(包括公司股票、现金等)，全部免税。401(k)个人账户由雇员个人管理，没有任何机构或个人为账户中的资金支付利息。但401(k)计划一般都为参加者提供投资选择，如共同基金等，由雇员本人确定投资策略，以求增值。

案例与资料7-3

大卫1990年起在某公司工作，公司的401(k)计划允许雇员在受聘的第二年参加，雇员投入资金最高不超过本人年工资的16%，雇主增配额为雇员年工资5%的75%。工作满6年，雇主增配资金就全部归雇员。大卫决定投入年工资的6%。

截至第6年年底，大卫的401(k)个人账户上共有资金19 093美元，全部归他个人所有。但如果他在第6年年底之前离职，就只能拿回自己的投入及投资回报。需要指出的是，提早离职的雇员未能获得的那部分雇主增配额及投资回报额，按照法律规定，属于401(k)计划，由全体计划参与者均分，雇主无权收回。

401(k)计划是将个人账户的管理和投资的责任交给雇员，雇主只管增配，不管最后的结果，实际上是一种风险转让。虽然401(k)计划解脱了雇主的财务管理义务，但雇主从公司利益及全局考虑，并不愿意看到雇员投资失败，失去退休金。所以，雇主一般都会采取一些积极措施，降低雇员个人账户的投资风险。常用的措施有：

(1) 指定投资风险相对小的共同基金供雇员选用；

(2) 指派专人监督共同基金的市场表现；

(3) 普及投资知识；

(4) 定期向雇员报告401(k)个人账户的投资效益，以便雇员调整投资方案。

目前美国雇主出资的退休金计划，仍然是供款基准与待遇确定并行，许多大公司同时提供这两种计划。而新兴的高技术公司则大多只提供以401(k)为主的待遇确定型计划，因为这类公司的雇员年轻、流动性大，401(k)计划更有利于调动这类雇员的劳动积极性。

(一) 任选递延薪酬的年度限制

符合条件的员工如果参加了国内税法401(k)计划，就可以自由选择减少他们的薪水。1997年可扣减薪水的最大值是9 500美元。递延薪酬金额被投资于国内税法401(k)计划。递延金额直到最终支取时才被征税，在此期间免受联邦所得税的限制，但是必须就分担金额缴纳社会保障税。

(二) 实际递延比率指标

为了避免国内税法401(k)计划偏向高薪员工的情况出现，必须使该计划满足实际递延比率指标(ADP)，这意味着高薪员工递延薪金的实际百分比受到了一些限制。总的来说，符合条件的员工被分成两个组：

(1) 高薪员工；

(2) 其他符合条件的员工。

将每组中每个员工递延薪酬的百分比加总并求均值，得到每组的ADP。将两组的ADP进行比较。例如，若非高薪员工组的ADP是6%，则高薪员工组的ADP要在8%以内才可以享受到税收优惠待遇。

(三) 基金分配的限制

税法对401(k)计划下基金的分配也有限制。除了员工死亡和丧失劳动能力的支付，55岁之后退休时作为生命或联合生命年金的支付，有国内税法规定下用于免赔医疗费用的支付，以及在合法家庭关系顺序下给合格受益人的支付之外，任何59.5岁之前对基金的支取都要受到10%的征税处罚。

401(k)计划也允许为渡过经济困难而在59.5岁之前支取资金，但是仍然要对所提款项施以10%的惩罚性税收(但前面提到的失能或医疗费用除外)。因此,如果员工提款是为了建房或是资助子女上大学,就仍然会被征收惩罚税。但是,401(k)计划一般会有一个贷款条款,允许员工从计划的基金中借款,而并不征税。

二、401(k)计划的益处

401(k)计划在美国公司和职工看来是最佳的退休金投资方式,因为该计划给公司和职工都带来了显而易见的好处。在公司看来,与其他退休计划相比,该计划的成本较低;雇主为职工的存款可以按工资的15%取得税收扣除;机动性较强,雇主和职工每年都可确定调整存款额,存款可以在任何时间停止、增加或减少;高透明度,职工每次领取工资单时,都可以看到雇主在他们的退休金账户中存了多少钱,增强了职工与企业患难与共的主人翁意识,成功的401(k)计划会受到职工的高度评价;提供401(k)计划还有助于公司在劳动力市场上获得最称职的员工,吸引并留住有用人才。

401(k)计划给员工带来的好处更多,包括:

(1) 自动工资扣除。一般来说要美国人自己去存款比较困难,但是通过401(k)计划存款比较容易。

(2) 享受延期纳税优惠。职工将税前收入用于401(k)账户存款,等于减免了当期的税收。对存款的收益也不征当期所得税,存款越多,收益越多,则延期纳税的税额就越多。

(3) 公司配套资金。为了吸引并留住人才,增强职工的参与意识,目前美国80%以上的雇主都提供公司配套资金,如果职工在401(k)账户存款1美元,那么,在国内税务局规定的限额内,公司会追加配套资金存款0.25—1美元。各个公司的配套资金比例不一。要取得配套资金,公司一般都要求职工在本公司工作达到一定的年限。配套资金可以大大增加职工401(k)账户的存款数额。要获得雇主的配套资金,许多职工往往愿意在一个公司长期工作,并且每个月都在自己的账户上存款,职工存款越多,公司配套追加的存款也就越多。

(4) 投资组合多样。职工可以自主选择退休金存款的投资方式,如购买股票、债券、专项定期存储等。不过,大部分职工都选择购买自己公司的股份。直接投资本公司的股票在职工看来既省时、省力又省钱。美国大公司的职工将自己的养老基金中约1/3的资金投入于本公司的股票。在可口可乐、通用电气、麦当劳等公司,超过3/4的职工养老基金被用于购买自己公司的股份,宝洁公司在这方面的比重竟高达95%。职工用401(k)账户存款购买本公司的股票有不少好处:首先,成本低,省去了委托投资公司等中介机构进行投资所花费的委托、管理费用;其次,职工还可以一定的折扣来购买公司股票。

(5) 机动性。如果职工要离开雇主,他在401(k)账户上的存款将随之一起转移。另外,职工还可以将401(k)账户上的余额转移到个人退休金账户或其他符合条件的职工账户中去。

(6) 安全性。即使个人或企业破产,1974年颁布的ERISA一般也可以保护债权人的退休计划资产。依据该法,个人401(k)账户的资产是个人资产,而不是公司资产,即使公司破产也不能将职工账户上的资产拿来弥补公司的亏损。公司不能以保持公司经营的理由占用职工账户上的资金。

三、401(k)计划的发展

2001年美国通过《经济增长与减税协调法案》,依据该法案,从2002年开始,401(k)计划的参与者获得了更多的优惠。具体包括:

1. 存款限额的变化

2001年401(k)账户存款中最多允许扣除1.05万美元,对这部分存款免征当期所得税,从2002年开始该限额逐年增加,2002年为1.1万美元,并在以后年度每年增加1 000美元,到2006年增加到1.5万美元,此后,每年增加500美元。此外,原来规定的职工存款和公司配套资金存款的比例限制也被取消,职工和雇主可向账户存入任意比例的存款,只要不超过1.1万美元的限额都是允许的。

2. 贷款方案的变化

2002年以前401(k)计划的参加者只能获得单项贷款,要么是分15年清偿的住房贷款,要么是分5年清偿的其他贷款。职工要想获得新贷款必须先偿还先期贷款,90天后才能申请新贷款。从2002年1月1日起,401(k)计划作了改变,允许参加者同时获得多项贷款。401(k)计划的参加者可以在获得住房贷款的同时获得其他两项贷款。

3. 存款方案的变化

2001年的《经济增长与减税协调法案》允许50岁及50岁以上的401(k)计划的参加者向账户存入额外的延期纳税的存款。2002年50岁及50岁以上者额外存款额限额为1 000美元,以后每年增加1 000美元,直至2006年达到5 000美元;这样,这些人在2002年就可以向退休金账户中存入1.2万美元,对这些存款不征收当期个人所得税。

4. 退休金可转移性的变化

职工获得在不同类型的退休计划间转移账户余额的机会。转移可以在

401(k)、403(b)和457计划间转移(后两者为其他类型的退休计划)。不过公司采用什么类型的转移还要由雇主决定。

中低收入者的临时税收抵免:根据收入的多少,一些低收入纳税人可以获得1 000美元的税收抵免。调整后总收入低于2.5万美元的单身个人、调整后总收入低于3.75万美元的户主和调整后总收入低于5万美元的已婚联合申报个人,可以获得的税收抵免等于其在401(k)账户或个人养老账户上存款额的10%—50%,总抵免额不超过1 000美元。

美国的401(k)计划由于安然破产案件而受到人们的关注。当时布什总统已责成财政部部长奥尼尔对退休计划进行研究。美国的401(k)计划和其他养老制度在2009年奥巴马总统就任之后,也正在进行调整,以更好地保护广大劳动者的利益。

第六节　雇员股权补偿计划

一、概念及特征

雇员股权补偿计划,又称员工持股计划(employee stock ownership plans, ESOP),它是一种使员工成为本企业的股票拥有者的员工福利机制。它要求企业建立一个员工持股计划,让员工不必动用自己的资金就能分享企业股权。

计划首先要建立起一个信托基金(trust),由信托基金会拥有企业或股东以股票或现金提供给职工的资产,并用这些现金购买企业的股票。管理员工持股信托基金会的受托管理人可以是银行或信托公司,也可以是与企业利益不相关的个人、公司管理者或一般员工。其他员工福利计划,如股票分红计划和利润分享计划,虽然也可以使员工拥有企业的股票,但持有股票的数量都是有限的。而员工持股计划的主要资产就是企业的股票。另外,员工持股计划在各种退休计划中独树一帜的原因是:员工可以通过该计划借款,这使得该计划成为一种相当有用的融资工具;由于该计划享受特殊的税收待遇,也可以降低企业的融资成本。

二、美国员工持股计划发展概况

从实践过程来看,股份制和市场经济的充分发展是美国员工持股计划诞生的主要背景。在早期,美国企业推行股份制,最重要的目的是增加资金的来源,以后股份制的功能逐渐扩大为加强管理和减少风险。20世纪60年代后,在美国的许多股份制企业中,鼓励员工持股已非常普遍,但其主要目的并非获得资金,而是增强企业对员工的凝聚力,将员工的切身利益和企业连在一起,使员工以股东的心态关心企业。由于员工持股对企业的生存和发展具有积极的推动作用,美国政府于20世纪70年代初以立法形式肯定员工持股的合法性,并对实行员工持股制度的企业在税收方面给予特别的优惠。

员工持股计划是美国员工所有制众多实现形式中的一种。它的概念起源于20世纪50年代,由律师和投资银行家路易斯·凯尔索提出。他认为,企业员工应该有获取股权的途径。因为现代市场经济和科技进步使资本投入对产出的贡献越来越大,如果资本只掌握在少数人手中,产权集中,则经济发展的好处将主要集中于少数人手中,大多数人将不能分享到资本主义的好处,这将造成严重的分配不公,从而影响到社会的稳定和资本主义的生存与发展。为此,凯尔索等人希望能建立起使资本主义所有权分散化的新机制,使人们都有可能获得劳动收入和资本收入这两种收入,并能以某种方式使大多数并不富有的人得到一定数量的资本,从而拥有一定的生产性资源。ESOP是他们为实现这一目的而提出的一种方案。但在当时,几乎没有公司接受和实践凯尔索的思想,因为按照当时的法律,是禁止借款购股的。

美国联邦和州议会的相关立法为员工持股的产生和发展创造了条件和良好的外部环境。1973年,当时任参议院财经委员会主席的参议员拉塞尔·朗了解并接受了凯尔索的思想,认为应该从税法上制定允许和鼓励员工利益的法律。在制定1974年的《雇员退休收入保障法》的过程中,朗等人促使这部联邦法律成为实施员工持股最重要的法律依据之一。国会也修订了许多法律来规范和鼓励员工持股计划,包括1975年的《税收减免法》、1984年的《赤字削减法》、1986年的《税制改革法》、1996年的《小企业就业保护法》和1997年的《赋税人信任法》。而美国各州中有一半以上的州制定了促进员工持股计划的法律。

三、美国员工持股计划的主要类型

总体上说,员工持股计划有非杠杆型(nonleveraged)和杠杆型(leveraged)两种类型。非杠杆型的员工持股计划是指由公司每年向该计划分担一定数额的公司股票或用于购买股票的现金。这个数额一般为参与者工资总额的15%,当这种类型的计划与现金购买退休金计划相结合时,贡献的数额比例可达到工资总额的25%。这种类型计划的要点是:

(1) 由公司每年向该计划提供股票或用于购买股票的现金,职工不需做任何支出;

(2) 由员工持股信托基金会持有员工的股票,并定期向员工通报股票数额及其价值；

(3) 当员工退休或因故离开公司时，将根据一定年限的要求相应取得股票或现金。

杠杆型的员工持股计划主要是利用信贷杠杆来实现的（其流程图参见图7-1）。这种做法涉及职工持股计划基金会、公司、公司股东和贷款银行四个方面，首先，成立一个职工持股计划信托基金，然后，由公司担保，由该基金出面，以实行职工持股计划为名向银行贷款购买公司股东手中的部分股票，购入的股票由信托基金掌握，并利用因此分得的公司利润及由公司其他福利计划（如职工退休计划等）中转来的资金归还银行贷款的利息和本金。随着贷款的归还，按事先确定的比例将股票逐步转入职工账户，贷款全部还清后，股票即全部归职工所有。这种类型计划的要点是：

(1) 银行贷款给公司，再由公司借款给员工持股信托基金会，或者由公司做担保，由银行直接贷款给员工持股信托基金会；

(2) 信托基金会用借款从公司或现有的股票持有者手中购买股票；

(3) 公司每年向信托基金会提供一定的免税的贡献份额；

(4) 信托基金会用每年从公司取得的利润和其他资金，归还公司或银行的贷款；

(5) 当员工退休或离开公司时，按照一定条件取得股票或现金。

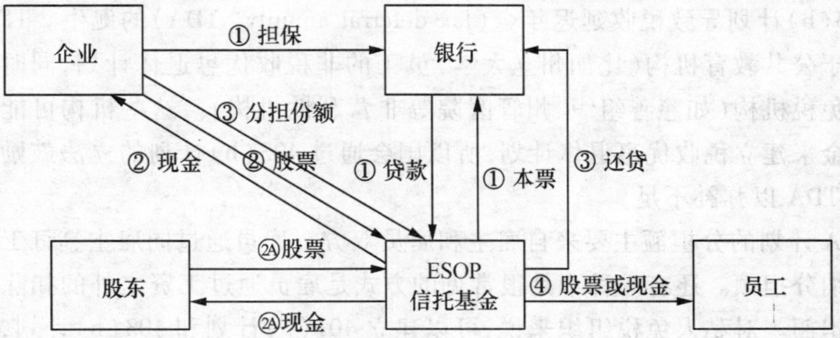

① 由公司做担保，由银行直接贷款给员工持股信托基金；

② 信托基金会用借款从公司购买股票；

②A 从现有的股东手中购买股票；

③ 公司每年向信托基金会提供一定的免税的分担份额，信托基金会以此归还公司或银行的贷款；

④ 当员工退休或离开公司时，按照一定条件取得股票或现金。

图 7-1 杠杆型员工持股计划一般流程图

美国是个市场经济高度发达的国家，市场竞争十分激烈和残酷，优胜劣汰是企业生存与发展的铁律。目前，美国推行的员工持股计划更多地与员工福利计划相结合，成为众多福利计划中的一种。与其他福利计划不同的是，这一计划不保证向员工提供某种固定的收益或福利计划，而是将职工的收益同其对所在公司的股票投资相联系，这样，将员工的收益同企业的效益、管理和员工个人的努力等因素联系起来。

为鼓励企业推行职工持股计划，美国国会通过了一系列法律，为实行职工持股计划的企业及有关各方提供税收优惠。首先，向职工持股计划提供贷款的银行或其他金融机构，因发放职工持股计划贷款而获得的利息收益的50%可免收联邦所得税（根据最新的法律规定，对1996年以后实施的员工持股计划不再享受这条政策）；其次，职工持股计划基金会分得的用于归还贷款的股份收入可以减免税收；再次，参加持股计划的职工，在离开公司或退休时得到股份收益时，可享受税收优惠；最后，非公开公司的股东把股份卖给职工持股计划，并使职工持股计划拥有30%以上的股份，且将其因出售这部分股份而获得的收益用于国内再投资，政府缓征其在出售股份时的资产收益税。

第七节　403(b)计划与TDA计划

同401(k)计划相比，提供403(b)计划的雇主通常是教会、学校和慈善机构。

403(b)计划导致税收延迟年金(tax deferral annuity, TDA)的诞生。TDA是一种适用于公共教育机构(比如州立大学)员工的非税收优惠退休计划，同时也适用于私人免税机构(如慈善组织、州管医院等非营利性机构)。这些机构可能缺乏足够的资金来建立税收优惠退休计划，所以国会通过403(b)计划的立法鼓励这些机构建立TDA以弥补不足。

TDA计划的分担额主要来自雇主和雇员双方。雇员通过同雇主签订工资扣除协议缴纳分担额。还有一种不是很常见的方式是雇员通过工资之外的扣除协议来缴纳分担额。对私人免税组织来说，可以建立401(k)计划和403(b)计划，而公共组织被法律禁止设立401(k)计划，所以对这些机构来说，TDA几乎是唯一可行的退休计划。TDA计划的内容包括：403(b)退休金计划要求员工扣除工资以缴纳分担额，然后雇主将员工缴纳的分担额以及雇主缴纳的分担额合并在一起。在TDA计划下，工资扣除额不能超过IRC的规定，但是具体金额可以由员工决定。而雇主的分担额，实际上是本该用来增加员工薪酬的。TDA计划必须指明分担金额、分担额缴纳日期以及融资方式。融资工具有三种：一是年金合约，二是监护协议(custodial agreement)，三是人寿保险。年金方式主要是通过购买个人或团体年金，可以是等额年金,也可以是变额年金,但是年金是不能转让的,不能将年金合约转卖、抵押。监护协议实际上是将 TDA 计划的基金投资于互助基金以寻求增值。

TDA 计划与 401(k)计划类似。分担额取得的收益直到实际支付发生之前都是免税的;对提前体现的支付要征税,这些规定与 401(k)计划的规定相同,但有一条是不同的,就是 TDA 计划的参加人不能将其资产转移到税收优惠计划中去,只能在不同的 TDA 计划中转移,但可以转移到 IRA 中去。

第八节 高层管理人员的补偿计划

高层管理人员在企业组织结构中处于金字塔的顶端,是现代社会中最耀眼也最有影响力的群体,由于其企业管理的能力和在业界的影响力,不少高层管理人员同时也是董事会成员。他们的薪酬往往数十倍于普通员工,相应的福利也要复杂得多。

根据美国《商业周刊》的统计,与 1999 年相比,美国最大的 365 家企业的总裁,2000 年年薪增长幅度仍高达 6.3%,远远超过普通工薪阶层 4.3% 的增长速度。尽管经济不景气,2000 年这些大企业总裁得到的现金补贴比 1999 年仍然提高了 18%,薪水之外的股票、福利等补贴,人均仍高达 1 310 万美元。2000 年退休的大企业总裁,照样享受标准的退休待遇:转任收入颇丰的企业顾问,使用公司豪华专车,获得优厚的退休金。例如通用电气总裁杰克·韦尔奇,因其"作为公司总裁 20 年来所作的出色贡献",就得到了总值为 1.2 亿美元的巨额退休金。

一、增强型的福利计划

现代企业必须向最优秀的管理者提供有吸引力的薪酬。因此,同普通员工相比,高层管理人员享受增强型福利计划,而这也与企业外部的法律和税收环境有关。ERISA 和国税局主要影响的是员工的退休福利,但也推动企业关注员工的非退休福利,尤其是高层管理人员。高层管理人员的福利计划一定要从企业内部激励高层管理人员,减少来自竞争对手的吸引力,而且,能够提供优厚的退休待遇给高层管理人员,使其在任职期间能够维护对企业的忠诚。在本节,我们主要从退休福利和非退休福利两方面讨论高层管理人员福利计划。

企业高层管理人员同普通员工一样,也加入税收优惠计划,但是税收优惠计划的补偿金额和激励作用对高层管理人员来说是远远不够的,因此还享受基于企业股票期权的延期补偿计划和激励补偿计划所提供的退休收入。这两种补偿计划都是非税收优惠的。延期激励补偿的形式主要是股票期权,使管理者的利益同企业股东的利益长期结合,而且能够提高管理者来自企业出资的税收优惠和非税收优惠退休计划中的退休收入。除此之外,延期补偿计划对管理者的纳税也有好处。因为高层管理人员直到退休之后拿到延期补偿时,才需要对这部分收入纳税,他在任期间,是不需要对列入计划中的延期补偿收入纳税的。并且,退休后收入的所得税税率远低于任职期间的所得税税率,这样就从总体上降低了高层管理人员薪酬收入的纳税水平。

非退休补偿包括提供给管理者的人身保障和特殊津贴,主要形式是增强型的人寿与医疗保险,保障范围和补偿水平远超出普通员工,比如普通员工医疗保险中无法赔付的免赔额部分、整形手术费用,高层管理人员都能享受。

特殊津贴则为高层管理人员提供了一些特殊补偿,比如企业为总裁提供的专驾飞机。

二、高层管理人员地位的确认

从企业的角度来说,凡是能够参与企业重大决策的管理人员都可称为高层管理人员,可以享受高管福利计划。从职务、头衔来说,一般包括总裁(CEO)、财务总监(CFO)、市场总监(CMO),等等。从税收监管的角度来说,国税局认定有两类雇员是企业高层管理人员,能够参与企业重大决策:一类是高薪雇员,另一类是关键雇员。

国税局对关键雇员的认定标准如下:当年总补偿超过13万美元(自2003年计,这项指标每年增加5 000美元的通货膨胀补充收入)的雇员,或者拥有5%以上股权的雇员,或者拥有1%以上股权并且年补偿超过15万美元的雇员。

美国财政部还对关键雇员的资格提出一些认定标准,比如雇员必须是全职的,不能是为单一项目或合约而临时担任职务,合伙企业的合伙人一般不能认作关键雇员。

国税局对高薪雇员的认定标准如下:在上一年或当年任何时点,拥有企业股权超过5%的雇员;或上一年从雇主那里获得的补偿超过8万美元(随通货膨胀指数的增加而增长);或上一年度薪酬位列前20%并在当年选择高薪雇员条款的雇员。

三、高层管理人员退休补偿的特点

同企业出资的普通员工退休计划相比,高层管理人员退休补偿在目标、税收待遇、融资方式和强制退休年龄等方面有所不同。

1. 目标

高层管理人员的非税收优惠退休计划有两个主要目标:一是补差;二是提供附加的退休补偿。

国税局所容许的税收优惠计划的最高退休福利与其所无法监管的退休收入福

利有很大的差距。国税局将有资格加入税收优惠计划的年收入限制在20万美元以下(自2003年起,考虑通货膨胀指数,标准每年提高5 000美元)。这样,超过20万美元的年收入就不适用于定额补偿计划或供款基准计划。而且,定额补偿计划的年补偿标准为16万美元(2002年标准,逐年随通货膨胀指数调整)和连续三年最高平均薪酬中较少的那个。

案例与资料 7-4

某公司提供税收优惠定额福利计划。一位高层管理人员在2002年的年薪为30万美元。他之前连续三年的最高平均薪酬为22.5万美元。由于国税局将享受税收优惠计划的年收入限制在20万美元以下,所以公司只能将他收入中的20万美元那部分计入定额补偿计划。由此,该公司选择为该高层管理人员设立非税收优惠的延期补偿计划,将10万美元的差额部分计入该计划,使该高层管理人员享受国税局限额之外的福利。这就是补差目标。

另一个目标是提供附加退休补偿,这使得企业高层管理人员获得了比补差目标更高的福利。附加高层管理人员退休计划(SERP)通过各种方式大幅度提高高层管理人员的退休补偿。

2. 税收待遇

税收政策激励企业为员工设立退休金计划。ERISA规定了税收优惠退休计划和非税收优惠退休计划的标准。为高层管理人员或高薪雇员设立的退休计划都不享受税收优惠待遇,主要原因是这种福利不符合ERISA的理念,ERISA的原则之一是企业不能歧视低收入员工,不能不合情理地优待高薪雇员。

3. 融资方式

企业设立高层管理人员退休计划可以采取两种融资方式:一类是基金融资方式,称为基金融资计划(funded plans);另一类是非基金融资方式。

股权融资方式是指企业以高层管理人员的名义将现金或股票等有价证券存入信托基金或购买保险合约,这样企业就对高层管理人员有了一个未来支付的承诺,而且,企业或企业的债权人都不能动用信托基金,保险公司也不能提前赎回相应的保险合约。这都与ERISA的报告与披露、信托责任等原则相对应。

非股权融资计划(unfunded plans)与ERISA规定无关,因此,企业不保证高层管理人员的退休补偿。企业可以任何资金实现计划的融资。比如,高层管理人员可以在企业破产时提前提取补偿。但是,公司股权变更时,高层管理人员会失去相应的补偿,总之,在非股权融资计划中,企业给予高层管理人员的是对未来无保障的支付承诺。

采取哪种方式取决于企业的激励机制和薪酬管理制度。为高层管理人员提供相应的补偿,主要是在竞争条件下吸引卓越的管理者,维持企业的竞争优势。对高层管理人员的优厚的非税收优惠补偿会占用企业大量的财务资源,并引起公众的指责。

4. 强制退休年龄

退休计划对企业所有员工的退休年龄都有规定。退休计划中规定的正常退休年龄,也是员工最低退休年龄,任何到达此年龄的员工,都可以直接退休而无需雇主同意,并领取补偿。《反雇佣年龄歧视法案》禁止雇主规定针对普通员工的强制退休年龄,但对高层管理人员则做出相应的规定。

四、高层管理人员非税收优惠退休计划

高层管理人员的非税收优惠退休计划有两种:一种是超额给付计划,另一种是高层管理人员补充退休计划(SERPs)。公司给高层管理人员提供超额给付计划,主要是起补差作用,是为了弥补法律规定的非税收优惠情形扣减的退休收入。而补充退休计划则在更高的层面为高层管理人员提供补差。

1. 超额给付计划

公司提供的差额给付计划通常是对现有的税收优惠计划条款做出扩充。目的是弥补国内税法规定下对供款金额和年金附加条件下损失的退休收益。超额给付计划通常是对现有的待遇确定计划和供款基准计划做出扩充。由于待遇确定计划在计划文本中保证了退休收益,给付金额的计算方法是参与计划的员工退休前的薪酬乘以工龄,得出的总数再乘以一个比例。在供款基准计划下,公司和员工分别向员工的个人账户供款。公司可以采用股权式和非股权式为高层管理人员提供超额给付计划。若采用股权式超额给付计划,要遵守 ERISA 的报告与披露原则、信托等原则。若采用非股权式超额给付计划,则不必遵守 ERISA 的这些规定。

2. 高层管理人员补充退休计划

比起超额给付计划,高层管理人员补充退休计划对退休收入的补差金额要高得多。同超额给付计划相比,它的特点如下:

(1) 计算基数大。税收优惠计划和超额给付计划的计算基数就是员工的薪酬,而补充退休计划还包括各种形式的报酬,比如年终分红、奖金等收入,这就增加了退休收入。

(2) 补充退休计划是公司高层管理人员绝佳的激励工具,它可以避开税收优惠计划对退休年龄和工龄的约束,为提前退休的管理者提供全额的退休给付。

(3) 能提供最丰厚的退休给付。与一般退休计划用员工的职业平均工资为基数计算退休给付相比,高层管理人员补充退休计划的计算基数可以选取工资最高的三年的平均数为基数;税收优惠供款基准计划中,公司通常的供款金额为员工薪酬的15%,而补充退休计划可以将这个比例提高到35%。

(4) 能为任期较短或者新任的年事已高的高层管理人员提供足够的退休给付。税收优惠计划对供款金额和工龄有着严格的规定,这就大大限制了退休收益。而补充退休计划有足够的灵活性,提供逐级递增的既得权益机制,规避了既得权益条款、附加工龄条款,保证了退休收益。

补充退休计划也分为股权型和非股权型两种计划,股权型计划同样要遵守ERISA规定的原则。

补充退休计划的一个典型就是"礼帽计划"(top hat plan)。实施该计划的公司专门为高层管理人员提供递延型退休给付。它是一种非股权型的退休计划。

五、高层管理人员福利政策的制定

主要有三类组织或群体负责制定企业高层管理人员福利政策。第一类是高层管理人员补偿计划顾问,一般由大型咨询公司雇用的顾问组成,向企业提供这方面的咨询服务。第二类是董事会,代表股东利益权衡高层管理人员的决策。董事会成员一般为15人,包括总裁、其他知名公司的高层管理人员、资深社区领袖等。第三类是补偿委员会,委员会成员一般由董事会成员组成。来自企业外部的成员的作用是降低利益冲突,因此,他们占委员会的大多数。补偿委员会的职能有三:一是负责审查补偿计划顾问的方案;二是讨论如何运用公司资源设立补偿计划;三是负责将补偿计划顾问提供的方案提交给董事会以取得认可。

第九节 其他人员的退休计划

一、政府人员退休计划

(一) 联邦政府退休计划

联邦政府有两个福利计划:公务员退休计划(CSRS)和联邦雇员退休计划(FERS)。CSRS是一个包括社会保障在内的退休金计划。FERS是一个包括社会保障、联邦退休金和延后纳税个人储蓄计划在内的三重计划。目前大约98%的退休公务员参加CSRS,1996年共有170万退休和伤残者领取了330亿美元的联邦政府退休福利。

联邦政府雇员领取联邦政府退休福利金的条件为下列之一:年龄满55岁且服

务满 30 年,年龄满 60 岁且服务满 20 年,或年龄满 62 岁且服务满 5 年。

CSRS 退休福利的数额与雇员的最高工作收入和工作时间有关。计算方法是以收入最高的 3 年(通常是退休前的最后 3 年)收入的平均值为基准,服务前 5 年折算成基准收入的 15%,下一个 5 年折算成基准收入的 17.5%,然后每年折算 2%。年龄满 55 岁、工作满 30 年的退休福利年金为最高工作收入的 56.25%,年龄满 60 岁、工作满 20 年的为 36.25%。

1984 年 7 月后联邦雇员由联邦雇员退休体系(FERS)保险。FERS 是一个三方退休计划,以社会保障体系为基础,提供附加的待遇确定以及资源的储蓄计划。对满足最低退休年龄满 30 年工龄的雇员,或满 20 年工龄的 60 岁雇员,或满 5 年工龄的 62 岁雇员,FERS 提供全额给付和延迟退休给付。对 1948 年以前出生的雇员,最小退休年龄为 55 岁;而 1970 年以后出生的雇员,最低退休年龄逐步提升到 57 岁。

FERS 的延后纳税储蓄也称为退休储蓄计划。雇员最高可将工资的 10% 存入该计划,同时政府资助一部分,最高相当于工人工资的 5%。这部分存款及其利息收入只有在支取时,通常为退休后才缴税。这些资金可投资于美国政府的有价证券、私人固定收入的基金或是一般的股票指数基金。

CSRS 要求公务员和雇佣单位分别缴纳工资收入的 7% 用于社会保障。FERS 要求公务员及雇佣单位分别缴纳工资收入的 7.65% 用于社会保障,0.8% 用于退休金。CSRS 和 FERS 中的退休金部分由联邦公务员退休伤残信托基金管理。

50 个州以及地方政府为公务员提供的退休金计划与联邦政府相似。

(二) 州和地方政府退休计划

州和地方政府雇员主要由州和地方政府退休计划承保。计划条款不一,许多计划要求雇员分担,退休给付金额不能少于雇员分担额。对高风险工种,如警察和消防队员,在年龄上的限制则少得多,主要与工龄有关。一般准许因残疾或年老而退休,并可以提前退休。州和地方政府雇员可以参加社会保障计划。

二、军人退休金计划

1957 年以后,美国军人被包括在社会保障体系中,服役在 20 年以上的军人退役时也享受军人退休金福利。联邦政府为军人退休金计划提供资金,参加者不用缴纳费用。领取的退休福利以最后的基本工资为基准,按服役一年提取 2.5% 计算并累积所得。该计划涵盖了陆军、海军、空军、海军陆战队,而且大部分条款也适用于海岸防卫队、公共健康服务军团以及国家海洋与气象管理局军团。军人退休计划是积累式、非分担型待遇确定福利计划,包括非残疾退休给付、残疾退休给付、遗属年金计划等。

三、老兵退休计划

老兵遭受与服役相关的残疾后，可以向老兵管理局申请残疾补偿。其残疾的原因必须是由于行使军事职责引致或加重的，但与是战争时期还是和平时期无关，其补偿标准与其他收入来源无关。在老兵死后，补偿金支付给配偶和子女。对非服役残疾，即与其军事职责无关的残疾，也有相应的退休金给付，但补偿对象必须是战争期间收入不足的老兵。对非服役死亡视实际情况对其配偶和子女进行补偿。

思考题

1. 简述雇主资助的退休计划的种类。
2. 简述401(k)计划的产生背景和主要内容。
3. 简述员工持股计划的实施背景和基本流程。
4. 简述高层管理人员的补偿计划的特点和主要内容。

小组讨论

分组讨论本章所讨论的雇主资助的退休计划。哪些适合在中国发展，原因及条件是什么？

辅助阅读资料

1. 肇越等，《员工福利与退休计划》，中信出版社2004年版。
2. http://www.lvrj.com
3. http://www.asbointl.org
4. http://www.jinku.com

第八章

社会保障计划

本章要点

- 社会保障计划概述
- 美国社会保障计划项目
- 中国社会保障制度

引　言

作为政府法定强制企业实施的一种员工福利制度,社会保障计划在员工福利计划中占有非常重要的地位。首先,对于大多数美国的雇主而言,在其所有员工福利项目的支出中,近四分之一用于法律强制要求的社会保障计划项目;对于那些仅提供少量福利的雇主来讲,社会保障计划支出则可能是绝大部分的支出甚至是全部支出;而对于中国的社会保障制度而言,“五险一金”几乎占了企业近四分之一的生产剩余。其次,对于个人而言,用于社会保障计划项目的支出也往往超过家庭和个人购买其他保险的总支出,占其全部保费支出的很大比例。最后,社会保障计划项目也是雇主构建整个员工福利计划和雇员选择福利计划的基础。只有在了解和建立这一政府强制实施的福利计划的基础上,才能更加经济和实用地选择建立其他的福利项目。

本章主要介绍社会保障计划的基本理论以及主要国家的社会保障制度等。

第一节　社会保障制度概述

一、社会保障制度的概念

关于社会保障制度的定义并没有一个统一的标准答案。世界各国的学术出版物和政策文献对其的表述林林总总,但是,究其实质,社会保障可以进行如下定义:所谓社会保障制度,是指国家或政府依据法律规定,通过国民收入再分配等方式,对公民因暂时或永久丧失劳动能力,以及由于遭遇各种风险而使生活发生困难时给予物质帮助,从而保障其基本生活的制度。

社会保障制度的内涵至少应当包括以下几个基本要素:

(1) 国家或政府是社会保障的最终责任主体。综观世界各国的社会保障制度,无论其国家的发达程度如何,无论是由政府直接主办,还是以国家名誉担保,通过社会自治或市场操作方式实施保障,国家都要承担最终责任。其原因主要是:第一,社会保障是一项维持社会稳定的制度,而维护社会稳定是国家繁荣的基础,从而应当是政府的基本责任;第二,国家或政府较其他任何机构更具有强有力的手段以实施对社会弱势群体的保护。

(2) 享有社会保障是法律赋予公民的一项基本权利。生存权是公民享有的基本权利,正如《中华人民共和国宪法》第45条第1款中规定:“中华人民共和国公民在年老、疾病或者丧失劳动能力的情况下,有从国家和社会获得物质帮助的权利。”

社会保障应当能够使社会成员达到维持生存所需要的最低生活标准。

(3) 社会保障具有一定的福利性,即从直接的经济利益分配来看,受益者的所得应向贫困者倾斜。它是一项国民收入再分配的分配政策。

二、社会保障制度的功能和原则

(一) 社会保障制度的功能

社会保障制度的功能至少可以从以下三方面进行分析:

1. 保障人类的生存权利

这是社会保障制度的首要功能。在人类由于衰老、疾病、伤亡、生育、失业、受灾和遭难等各种原因,面临生存威胁的时候,通过各种社会保障形式对其提供基本的物质保障,从而使每个公民都能生有所食、病有所医、老有所养,不致因遭受意外风险而陷入绝境,保障了人类的生存和发展。

2. 维护社会稳定

市场经济的法则是优胜劣汰。激烈的竞争中强者愈强,弱者愈弱。如不加以干预,强弱两极分化将引发社会不公平感,进而导致社会矛盾的激化。社会保障制度通过向无生活来源者、收入低于贫困线者和丧失劳动能力者提供物质帮助,保障其基本生活,可以消除由于不公平产生的不安全因素,达到维护社会稳定的目的,构成了社会的“安全网”或“减震器”。

3. 促进经济发展

社会保障对经济的促进作用表现在以下几方面:第一,通过各项社会保障制度项目可以缓解经济周期引起的波动;第二,社会保障制度的建立保证了劳动力再生产进程的顺利进行,而不会受阻或中断;第三,社会保障基金的长期积累和投资运营有助于增加国民储蓄,完善资本市场。

(二) 社会保障制度的原则

1. 生存与发展相结合的原则

社会保障的出现,可以说就是源于对人类的生存提供保障,使人们在生存出现危机时,由国家来提供帮助使之渡过难关。这是社会保障设立的基本原则。在现代社会中,随着经济的发展,社会保障制度不仅应当单纯地保障人的生存,如生、老、病、死、残所导致的生存危机,还应当上升到一个更高和更广泛的层次,即保障社会的长期稳定和发展。例如将教育、提高人口素质等内容纳入社会保障体系,从而为未来的发展提供更有力的保障。再比如,在社会保障制度建立的时候,充分考虑到社会保障制度安排对个人储蓄行为的影响和社会总体储蓄水平的影响,以及通过资本市场对长期经济增长的影响。

2. 公平与效率相结合的原则

公平是社会保障制度的基本原则。公平包括保障范围的公平性、保障待遇的公平性以及保障过程的公平性。同时,社会保障制度的存在还应当有助于效率的提升。公平与效率是一对矛盾体,既相互制约又相互依存。为求得一定程度的公平,将不得不牺牲一部分效率;而效率的存在又必须由公平作保证,一旦出现严重的不公平,市场规则将被破坏,也就无效率可言。

3. 强制性与统一性相结合的原则

强制性和统一性也是社会保障中很重要的原则。其强制性表现在:每个公民既有缴纳社会保障费的义务,也有享受社会保障体系所提供的服务的权利。权利和义务之间存在较密切的联系,但并不完全对等。各种权利和义务均是由法律明确规定的。在法律管辖的范围内任何人都必须遵守,否则会受到相应的惩罚。统一性是指补偿标准的统一性。强制性原则实施的重要意义在于,它为统一的大保障体系的建立提供了保证,即聚集了众多面临同样风险的人,使风险得以分散。因此,强制性是统一性的基础,统一性是强制性的表现形式。

三、社会保障制度的历史沿革

社会保障制度的产生是与社会经济的发展密不可分的,它的出现是人类社会文明进步、协调发展的重要体现。从古代的救灾济贫、慈善事业,到现代的社会保障制度,社会保障制度的发展经历了萌芽、产生和发展三个阶段。

(一) 萌芽阶段

对贫困者给予救济的思想和行为,最早可以追溯到人类社会的初期社会成员之间的互助行为。当一些人面临饥寒和疾病的威胁时,另一些人会给予其衣食等方面的帮助。这种互助行为是人类得以繁衍和生存的条件。之后,这些行为被社会用成文或不成文的社会规范固定下来,便产生了慈善事业。当宗教问世之后,这类社会规范又被纳入教义中,作为宗教实行精神统治的物质基础之一,从而产生了宗教的慈善事业。

然而,慈善事业并不是真正意义上的社会救济,它是与自然经济相联系的。随着社会从自然经济向市场经济的过渡,农民开始涌向城镇,从而使贫困现象和社会问题日益增多。而各类宗教和慈善事业组织逐渐无力满足社会的保障需求,因此,为了稳定社会秩序,国家便出面进行干预。例如,15 世纪末至16 世纪的法国,政府逐渐接管了宗教团体掌握的慈善事业,由国家行政人员组成了官方济贫机构,采取集中资金、组织救济、劳动培训和儿童教养等一系列措施解决贫困等社会问题。另外在英国,16 世纪开始的圈地运动造成了大量自耕农和佃农失去了赖以生存的土地,被迫流入城镇,沦为城镇贫民或乞丐。为了稳定社会秩序,消除失业、流浪和贫困现象,英国政府于1601年颁布了伊丽莎白《济贫法》,主要提供就业保障和财政补贴,兼有强迫劳动和福利救济的性质。随着工业化革命进程的深入,社会问题进一步严重,1831年英国政府又颁布新《济贫法》,明确指出:救济不是消极行动而是一项积极的福利措施,采取各种措施保证公民生存的义务,并由经过专门训练的社会工作人员从事此类工作。

欧洲国家的这些济贫举措使国家开始扮演承担社会保障责任的角色,为现代社会保障制度的诞生打下了基础。

（二）社会保障制度的产生

真正现代意义的社会保障制度是伴随着工业革命后生产社会化发展和市场经济的建立而产生和发展起来的。其标志是世界上第一个最完整的社会保险体系的诞生,即19世纪80年代德国俾斯麦政府制定并实施的一系列有关社会保险的法令——1883年颁布的《疾病社会保险法》,1884年颁布的《工伤事故保险法》,以及1889年颁布的《老年和残障社会保险法》。通过这些法律,确立了由雇员、雇主缴费和国家资助三方供款的保障方式,形成社会责任与风险共同分担机制,结束了济贫时代的临时性和不确定性。

继德国之后,奥地利、瑞典、匈牙利、丹麦、挪威、英国、法国、罗马尼亚、卢森堡等欧洲其他国家也先后实施了单项或多项社会保险制度,形成了由国家财政出资的济贫与由雇主、雇员缴费的社会互助相结合的以社会保险为核心的社会保障制度。

（三）现代社会保障制度的发展及改革

现代社会保障制度发展的标志性事件是美国《1935年社会保障法案》的颁布。1935年,在美国总统罗斯福的主持和领导下,建立了美国第一部《社会保障法》,该法包括老年社会保险、失业社会保险、贫穷盲人补助、贫穷老人补助、未成年人(失去双亲或残疾无人抚养的未成年人)补助等多项措施。这一法令的颁布,不仅标志着美国也开始建立以政府为主体来解决贫困的社会保障制度,而且也标志着社会保障制度从以社会保险为主的制度步入了综合性的现代社会保障制度。之后,美洲大陆的其他国家,诸如阿根廷、墨西哥和巴拿马等,也先后建立起了社会保障制度。

随着第二次世界大战的结束,世界政治、经济和社会形势发生了重大变化,社会主义制度在一些国家建立。社会主义制度对人民福利的高度保障给资本主义国家带来了巨大的政治压力。由于西方国家面临着失业、疾病、老年等社会问题的困扰,社会主义思潮空前活跃,推动着社会保障向高水平和全面保障的福利国家模式发展。

1941年英国提出了一整套"从摇篮到坟墓"的社会福利制度,并指出了社会保障的四项基本原则,即普遍性原则、基本生活保障原则、统一性原则和权利与义务对等原则。之后其他国家纷纷效仿,也都经过了多次修订补充,主要在以下几方面发生了重大变化:第一,从单项保障转向总体保障;第二,由自愿保险转向强制性保险;第三,保障水平提高;第四,保障范围扩大。

到了20世纪50—60年代,第二次世界大战重创后的一些欧洲国家都建立起以高福利为特色的社会保障制度,并成为欧洲走向繁荣与稳定的基础。

然而,一百多年后,欧洲国家却发现,社会高福利遭遇了社会效率问题的巨大挑战。高福利不但造就了社会资源的浪费,制造了懒人,同时也让企业不堪重负。因此,许多国家又开始思索对社会保障制度的改革。

近年来,为使欧盟成为"最具竞争力、最具活力的知识型经济体",一些欧洲国家作了尝试。例如,英国的布莱尔政府1997年就在英国开始了福利制度改革,使英国成为欧洲最成功的一大经济体,但布莱尔走得并非一帆风顺,英国各地经常都有不同规模的民众举行抗议政府削减养老金的活动。因此,高福利国家改革的进程是非常艰难的,各国仍在不断地探索着。

四、社会保障的内容构成

尽管随着社会经济的高速发展,各国都形成了社会保障制度,但是其保障内容的构成并不统一。根据社会保障这一概念的内在规定性以及对世界各国社会保障历史实践的总结,典型的社会保障内容构成主要包括以下几部分:

(一)社会保险

所谓社会保险,是国家通过立法对劳动者在暂时或永久丧失劳动能力,或有劳动能力而无工作即丧失生活来源的情况下,给劳动者以一定程度的收入补偿,使之能维持基本生活水平,进而保证劳动力再生产和扩大再生产的正常运行,保证社会安定的一种保障制度。

社会保险是社会保障制度的核心部分。它的显著特点是:它是一种缴费制的社会保障,实行权利与义务相关的原则,只有尽到缴纳保险费的义务,才能在规定的情况下获得相应的收入补偿。

由于造成劳动者失去收入的风险是多样的,因此收入补偿的项目,即社会保险的项目也是多样的。社会保险项目的设置因国家经济、政治、文化等因素的影响而使得国与国在项目设置上不尽相同。一般来说社会保险主要包括以下项目:

(1)养老社会保险;

(2)医疗社会保险;

(3)失业社会保险;

(4)工伤社会保险;

(5)残疾社会保险;

(6) 生育社会保险;

(7) 死亡社会保险。

在现实生活中,各国会根据各自的情况对以上七项进行合并或者是拆分。

(二) 社会救济

社会救济又称社会救助,它是指国家和社会对由于贫困以及各种灾害等因素造成的不幸者组成的社会弱势群体无偿提供物质援助的一种社会保障制度。其主要特点是享受救济者无须直接缴纳任何费用,其保障对象主要是无收入、无生活来源或孤苦无依、无法生活者以及虽然有收入但是因遭受意外事故或收入较低无法维持生活的人群。因此,社会救济是保障社会安全的"最后一道防线",是社会保障体系的必要的和重要的组成部分。

社会救济的经费主要来源于政府财政拨款或特别税资助以及社会团体或个人提供的捐助。社会救济的项目主要包括贫困救济、灾害救济和特殊救济等。

(三) 社会福利

社会福利是指国家和社会通过各种福利机构及福利企业向社会成员提供超值服务或提供福利津贴,使社会成员在基本生活水平得到保障的基础上,不断增加福利待遇的保障制度。在实际生活中,社会福利不仅内容异常广泛,而且举办者也非常具有广泛性。人们往往从不同的角度使用这个概念,总体来看,社会福利有以下一些种类:

(1) 公共福利事业:指国家或社会团体兴办的以全体人民为对象的公益性福利事业,如教育、科学、文化、体育和卫生等。这些福利或者完全由国家负担,免费提供;或者消费者分担一部分,国家分担一部分,实行优惠价格。

(2) 特别的、专门性的福利事业:主要是指由民政部门为残疾人、孤儿、生活无着落的老人等具有特殊需要而又无力自理的人举办的疗养院、教养院,等等。这类事业具有保障性,通常是免费的。

(3) 局部性或选择性的福利措施:主要是国家为照顾一定地区或一定范围的居民对部分必要生活资料的需要而采取的优惠措施,例如对于住公房的居民给予房租补贴等。

总之,社会福利不仅对公民的物质生活需要给予保障,还对精神文化方面的需要给予保障;不仅保障个人和社会的生存需要,还保障个人和社会发展的可能。

第二节 主要国家社会保障制度介绍

一、美国

(一) 美国社会保障计划的内容

美国的社会保障计划包括以下四个方面的内容:

(1) 老年、遗属、伤残保险(OASDI);

(2) 医疗保险;

(3) 失业保险;

(4) 补充收入保障计划。

其中,老年、遗属以及伤残保险是指为享有者提供的退休收入补偿、为死亡员工家属提供的收入补偿以及为受伤的员工及家庭成员提供的收入补偿的保险。医疗保险是指为几乎所有65岁以上的美国公民或受伤的社会保障享有者提供的住院、康复护理以及其他主要的医疗费用进行补偿的保险。失业保险是指提供给失业人员的收入补偿的保险。补充收入保障计划是指提供给低收入的65岁以上或伤残人员的收入补贴,通常从一般的税收中提取费用,所以与员工福利计划无关。

社会保障计划由罗斯福政府在1934年提出,《1935年社会保障法案》正式确立,法案确立了退休保障和失业保险项目。翌年开始发放社会保障号,从1937年起,该计划正式运行。在1937—1940年,根据《1935年社会保障法案》,社会保障计划用一次性津贴的方式发放退休金。从1940年起,改为按月发放。1956年,由于伤残保险计划的实施,社会保障的内容得到了扩展。1965年,随着《1965年社会保障修正案》的出台,医疗保险加入到了社会保障之中,从而使社会保障制度从内容上得到了进一步扩展。法案从出台以来经过多次修改,已经成为一部非常复杂的法律法规,对所有美国人的生活产生着深远的影响。

(二) 社会保障计划的覆盖范围

在美国,90%以上的美国员工可以享受社会保障。这些雇员或自雇人员的工资或收入的一部分将用来缴纳保险费,但具体到不同的保障项目也会有所不同。

1. OASDI和医疗保险

除了以下三类特殊人群,实际上几乎所有的美国员工在法律上都有资格享受这两项保障:

(1) 1984年之前供职于联邦政府的文职人员和有10年以上工龄的铁路工人,不被包括在退休计划中,但被包括在医疗计划中。

(2) 已经参加了其他退休计划的联邦政府和地方政府的雇员可以不参加社会保障体系中的退休计划,除非这些政府组织自愿选择参加。

(3) 21 岁以下为父母工作的青年可以不参加,但是 18 岁以上在家族拥有的公司就职的青年除外。

每年成千上万的美国人得到社会保障计划中的福利。据统计,2002 年 0.52 亿美国人享受了超过 4 750 亿美元的社会保障福利。

2. 失业保险

《美国联邦失业税收法案》(FUTA)规定雇主应当缴纳社会保障体系中失业保险计划的保险费。FUTA 同时规定两种方法来判定雇主是否必须缴纳保险税:

第一种方法——"1-IN-20"测试法,即如果一个组织在任何 20 个不同的年历周期内的任何时间雇用至少一个雇员,那么这个组织就必须依法参加社会保障体系中的失业保险计划。年历周期并不限于是连续的 20 周,而且在有些情况下并不需要雇员得到补偿。最后,并不需要每个雇员受雇的时间达 20 周,只要在这 20 周内每个时段的工资单上都有不同的员工,则雇主就必须参加。

第二种方法——工资测试法,即如果一个雇主在当年或上年度任何一个季度的工资发放总额超过 1 500 美元,则该雇主就应当依法缴纳失业保险税。

许多组织不能满足第一种测试方法,但是能够满足第二种方法。例如一些季节性营业的组织,如娱乐场所、建筑行业等。只要满足了两种方法中的一种,该组织就必须缴纳相应的保险费。

(三) 社会保障基金的来源

1. 老年、遗属和伤残保险

在美国,老年、遗属和伤残保险的保费主要来源于雇主和雇员缴纳的保险税。根据 FICA,雇主应当支付工资税,雇员支付个人所得税,二者纳税的税率相等,体现雇员和雇主平等负担的政策意图。随着福利金的不断增大,二者缴纳的税率也在不断提高。雇员与雇主分别缴纳的工薪税率,1950 年只有 1.5%,1960 年为 3%,1970 年为 4.2%,1980 年为 5%,1994—2002 年达到 6.2%。

自雇人员也依照《自雇筹款法案》(SECA)个人缴纳保险费,其个人纳税税率高于非自雇人员的个人所得税税率,而且其税率也在随福利的提高而逐年提升。2002 年,自雇人员纳税税率为 12.4%。

应税收入设定了最高限,超过该限额的收入则不再征税。这一限额也处在不断的调整之中。2002 年该限额为年收入 84 900 美元。

2. 医疗保险

医疗保险中 A 计划的保费也主要来源于医疗保险税或住院保险税。根据 FICA,该税收也是由雇主和雇员平等负担各付一半。2002 年,雇员和雇主负担的税率为 1.45%，自雇人员负担的税率为 2.9%。与老年、遗属和伤残保险不同，医疗保险中未设应税收入最高限，所有的工资或收入都需要纳税。

3. 失业保险

失业保险费主要通过征收两个税种来筹集：一是联邦失业保险税；二是州失业保险税。这些税收主要是向雇主征收的，一般不向雇员征收，目前只有阿拉斯加一个州向雇员征收该项税种。

联邦政府征收失业保险税是依据《联邦失业税法》而执行的。雇主应缴纳的税收相当于每位员工工资前 7 000 美元的 6.2%（而且这 7 000 美元是最低的应税工资基数）。联邦政府将其中的 5.4% 存放于联邦失业信托基金，该基金由财政部管理。财政部将这些资金投资于政府债券，投资收益中除由财政部扣除 0.8% 用于弥补其行政开支外，其余部分储备起来日后平衡州失业保险费账户之用。

州政府也向雇主征收失业保险税。与联邦税相似，州政府也设定一个征税工资基数。大多数州设定的工资基数高于联邦政府的 7 000 美元。各州一般都有自己不同的标准，2002 年标准最高的州是夏威夷，达 29 300 美元。而且州政府向各公司征税的税率也各不相同，一般规定了最低和最高税率，从 2001 年各州制定的税率来看，最低税率是 0，最高税率是 10.09%。每个公司应税税率与其过去员工的失业率相关，如果过去该公司造成的员工失业率高，则税率就高；如果过去该公司造成的员工失业率低，则税率就低。

（四）美国社会保障管理机构

美国社会保障部门主要包括：社会保障局、社会保障和医疗统筹基金信托董事会、社会保障咨询委员会、财政部、劳工部和国税局。

（1）社会保障局。社会保障局的最基本的职能，就是按月发放各种社会福利金。如上所述，除社会保障退休金外，社会保障局还发放其他三种从社会保障基金中列支的福利金（伤残、死亡家属抚恤和医疗统筹），以及第四种单独列支的低收入人群老年生活补助金（supplemental security income benefits）。目前，社会保障局每个月都要把以上五种福利金按时发放到 5 000 万美国人手中。

（2）社会保障和医疗统筹基金信托董事会。社会保障和医疗统筹基金信托董事会是一个规格很高的机构。它由财政部长亲自任董事会主席，劳工部部长、医疗卫生部部长和社会保障总局局长均为董事，另有两名独立董事，由总统任命，参议院批准。社会保障和医疗统筹基金信托董事会的基本职能是负责社会保障体系的当年资金流入和流出统筹管理，以及社会保障和医疗统筹信托基金的保障增值。根据有关法律，信托资金的投资范围，严格限定于财政部发行的专项债券。

（3）财政部、劳工部与国税局。财政部是社会保障基金信托董事会的具体办事机构。财政部部长兼任社会保障基金信托董事会主席。劳工部负责全国就业人员福利的监管,包括退休和养老福利,但劳工部的主要角色在于监督各种私营的养老和退休计划,对联邦社会保障体系基本不起主导作用。劳工部部长也是社会保障基金信托董事会董事。国税局负责征收工资税,并将其中属于社会保障体系的部分上缴到财政部的特定信托基金账户。国税局还负责记录所有个体经营人员的社会保障号,与他们每年的收入情况一起报送社会保障局。

(4) 社会保障咨询理事会。在社会保障体制的长期发展历程中,为了研究和解决一些特殊的战略问题,总统、国会、有关部门或社会保障局自己经常会成立一个临时性的"社会保障咨询团"(Social Security Advisory Council),针对有关问题提出建议方案。主要职能为:研究社会保障体系的长期财务问题,探讨对策;研究社会体系怎样更好地为公众服务;社会保障基金的风险评估;对社会保障局的长期跟踪评估;促进公众更好地理解社会保障体系,等等。

二、德国

(一) 德国社会保障制度的主要内容

德国的社会保障制度可以分为两大类:第一,社会保险系统,这是德国社会保障制度的核心;第二,"关照体系",即为特殊人群提供帮助,这是德国社会保障制度的必要补充,旨在维护社会中下层家庭的利益。

具体项目包括以下几种:

1. 社会保险

(1) 养老保险:德国的养老保险分为法定养老保险和自愿养老保险。法定养老保险具有强制性,所有的劳动者必须参加,其经费来源于劳动者、企业和国家三方。法定养老金给付金额标准,相当于在职员工纯收入的65%,并随工资的增长而作相应调整。自由职业者如医生、律师、艺术工作者等一般参加私人养老保险。公务员、法官和职业士兵都各自有一套养老制度。农民也有一套独立于法定养老保险之外的养老制度,称为农民养老保险。

(2) 医疗保险:德国的医疗保险体系以基本医疗保险为基础,多种形式的商业医疗保险为补充。目前德国医疗保险的覆盖面已达到全国人口的90%,其保险费用一般由受保人和雇主共同负担。投保人的家属(含配偶及子女)作为联保者享受附带保险,且不用另外附加缴费。

(3) 失业保险:失业保险是一种全体工人和职员都必须参加投保的义务保险,失业保险基金来源于雇主和雇员缴纳的保险费,同时国家根据就业促进法给予财政补贴,并弥补任何亏空。在德国发放失业保险金时要遵循一个基本原则,即职业介绍优先于待遇发放。待遇形式包括:失业补贴、失业救济、坏天气补贴、职业培训等。

(4) 工伤保险:所有的雇员、农民都参加工伤事故保险,自由职业者可自愿投保,大学生、学生和幼儿园儿童也属于受保险保护的人员之列。工伤事故主要的特点是它所需要的资金完全由雇主单独缴纳。

(5) 护理保险:护理保险是德国一种新的保险制度。由于人口寿命延长及家庭结构的变化,对护理的需求已被公认为一个社会问题。德国从1995年年初开始实施,其主要目的是保障老年人及病残人员在需要护理情况下的权利。护理保险的保险费约为雇员月收入的1.7%,由雇主和雇员平均分摊。

2. 社会救济

德国的社会救济的对象主要是针对有特殊困难的人群,包括收入或养老金不足以维持最低生活标准的人,或者是遇到特殊困难的人。例如,需要专人照料或长期特殊护理的残疾人和老年人。社会救济主要分为日常生活补助和特殊状况照顾两类。用于社会救济的资金来源于政府的税收,由德国最低一级行政机构城镇负责管理,无偿发放。

3. 社会赡养和赔偿

主要是为抚恤战争的受害者或是对因暴力行为而受损害者进行赔偿。在第一次世界大战和第二次世界大战中,身体受到损害的人员有权得到赡养,供养资金从税收资金中支付。救济署负责进行对战争致损害者的赔偿事宜。另外,对因暴力行为而受损害的人员以及他们的家庭给予救济。受损害者的待遇与战争致损害供养范围基本一致,但对财产损失不予赔偿。

4. 社会补贴

德国的社会补贴制度实行的是一种普遍保障制度,覆盖范围包括有一个及一个以上子女的家庭,旨在对职业妇女及家庭妇女从怀孕到分娩后这一时期提供一系列的保护和照顾。主要补贴项目包括母亲保护和儿童补贴等。补贴标准主要根据每一家庭子女的多少和家庭收入的多少来决定。子女越多,每个子女享受的补贴越多,低收入家庭可领取的补贴高于高收入家庭。资金来源主要是政府的财政拨款。

(二) 德国社会保障资金的来源及执行机构

德国社会保障的筹资主要采取现收现付的模式。其资金主要来源于以下几个方面:第一,个人和雇主的缴费;第二,一般的税收;第三,投资收益,包括基金市场的所得和按市场价格取得的服务收益;第四,社会捐赠。其中,前两个是主要的来源。

德国社会保障制度的执行机构主要包括以下几类:

1. 卫生部

负责有关医疗和护理保险事宜,职责包括医疗保险政策的制定和业务协调。主要制定公共医疗保险的范围、缴费、服务标准、药品报销目录等政策。

2. 劳动社会事务部

负责养老和工伤保险的政策制定和业务协调工作。养老保险由国家养老保险局承办。德国设有23个州级的养老保险局,承办法定的工人养老保险,而海员、铁路职工、矿工和农民的养老保险按行业分别设置保险机构承办，联邦养老保险局则承办政府职员的养老保险。

德国工伤保险由行业保险合作社承办。

3. 德国联邦劳动(就业)部

主要负责与失业保险相关的事宜。失业保险实行全国统筹，收不抵支时，由联邦劳动(就业)部向联邦政府申请，大区和基层劳动局执行。联邦劳动(就业)部下设10个州(大区)一级的劳动局；州劳动局下设181个市一级的劳动局。劳动局不仅负责失业保险金的收取和发放，还负责失业者的职业介绍和职业培训以及劳动市场的调查，参与劳动市场政策的制定等。

4. 公共保险公司和私人保险公司

德国医疗、护理保险的公共医疗保险公司基本按行业设置。全国有90%以上的人在公共医疗保险公司投保。政府规定在保费收入中提取5%作为机构人员经费。法定保险的缴费和服务标准已经有相关的法律规定，保险公司不能变动。

三、日本

(一) 日本社会保障制度的内容

日本在第二次世界大战之后十分重视社会保障制度的建立，通过一系列法令的颁布逐步建立起社会保障制度，特别是1961年实行“国民皆年金与国民皆保险”体制，奠定了以全体国民为对象的综合性社会保障制度的基础。

日本社会保障制度的核心内容包括以下四大项目：

1. 社会保险

社会保险主要是对病残、失业与老年者提供医疗和生活方面的保障。具体可分为以下几种：

(1) 失业保险。失业保险在日本又称为雇佣保险，其受保障的对象是受雇于工业企业的全部雇员，其经费由国家、雇主、雇员三方负担：国家负担救济费用的25%和管理费，雇主缴纳工薪总额的9%，雇员缴纳收入的5.5%。另外，为鼓励再就业，还对提前再就业者设置了再就业补助金。

(2) 养老保险。养老保险在日本又称为年金制度。养老保险制度主要包括国民年金、厚生年金保险和各种年金基金三部分。国民年金是基础，其保险人为政府，主要是为年龄在20岁以上、60岁以下的公民提供保障。养老保险金的缴纳方法和金额，因年金制度的不同而各异。

(3) 医疗保险。20世纪60年代开始推行的全民医疗保险制度规定：人人都必须投保。个人缴纳的保险费与其收入成正比，对低收入者采取特殊措施予以减少。日本的医疗保险制度可分为两类：第一类是以产业工人、政府机关工作人员、公共事业人员等在职职工及家属为对象的,叫做职工医疗保险;第二类是以农民、自由职业者等为对象的,叫做国民健康保险。

(4) 工伤保险。日本工伤保险的对象是受雇于企业的全部职工。保险费用原则上采取由企业负担、政府给予部分补贴的方式筹集。缴纳标准按行业分为33个等级。保险范围包括因公引起的疾病、受伤及工作能力的丧失、上下班交通以外引起的事故。工伤补助的标准依暂时性工伤和永久性工伤而有所不同。

2. 生活保障制度

日本把社会救助制度通称为生活保障制度,旨在对贫困者提供最低生活水平的保障,由国家出资救助,又称为国家救济制度。根据其贫困生活保障的内容分为七种扶助:① 生活扶助;② 教育扶助;③ 住宅扶助;④ 医疗扶助;⑤ 分娩扶助;⑥ 生业扶助;⑦ 葬祭扶助。

3. 社会福利

日本的社会福利主要是为高龄者、儿童和残疾人等建设有关福利设施,提供有关福利服务,具体包括老人福利、残疾人福利、精神病患者福利、儿童福利、女子福利等。

目前日本的社会福利正在实行福利保障的产业化政策,即由过去的行政管理措施转变为个人与福利组织及团体之间的契约履行制度,极力避免政府机关对社会福利团体的行政干涉,从而建立一个真正独立的社会福利保障体系。

4. 公共卫生及环境保障

此项目主要是为了预防传染病等疾病影响,向国民提供健康诊断和卫生检查等服务,具体包括中老年人保健、健康增进对策,疑难病传染病对策,保健所服务,完善医疗机制,增加医护人数、医疗药品生产、销售和保管方面的规制和药害对策等。另外,随着环境对健康影响程度的加大,还出台了环境对策,主要是提供改善生活环境、防治公害和保护自然环境等方面的服务措施。

(二) 日本社会保障制度的发展及改革

日本社会保障制度的发展和改革经历了以下几个阶段:

1. 建立形成时期

尽管日本在战前就已经存在恤救规则等社会保险,但是比较成体系的社会保障制度则建立于第二次世界大战之后。1948年,日本设立"社会保障制度审议会",并于1950年10月16日向国会提出了"关于社会保障制度的提案",这个提案明确了国家的责任和国民的社会义务,以此为契机推动了日本社会保障制度的建立。1961年日本又实行了"国民皆年金与国民皆保险"体制,奠定了以全体国民为对象的综合性社会保障基础。

2. 不断发展完善时期

1962 年开始,日本的社会保障进入了发展和完善时期。日本经济在此前的高速增长是以牺牲国民生活为代价取得的。为纠正重视工业经济忽视民生经济所带来的偏差，协调社会的综合发展，这一时期的日本经济政策开始逐渐向发展民生经济倾斜,具体表现就是日本社会保障模式的转换，即由经济型社会保障向公民生活型保障转换。试图追赶欧洲福利国家“从摇篮到坟墓”的模式,即采取了高福利高负担的保障模式。

3. 改革时期

20 世纪 90 年代之后,进入了改革时期。随着经济全球化步伐的加快,国家之间的竞争趋向激烈，加之已有的社会保障制度暴露出的各种弊端,致使世界各国都开始对社会福利政策进行大幅度的调整和改革。改革的总体方向是缩小政府福利开支，节省公共预算，使社会保障在一定程度上进入商业化运作等。

日本受到这一国际改革动向的推动，同时也由于国内社会保障制度面临的种种危机，也迅速进入了深化社会保障改革的阶段。提出的改革目标是：对社会保障的基础结构进行改革，也就是说要对战后确立起来的基础架构进行脱胎换骨的改造。

第三节　中国的社会保障制度

一、中国社会保障制度的内容构成

中国的社会保障体系包括社会保险、社会福利、优抚安置、社会救助。

(一) 社会保险

这是社会保障系统的核心内容。包括养老保险、工伤保险、失业保险、生育保险和医疗保险。

养老保险:包括城镇企业养老保险、机关事业单位养老保险和农村养老保险。城镇企业职工养老保险又分为基本养老保险、企业补充养老保险或企业年金以及个人储蓄养老保险。机关事业单位养老保险与企业职工养老保险不同,两者各成体系,分别运作。但到目前为止,机关事业单位养老保险尚无全国统一的方案,仍处于改革试点或探索阶段。农村养老目前主要有家庭养老、社区养老和社会养老三种模式。

医疗保险:分为城镇职工医疗和农村合作医疗保险制度。农村医疗保险正在努力建立四种形式:福利型合作医疗,风险型合作医疗,福利—风险型合作医疗,健康保险型合作医疗。城镇职工医疗保险制度正在建立起三个层次的保险体系:基本医疗保险,职工医疗互助保障、国家公务员医疗补助、企业补充医疗保险和商业保险,社会医疗救助。

失业保险:失业保险的参保对象包括国有企业、集体企业、外商投资企业、私营企业等城镇各类企业职工和事业单位员工。主要项目有:失业保险金、医疗补助金、丧葬补助金及配偶和直系亲属抚恤金。

工伤保险:工伤保险包括医疗待遇项目、伤残待遇项目和死亡待遇项目。

生育保险:生育保险覆盖外商投资企业和乡镇企业在内的我国境内一切企业、机关事业单位及社会团体。保险项目主要包括:产假、产假工资和医疗保健。

(二) 社会福利

我国的社会福利主要采取三种模式:

(1) 社会补贴:这是国家为了使社会成员享受到经济和社会发展的成果,或为了在某项政策实施后不会降低人民生活水平而采取的一种物质帮助。

(2) 职业福利:指一个行业或企业为了获得自身的稳定和发展,以业缘关系为基础,对全体职工普遍提供的保证一定生活水平和尽力提高生活质量的资金及服务项目。

(3) 社会化服务:指国家和社会通过社区组织和福利机构为解决人们的实际困难,提高人们的生活质量,有针对性地提供服务和社会福利项目。具体包括以下七个项目:未成年人福利、老年人福利、妇女福利、残疾人福利、教育福利、住房福利和社区服务。

(三) 社会救济

改革开放以来我国的救济制度进行了改革,由过去由国家统包统揽的单一救济方式,转变为由国家、集体和个人相结合的救济政策,由简单的"输血"改为"造血"的机制。具体来说,就是在保障贫困户基本生活需要的前提下,帮助贫困户发展生产,脱贫致富。对贫困户和灾民的保障,以助为主,以救为辅,通过创办敬老院、福利院经济实体等形式,不但可使救济对象解除贫困,还可通过社会救济和自我劳动,实现脱贫致富,享受一定的福利待遇。特别是1999年10月1日颁布的《城市居民最低生活保障条例》标志着我国社会救济制度开始走向规范化和法制化。

(四) 优抚安置制度

优抚安置制度是国家和社会保障残疾军人的生活,抚恤烈士家属,优待军人家属的制度。我国的优抚安置制度主要包括以下项目:死亡抚恤、伤残抚恤、社会优待和退役军人安置。

二、中国社会保障基金的管理体制

(一) 社会保障基金的来源

社会保障基金主要来源于个人、用人单位(雇主)和国家。但是就不同保障项目而言,依据其保障的责任、范围,基金的来源也各不相同。例如,基本养老保险费主要由单位和个人共同缴纳,单位按照职工工资总额的一定比例(通常不超过20%)缴纳,个人按照个人缴费工资的一定比例(4%—8%)缴纳。国家则通过两个方面对基本养老保险提供支持:第一,允许用人单位缴纳的养老保险费在税前列支;第二,当养老保险基金出现困难时,政府财政直接给予补贴。

(二)社会保障基金的管理

我国的社会保障基金管理体制的框架是:在国家财政总监督之下按照分类负责的原则确立部门分管。主要行使管理职能的部门有:

财政部。负责管理财政性保障基金,同时参与管理社会保险基金及民政部门管理的社会保障基金,该部门从中央到地方设置了专司社会保障财务的组织。

劳动和社会保障部。管理包括养老、医疗、失业、工伤、生育保险等基金在内的各项社会保险基金,该部门设置有专门的保险管理局作为基金管理组织,还专门设置了基金监察组织。

民政部。管理多项财政性社会保障基金,包括救灾救济资金、国家福利基金、优抚安置资金等,各级民政部门既是行政管理职能部门,又是分配上述资金的部门,但在资金调度方面,多数情况下需要与财政部门共同签署。

教育部门。管理教育福利基金。

卫生部门。管理公共卫生基金。

另外,一些自治或半自治机构也承担着相应的社会保障基金管理职能,例如工会管理职工福利基金、互助保障基金等。

案例与资料8-1

经济全球化对欧洲福利国家的挑战
——以德国为例

一、经济全球化与国家职能

面对经济全球化,虽然学者们对其所下的定义各有不同,但就其一般特征而言,经济全球化是指资本、技术、劳务、商品等各种经济资源在全球范围内的自由流动和统一配置,包括生产、技术、金融、贸易全球化等,使得世界各国的经济发展之间形成一种更加直接和紧密的内在联系。经济全球化见证了市场经济的全球扩张，市场力量支配着经济、社会生活越来越多的方面，而作为经济全球化的核心之一，资本全球化更意味着资本有了前所未有的流动性。面对日益强大的全球市场，国家的职能似乎日益弱化。

首先，随着冷战的结束，经济全球化不断深入发展，各国之间的相互依赖性与日俱增，经济问题成为国内和国际诸多关系的焦点，经济利益已经变得如此重要，以至于国家的政治职能在一定程度上蜕变为经济职能的一部分。

其次，经济全球化意味着包括资本在内的资源跨国流动性的增强。参与全球化的目的是吸引资金的流入，而就国民经济来说，经济全球化不是一个选择，而是一个现实。面对这一现实，国家能做的只是保持预算平衡、放松经济管制、开放贸易和投资、维持货币稳定，而其他的决策则由资本本身完成，国家无法控制。也就是说，置身于经济全球化进程中，国家履行其经济职能的能力在弱化。全球化的最终结果是国家经济权力的不断丧失。由于资本的跨国流动性不断增强，不同经济体之间的依存性和一体化程度达到了前所未有的高度，国家和政府实施宏观经济行为的可能性在减小。表面上，利率和汇率仍然由独立的中央银行根据市场状况加以控制，但如果某个国家擅自降低利率，资本就会立刻从该国流向那些可能提供高收益的国家。财政政策的自由度也明显减小，并很难成为政府履行其经济职能的经常性手段。至于产业政策，它有悖于市场的竞争性要求，往往被认为是妨碍市场竞争的，从而受到市场的反对。在跨国公司的全球扩张行动中，它们不只满足于消除政策障碍，还要求法律能够灵活地运用于公司的运作。高工资、高税收、高劳动力成本都会使跨国资本流失，结果是国家为了取得较好的国际竞争优势地位必须向资本妥协。

全球化正在改变一种国家、社会和经济在同一民族的边界内在一定程度上齐步成长的历史格局。原先的那种由国家确定对内经济和对外贸易间的界限及国与国之间的经济秩序，在市场全球化的过程中，正在演变为一种跨国的经济。世界范围资本流动的加速，通过全球关联的金融市场对民族定位的强制性评估，在此具有头等重要的意义。今天与其说国民经济被安排在国家的边界内，不如说国家被安排在跨国的市场中。

二、经济全球化对福利国家的三大挑战

如同上文所述，经济全球化使主权国家受到国家职能弱化的挑战，在这方面，主权国家面临着三大危机，即政治职能危机、经济职能危机和社会公正危机。德国社会福利制度受到经济全球化的冲击，在很大程度上涉及这三大危机。

1．政治职能危机

经济全球化的深入发展必然推动世界各国相互依存程度的加深，任何国家的经济发展都因全球化的发展而具有国际性，同时也必然要面对国家权力和利益的全球再分配，这就不可避免地会冲击国家的主权。英国沃威克大学政治学教授苏珊·斯特兰奇将经济全球化对主权国家职能的销蚀归结为三方面：一是国家的防务职能，二是国家的金融经济职能，三是国家的社会再分配职能。

此外，欧洲一体化进程的深入也进一步弱化了欧洲福利国家的主权功能。随着欧盟内部实现了商品、人员、劳务和资本的自由流动，这种超越了国家界限的流动必然要求弱化民族国家的权力。但实行一体化实质上是为了适应经济全球化的挑战，提高欧洲整体的竞争能力，就如德国前总理科尔指出的那样"如果欧洲以一个整体来行动就可以在与日本和北美的全球性竞争中获胜"。欧洲一体化的纵深发展也给欧洲福利国家带来了巨大的挑战。

欧洲一体化的不断深入要求经济和社会的发展超越主权国家的界限，要求建立一个超国家的组织或机构，这就不可避免地会限制主权国家的权力和职能。而超国家机构职能的行使又必然会导致国家功能的进一步削弱。所以，欧洲一体化的发展必将会冲击主权国家尤其是福利国家的现行社会经济政策。虽然欧盟各成员国在宏观经济调控方面仍然扮演着一定角色，但主权国家权力的削弱却是一个不争的事实。此外，有关建立超国家的欧洲社会模式问题，目前还没有决定采取何种方式，但其最终结果必然是进一步弱化欧洲各主权福利国家的国家职能。

2．经济职能危机

全球化的深入发展不可避免地影响着国家对宏观经济的管理。一国参与经济全球化进程必然要让渡部分原属主权范围内的经济决策权，对外开放会影响国家对领土和资源的管理权，资本的全球化制约着国家运用货币和汇率调节经济发展的能力，而跨国公司的发展则在很大程度上削弱了国家的宏观调控能力。经济职能的危机随之而来，并主要受制于以下几个方面：

一是产品全球化。由于技术产品的快速普及，产品和服务的大批量流动引起了空前激烈的价格竞争。这一竞争直接威胁到福利国家的高劳动力成本，面对来自国外的廉价产品，福利国家纷纷采取反倾销等措施保护本国市场。但这并不能从根本上解决福利国家在全球化时代必须面对的这一问题，从而导致社会失业率持续居高不下。

二是资本全球化。20 世纪 80 年代以来，经济全球化的飞速发展为政府和企业利用国家资本市场提供了重要机会，并使投资者从中获得了回报，同时，全球资本市场对国内经济主权的影响也在逐步扩大。在当今的金融全球化时代，利率、汇率和其他金融资产要素总是处于变化中。因此，国内宏观经济政策在这种急剧变化的全球金融状况下通常是脆弱的，尤其是金融投机活动将对国内经济产生剧烈的影响。实际上，资本、国家和劳工之间的不平衡是全球性的。胡格威特进一步指出："全球体系实现政治稳定的功能现在依靠的是'排斥政治'，即把所有社会中那些没有优势的团体和部分排斥出去，因为它们在全球市场中既不能作为生产者也不能作为消费者实现自己的有效功能。"资本的全球性流动动摇了福利国家内部政府、企业和公民三者之间的社会契约关系。

三是劳动力全球化。相对于资本和商品来说，虽然劳动力的全球流动还受到一定的限制，但与冷战时期相比，还是出现了大幅度的增长。人员的流动也呈现出一种不平衡的趋势，即大部分外来人口流入西方发达国家。对欧盟而言，来自中东欧实际的和潜在的移民对欧洲福利来说无疑是一个巨大的挑战。根据德国经济研究所的研究预测，如果中东欧国家能够顺利实现向市场经济转轨的话，那么到2010年涌入西方国家的移民将达到460万人。但如果这一预期不能实现的话，估计将达到650万人。此外，一项针对中东欧经济转轨国家民众所做的调查也证实了德国经济研究所的预测，大约有270万人表示他们有明确的移民计划，还有1 670万人表示他们有可能移民。由于中东欧国家的社会经济转轨还存在许多问题，因此大规模劳工移民给欧洲福利国家带来的压力已迫在眉睫。虽然欧盟于20世纪90年代初通过的《申根协定》坚决主张关闭东方边界，但仍然难以阻止移民的涌入。而根据欧盟的法律，欧盟各成员国政府不能把社会福利局限于仅仅提供给本国的国民，即便是外国人也应享受相应的福利待遇，这一法律的颁布无疑更加重了西欧各国的社会福利负担。

3. 社会公正危机

在经济全球化时代，支撑福利国家及其社会福利制度的社会公正也面临危机。

追求经济效率必然要强调竞争，而过分的竞争必然导致两极分化，这是公正观所坚决反对的。而追求公平则要求一定程度的"实质性的平等"，这必将会影响人们对效率追求的积极性，从而阻碍经济的发展速度。

另外，经济全球化导致本国某些行业经济发展受阻，经济发展受阻致使国家税源减少，在这种情况下，以经济为基础的社会公正受到挑战。此外，由于传统的集中的大生产在经济全球化背景下逐步被新型的分散的网络办公取代，工作的性质日趋个性化，以往那些标准的熟练劳工群体开始被许多属于不同部门的新群体取代。外国移民以及临时工人的增加使工会组织的活动愈显困难，以至于工会的代表性也开始受到怀疑，劳动力流动性的加强也使得工会组织日益松散。以社会公正为目标的工会的合法性甚至其存在的意义都受到了挑战。

例如在德国，在全国性的行业中，虽然设有工会组织，但由于阶级立场的要求使其性质发生变化，导致工会在传统集体谈判中的作用大受限制。工会与政府、雇主联盟的制度性对话被逐步分解，国家层次上的谈判具有明显和强烈的向下移动的倾向，简单地说就是把原来的契约谈判由国家下移到行业、部门、公司，甚至最后只发生在个别的劳资关系互动中。

结语

面对经济全球化对福利国家及社会福利制度的挑战，德国政府目前在各领域实施2010改革(Agenda 2010)方案。虽有困难和压力，但改革势在必行。改革能使现在的经济模式和福利制度适应世界经济发展的新形势，是对经济全球化挑战的一种回应，即从制度层面确定德国在世界经济发展中的竞争地位。在经济全球化对主权国家在政治、经济和社会领域带来挑战的背景下，如何确定经济发展、社会保障和社会稳定这三者之间的互动关系，建立一个和谐的社会，是置身于经济全球化过程中每个国家所面临的新问题，也受到国际政治理论界的关注。

资料来源：冯英华、戴启秀，“经济全球化对欧洲福利国家的挑战”，《国际观察》，2005年第3期。

思考题

1. 简述社会保障制度的功能和原则。
2. 社会保障计划的内容有哪些？
3. 比较各国社会保障制度的基本内容。

小组讨论

在中国当前的经济环境下，发展社会保障应当遵循什么原则？为什么？

辅助阅读资料

1. www. mohrss. gov. cn

2. www. dol. gov

3. 费梅苹,《社会保障概论(第三版)》,华东理工大学出版社 2008 年版。

4. 阮凤英,《多视角下的社会保障》, 经济科学出版社 2006 年版。

第九章

其他福利项目

本章要点

- 教育培训资助计划
- 带薪休假
- 雇员家庭的帮助计划
- 弹性工作时间

引 言

心理需求和动机理论的代表人物马斯洛指出,人类的需求依次分为五个层次,即生理需求、安全需求、社会需求、尊重需求和自我实现需求;并且只有在较低层次的需求得到满足后,才有动力去追求较高层次的需求。因此,人类的需求就像是台阶一样逐渐上升,不可逾越。这一理论很好地描述了美国员工福利项目的演进。在20世纪60年代末,大多数雇主意识到基本需求对员工的重要性,所以提供的员工福利项目主要是基本的福利和退休计划以及一些带薪假日。在这些基本需求得到满足之前,员工不会对其他福利项目诸如教育等项目感兴趣。然而,当雇主注意到这些基本需求得以满足时,就开始寻求其他形式的、有效的、可以吸引和激励以及留住员工的福利项目。同时,员工的期望也在不断攀升,并且是从不同的方向,这反映了劳动力的多元化。

在过去的几十年中,各种基本福利基础之上的扩展福利项目开始大量涌现。分门别类,项目繁多。但是没有一个组织机构能够提供全部的福利。因此,各公司福利项目负责人应当分析每个项目的基本目的,从而按照本公司的意愿进行重点项目选择。

近年来,随着工作压力、家庭责任的加大,员工面临的挑战日益增加,他们试图通过不断的学习来降低工作技能落后的风险。当经济衰退,公司通过裁员来降低成本时,员工的工作压力也就越来越大,工作的安全感降低,随之而来的便是对其财务状况的担忧。为此,许多公司通过其他各类福利计划为员工,有时也为其家属,提供有效的应对技能和受教育机会。其他的员工福利项目因国家、企业的不同而存在各种各样的内容。本章主要介绍在美国企业中广泛采用的三种福利项目:教育培训资助计划、带薪休假、雇员家庭的帮助计划。

第一节 教育培训资助计划

在过去的五十多年中,美国参加高等教育培训的人员在不断增长,这是因为:一方面,随着科学技术的进步,劳动力市场中需要更多的高技术人员以应对行业技术不断提升的挑战;另一方面,美国国会通过了一项法案即授予参加第二次世界大战的老兵接受高等教育的权利,因为在过去这些低收入的老兵们是根本不可能去接受高等教育的。在20世纪50年代和60年代,美国政府通过的《高等教育法案》(1965),出台了许多政府资助、企业资助和教育贷款项目,所有这些因素使得许多不可能接受高等教育的低收入以及少数民族人群能够开始享有高等教育。

目前美国的高等教育费用比历史上任何时期都要昂贵。许多无法自己负担全部学费的个人便寻找联邦政府贷款项目的资助以完成学业。但是,有些项目仅向全职学生提供资助,而半工半读的学生则无法获得这些项目的资助。因此,对于这些学生,来自于雇主的教育资助就显得尤其重要。

雇主可以从多方面设计其教育计划。他们资助的学习可以仅是与工作相关的课程学习,可以与公司未来的工作相关,可以是学位课程,也可以是与工作非相关的课程学习。

关于资助费用的问题也可以多种多样。有些雇主提供所有的教育费用,而大部分仅支付部分学费。雇主一般通过以下一些方式进行限制:报销一定百分比的学费;设定报销的最高金额;限制每学期或每年雇员可选择的课程数量。通常雇主把学习的结果与是否报销联系起来,即如果学习达到预定的水平,则给予报销;否则,不给予报销。许多雇主要求雇员在完成学习后在公司至少服务一定的年限,否则离开时要偿还学习费用。

一、教育计划项目

在美国,比较盛行的教育计划项目主要有以下几类:

(一)学费报销计划项目

学费报销计划项目是指对雇员在参加学习或培训时所发生的费用给予全部或部分的报销,是一种直接货币形式的补偿。在这种计划中,雇员通常可以按照自己的意愿选择课程。许多雇主允许雇员参加那些与工作并无直接关系的课程学习。随着技术和全球竞争压力的提升,对员工的技术有不断的要求,此项目的主要目的是培训员工以适应转换工作的需要。公司建立一整套员工应当参加的课程体系,并且规定如果员工能够顺利完成全部课程,则可以获得加薪的奖励。雇主通常把报销学费的成本支出作为减少税收支出的业务项目。

根据美国的《公司税收服务法案》(IRS),如果雇员支付了任何提供给雇主员工的财产或服务,则这些支出可以依据《法案》的第162条或第167条进行扣除。特别是作为学费报销计划项目的福利,其培训必须维持或改善必要的工作技能;或者是由雇主按照法律对员工现有工作的要求,或为了保持其现有的同等情况而进行的补偿。

(二)奖学金计划项目

雇主资助的奖学金计划项目包括部分或全部员工或其家属用于获得两年或四年大学学位的学费或相关支出。大多数情况下,这些项目仅为员工的孩子提供。雇主资助的奖学金项目是最不普遍的教育福利项目,其原因可能是从公司的角度看，与为员工直接提供教育机会相比，为员工的孩子提供教育机会对雇主的利益更小。

雇主把奖学金作为正常的业务支出。有时，雇员会得到税收优惠。《公司税收服务法案》第 117 条所描述的合格的奖学金项目是为员工自己及其子女的研究生以下水平的教育提供税收优惠。税收优惠的金额等于合格的学费扣除（qualified scholarship programs）加相关的支出（如杂费、书本费等）。合格的学费扣除包括由雇主项目授予的学费扣除。但是，不是所有的学费扣除和相关费用都有资格享受税收优惠。

二、设立教育资助计划考虑的因素

（一）可接受的课程和学校选择

任何与雇员在公司的现有工作直接相关的课程都有资格成为资助项目。如果与此主要目标无关，则需要制定出相应的课程选择指导原则。公司应当对与员工现有工作关联不大但可能对其长远发展有帮助的课程进行尽可能详尽的评估，以满足公司的成本战略。

某项课程与一些公司的各运营环节的关系是课程选择非常有用的指导原则，但是对于学位课程则是例外。

可接受的学校通常被定义为良好的中等教育学校、学院和大学以及专业技术学院、特殊项目以及函授学校。

（二）公司负责的费用的界定

尽管很多时候仍然沿用“学费资助”计划一词，但实际上，许多公司负责的学习费用几乎无所不包。例如包括报名费和注册费、书费等。其他一些支出也被一些公司包括在负责的范围内，例如入学考试费，以及与论文写作、毕业活动、健康、专业资格认证和各项活动有关的费用等。

（三）学习时间的规定

许多教育专家认为，随着管理层越来越意识到知识更新的重要性，传统的教育与工作分离的情况将会逐渐消失。然而，目前大多数公司仍然存在以下的情况：公司内部培训是必要的，而外部的培训教育则只是一个参考目标。这种情况的存在导致员工不得不在工余时间参加学习。但是，一些公司允许员工在不影响正常工作的情况下调整工作时间。

（四）费用支付范围、条件以及时间

对于公司同意进行学习的课程，传统上一般由公司负责 50% 的学费，但现在一般都负责 75% 或 100%。

对于报销费用的条件，许多公司都要求学习成绩必须合格，如果没有成绩则要

求有圆满完成学业的证明。有些公司会根据成绩的不同而进行补贴。例如,成绩为A则报销全部学费,成绩为B则报销75%,成绩为C则报销50%。而对于一些主观评定成绩的课程则不采取这种办法。采取这种做法的缺点是员工因为成绩的压力而可能耽误工作。

公司对补贴的数额也有限制,或者是规定最高限额,或者是规定每学年或每学期支付的学时数。以最高限额作为规定方法的,需要不断进行调整,因为学费是在不断上涨的。以学时数作规定的最大优点是,可以防止员工成为"全职"学生"兼职"员工。

第二节 带薪休假

一、带薪休假的含义

带薪休假是指当员工不履行其基本的工作职责时,雇主仍然支付薪资的项目。在美国,许多公司都向其在国内或国外工作的员工提供这一可由雇主自由选择的福利项目。这一项目包括假日、节日、病假、丧假,等等。州和联邦法律在其他的选择项目上扮演了重要的角色,例如出庭假和非生产时间工资支付等。1993年美国的《家庭和医疗假期法案》要求公司提供处理家庭和医疗方面事宜的事假。有海外业务的美国公司也为其海外工作的员工提供各类假期和休息放松的时间。

公司通常把提供带薪休假作为一项惯例,特别是节日休假。在有工会组织的情况下,带薪休假一般都在集体谈判协议中注明。在美国工会组织谈判协议中规定的休假项目通常包括:出庭假、丧假、工前清扫准备、旅游、工间休息和午饭休息。

无论是员工和雇主都十分重视带薪假日。这些福利为员工提供了平衡工作与非工作兴趣及需要的机会。公司试图从这些项目的提供中获利。员工则可以在工作时间合理请假而不会被扣工资和福利,这样将有助于减少员工未获准而离岗的情况,从而使公司整体的生产力以及产品或服务质量提高。而且,这些福利也有助于员工对公司产生积极的态度以及增加员工的忠诚度,特别是那些为公司服务期限较长的员工。

如表9-1所示,美国的一项对拥有100人以上的私人企业的调查表明,大部分企业为全职员工提供这一福利。最不普遍的带薪休假是个人请假、事假和家庭事假。大部分企业不为兼职员工提供这一福利。

表 9-1 私营企业加入选定的员工福利项目的全职员工的比例

员工福利计划	所有员工	专业、技术和相关的员工	秘书和销售员工	蓝领和服务员工
支付工资的休假或请假				
节日	89	89	91	88
休假	95	96	97	94
个人请假	20	23	33	13
丧假	81	84	85	76
出庭假	87	92	89	83
家庭事假	2	3	3	1
不支付工资的休假或请假				
家庭事假	93	95	96	91

二、历史回顾

当美国处于农业社会时,工作时间很长是普遍现象。这种情况可以从人们所熟知的民间歌谣中得到验证:"男人工作是从太阳升起到太阳落下,而女人的工作则从没有停止。"很简单,那时工作时间很长,没有人在不工作时间得到报酬。

当美国在19世纪中期进入工业化社会时,雇主们开始意识到不在岗的时间对员工工作效率的影响,一些人性化的公司开始认识到员工休息和放松是个人生存的需要,也是更好地投入工作的需要。而且,要求更多带薪的不在岗福利也成为许多工会的目标。由于这些原因,在1890年至1940年间,美国制造业的标准周工作时间从60小时减少到42小时,降低了30%。今天,标准的生产工人按规定每周工作40小时,白领特别是在大城市工作的职员通常每周工作35小时或37小时。

需要注意的是,随着公司缩短工作时间,员工的周工资却维持不变。这就意味着员工的小时工资提高了,雇主实际上为不工作的时间提供了工资。这种做法对公司在成本、生产率以及资本的使用率方面都有重要的意义。但是员工很少能够清楚地明白这一变化的含义。而由于他们得到的工资并没有变化,因此,员工没有意识到他们已经获得了一定的经济收益。

许多经济预测专家认为,未来对不在岗时间的福利的发展主要是通过增加带薪休假而不是通过缩短每周的工作时间。20世纪70年代初,许多公司反对这种增加带薪休假的趋势,但是,之后也出现了不少单方面或双方协商减少这些项目的事例。最著名的事例是,20世纪80年代汽车工业工人工会在与资方的协商中接受了收回个人不在岗补贴的要求,以便获得更多的工作安全保障。当时最有说服力的雇主的论点是:雇主们认为他们的竞争对手日本之所以有更大的竞争优势,就是因为日本的员工比美国员工得到的带薪休假少得多。

据美国商务部统计报告，在美国工业中支付给员工的不在岗津贴占员工工资的比例，1980 年为 13.4%，1989 年为 13.1%，在这些统计中包括节日、假日、个人事假等。现实地来看，对福利及人力资源经理的挑战是，能够消化这些成本支出，同时又能继续寻找更好的方法来平衡成本、公司运营要求以及员工利益。

三、带薪休假的分类

带薪休假的方式名目繁多，企业根据自身的特点会采用不同的方法。在美国最主要的有以下几类：节日，休假，病假，事假，综合带薪休假，丧假，学术假。

1. 节日

尽管许多传统的节日受雇主们的关注已有多年了，但是在第二次世界大战之前，这些节日休假的工资支付也仅限于薪资员工。例如，据 1939 年美国的一项调查统计，2 200 个制造业企业中 88% 的企业为薪资员工提供带薪休假，仅有 12% 为小时工资员工提供带薪休假。这一区别对待的方式在大战期间发生了变化，由于当时这一福利项目被划为“微小”福利，所以未被列入联邦政府工资控制范围之内。到 1945 年，带薪节日这一福利提供给所有员工的情况已经非常普遍了。

有时各类节日可能会与员工安排的休假或病假重合，公司需要考虑这一重复如何算。大多数情况下，公司会选择算作是节日而非休假或病假。

2. 休假

公司提供带薪休假福利完全是由公司自主选择的。传统意义上来看，提供员工休假基于两个原因：一个是员工体力恢复和减缓工作压力的需要；另一个是一种理念，即公司应当为其员工提供一种奖赏以回馈员工对公司的服务承诺。那么公司提供带薪休假是否有助于提高生产率呢？许多专家的答案是肯定的。许多欧洲国家的法律要求为员工提供的带薪休假的时间比美国更长。

在设计休假福利项目时至少要考虑以下一些因素：

第一，谁有资格获得这一福利？对于全职员工，通常为本公司服务满 6 个月到 1 年即有资格。公司可能会把非全职员工排除在外，或者是其休假的时间比全职员工的时间短。

第二，公司必须决定如何建立。或者选择为所有的员工建立统一的制度，或者是为不同的员工建立不同的类别。在选择使用不同类别的政策时，通常为管理层、专业人士提供更多的休假时间。

第三，休假政策还规定了每一年假期的分配。

通常休假天数与服务年限挂钩。例如如表 9-2 所示，少于 1 年的服务期则没有休假资格，服务年限在 1—5 年的可休假 5 天，等等。

表 9-2　员工服务年限对应的休假资格

员工为公司服务的年限	享受休假的资格
少于 1 年	没有资格
1—5 年	5 天
6—9 年	10 天
10—19 年	15 天
20 年或更多	20 天

第四，关于休假的安排。特别强调合理安排，避免出现暂时的人员短缺。通常员工必须提出申请，申请须明确休假的起止日期。在获得主管的批准后方可休假。如果两个员工同时申请休假，则通常服务时间长的员工获准先行休假。

第五，休假政策应当规定关于续转和兑现的事宜。续转规定是允许雇员把本年度未休的假期转到下一年度累计，或者规定某几年内可以进行休假时间的安排。在没有续转规定的情况下，一般使用兑现条款，即把本应休假的天数按正常日工资数折合成现金支付。

3．病假

公司为员工提供一定时间的生病假期。病假一般与残疾假分开。有时病假也为员工由于其家属如子女、配偶及父母生病而需照顾提供方便。病假的假期一般为一年 10 天左右。病假的申请通常需要提供医院的证明。

公司为员工提供病假福利，即员工由于生病在一定时间内不能上班仍可以获得正常工资收入。

4．事假

个人事假是提供给员工用于处理其个人事务的假期。公司一般选择限定原因休假，通常是短期的。使用最普遍的是使员工在紧张工作后放松，为员工提供“充电”的机会。例如，员工可能在海边休息一天，处理个人事务，或仅仅是在家休息。另外事假也可能用于延长假期或病假。公司可能为所有的全职员工每年提供一定天数的假期，或者是用作奖励，一般为 1—10 天。若与假期相同，则这一事假可以续转和兑现。

5．综合带薪休假

有些公司把节日、假日、病假和个人事假都结合在一起提供一个统一的带薪休假，而不区分具体原因，目的是为员工提供更大的安排休假的自由度。这同时也减轻了管理的负担。

6. 丧假

在员工家属去世后提供给其处理后事的假期，一般为1—5天。

7. 学术假

学术假一般是在学院和大学里提供给员工从事如研究项目或课程开发等的带薪休假。学术假一般提供给大学中满足最低服务年限（通常为3年）的教师。期限最长为一学年。

现在其他领域中的雇主也开始为其员工的进一步专业发展提供学术假期。在这些领域中，通常是提供给专业人士和管理层的员工。这个假期特别适合诸如计算机行业的工程师们，他们的知识和技能处于不断的变化之中。公司需要在资格、期限和薪资支付水平等方面制定指导原则，特别是在休假之后的服务期限方面需要作出规定，以保护公司的投资，限制其向竞争对手处流动。

第三节　雇员家庭的帮助计划

社会环境和家庭结构的变化也常常会影响员工和雇主的需要。在传统社会中，劳动力的性别主要为男性，而女性很少参加工作，并且大部分家庭是双亲时，对于孩子和老人的照顾通常由家庭中的女性承担。而随着社会的变化，更多的女性加入到劳动力大军中，而且越来越多的单亲家庭产生，所以对于孩子和老人的照顾就成为备受员工们关注的问题。与此同时，这一问题也引起了雇主的注意，因为为照顾家庭成员，员工的缺勤、迟到、更换率以及家庭事假不断上升，而且，如果雇主无视对员工的责任，则也会导致办公地点工作气氛的恶化。因此，许多雇主开始意识到，如不帮助员工解决这方面的后顾之忧，则会降低员工的生产率，降低公司的吸引力以及留住有能力的员工的能力。

目前最主要的雇员家庭帮助计划项目有以下几种：

一、幼儿照顾计划

有关员工的幼儿照顾计划有许多种，一些雇主保留有公司内部的白天托管中心，负责代员工看管孩子，这种托管中心的数目在不断增加。而另一些雇主则由于某些原因关闭了托管中心而代之以其他方式。有些雇主为员工提供远离办公地点的托管中心，雇主也可能在一些专门的托管中心为员工的幼儿安排预定名额和/或费用打折。据美国健康和人员服务部的报告，1981年美国有160个公司、工会和政府机构设立的幼儿托管中心，到1989年就已增加到1 100个。

可能最常见的方式是由员工自己安排，而雇主为员工提供费用的报销。报销的金额与工资水平相连。在这种情况下，雇主会通过与社区或私人机构的联系，为员工提供有关的信息。除了在寻找合适的托管中心方面提供帮助，也还会在临时托管方面提供帮助，比如临时照管生病的孩子、放学和放假无人照顾的孩子等。美国员工福利国际基金 1990 年的一份研究报告显示，29% 的被调查雇主为员工提供有关幼儿托管的信息和推荐服务。

二、老人照管计划

尽管照管老人的福利与照管孩子的福利相比要更少一些，但是，随着老人寿命的延长，这种福利要求也越来越多。另外，许多夫妇推迟生育的年龄，使得他们的生活在某一段时间更加困难，即他们需要在扶养老人的同时照顾自己年幼的孩子。

虽然照管老人的福利可能会采取各种形式，但通常与照管孩子的形式相似。雇主规定一定的数额限制，为员工支付老人的家庭护理或在照管中心的护理费用。最近在这方面有一种非常有趣的形式产生，即建立同时照管老人和孩子的中心，老人在这个中心中可以起到辅助的作用，例如帮助喂孩子吃饭，给孩子们念书，帮助他们学习。研究表明，这种方法很好，孩子，特别是没有祖父母在身边的孩子可以从老人那里得到呵护和知识，而老人也可以获得被人需要的满足感。

第四节　弹性工作时间

弹性工作时间是指公司通过各种方式，为员工提供工作时间的便利，以帮助他们在家庭与工作之间取得一定的平衡。弹性工作时间的安排方式目前主要有弹性工时、压缩周工作时间、家庭办公方式。其中，前两种方法应用得更为广泛，而且主要提供给永久性的全职员工。

一、弹性工时

弹性工时使员工能够在雇主的规定范围内调整自己的工作时间，但不能减少工作时间。例如，雇员可以选择从上午 10 点至下午 6 点工作，或上午 9 点至下午 5 点工作，或上午 8 点至下午 4 点工作。所有员工必须在主要工作时间在岗，主要工作时间则因公司、部门或季节的不同而不同。尽管员工可以相对自由地选择主要工作时间之外的工作起始时间，但是管理者必须仔细协调员工之间的时间，以免出现员工短缺。

使用弹性工时对雇主的优点可以表现在以下三方面：

一是可以降低员工的缺勤和迟到现象。因为员工可以较灵活地掌握上下班时间，从而可以在工作时间以外安排看病或其他事宜的处理。因此，可以使员工减少迟到或缺勤的情况。

二是可以提高工作效率。一方面，由于员工有较大的自由度来选择工作开始的时间，所以员工可以根据自己的生物钟，喜欢早晨工作的就早一些开始工作，喜欢下午或晚上工作的就晚一些开始工作，这样每个员工都可以选择自己工作状态最好的时间进行工作，从而自然提高了效率；另一方面，员工把处理个人事宜的时间安排在工作之外，在工作时间就能够全力以赴，工作效率大大提升。

三是无形中使雇主的营业时间延长，从而可以为客户提供更好的服务。由于员工自由选择时间，就会出现员工上下班时间不一致的情况，这样对雇主而言就延长了营业时间，而且不需要支付加班费。而且从客户的角度来看，公司为他们提供了更好的服务。

使用弹性工时对雇主的缺点表现在以下两方面：

首先，实行弹性工时需要雇主支付额外的成本，包括支持这项计划的员工费用和必要的办公设施。

其次，实行弹性工时可能会导致员工之间的时间协调性问题，如果许多员工选择同一时间，则可能造成某一工作时段人员紧张。

二、压缩周工作时间

压缩周工作时间是指员工在周工时不变的情况下，可以选择一周的工作天数，而不是执行惯常的 5 天制。

实行压缩周工作时间的优点表现在以下两个方面：一是减少了员工往返于工作场所的时间；二是为两地分居的双职工夫妻提供更多的团聚时间。这两方面的优点将有助于雇主在招聘和人员留存方面取得更大的竞争优势。

实行压缩周工作时间的缺点是雇主会面临员工时间安排与工作需要之间的协调问题，因为可能许多员工都希望压缩时间。

三、家庭办公

家庭办公是指员工不必到办公室而可以在家或其他地方完成工作。据美国的一项统计，1997 年美国有 2 100 万人采用家庭办公方式。这种办公方式一般适用于不需要与他人进行交流即可完成的工作，如会计、系统分析、电话销售。工作人员可以通过电子邮件、电话和传真与同事或主管进行联系。

家庭办公对雇主的优点表现在它有助于提高生产率，降低办公室空间和设备供应方面的支出，也有利于雇主在招聘和人员留存方面获得优势。其缺点则是雇主缺乏与员工的直接接触，从而使业绩评估更为困难。

家庭办公对雇员的优点表现在父母能照顾其婴儿或学龄前儿童，使其幼儿放学时家中有人照料。另外还可以减少工作地点的往返时间和费用。其缺点是员工可能会感到与外界的分离。

案例与资料 9-1

雅芳的薪酬福利

为了吸引和保留优秀的人才，雅芳提供的薪酬福利在人才市场上是具有竞争力的。公司依据国家和政府政策的要求，顺应公司外部和内部环境的变化而进行不断的评估、检查和调整，确保公司的薪酬福利水平具有竞争力。雅芳坚信，只有维持具有竞争力的薪酬福利，才能吸引、保留、鼓励和奖赏高绩效的员工，充分发挥雅芳人的力量。

一、薪酬

公司每年都进行薪酬调查。根据人才市场的情况和外部环境，并结合公司的经营状况，对员工个人的绩效进行检查，以使雅芳员工的薪酬具有相当的竞争力。

二、社会保险

1. 退休养老保险：雅芳根据各地的要求为各地员工在当地向社会劳动保险公司办理养老保险，公司缴纳的部分养老保险金及全部员工个人负担的养老保险金都将进入员工个人账户，以确保员工退休时得到一定的退休金保障。

2. 雅芳也遵守各地政府法规的规定，为员工购买工伤、生育、失业、待业等其他社会保险项目。

三、全球雅芳公务出差保险

这是全球雅芳员工享有的一项福利计划，全部保险费由雅芳支付，当员工在为雅芳公务出差时自动受保。如员工在公务出差期间发生意外事故，此保险计划将根据员工的受伤或损失程度为员工的家人提供最高不超过五年年薪的公务出差保险补偿。

四、医疗福利

雅芳会按政府要求及外部环境变化,及时调整员工医疗政策以确保雅芳员工的医疗福利符合政策规定,并在市场上具有相当的竞争力。

五、假期

1. 法定节假日(所有雅芳员工将有权享受每年10天的法定节假日);

2. 公司年假(正式员工会根据其服务年限,每年享受一定工作日的员工年假);

3. 探亲假(凡符合国家规定可享受探亲假的正式员工可获探亲假,员工可选择探亲假或公司年假,但不可以于同一年内享受两种假期);

4. 病假(根据正式员工在雅芳的服务时间及公司的政策,员工可以享受全薪及部分薪酬病假);

5. 婚假、丧假、产假(根据国家有关政策与法规规定,员工享有婚假、丧假及产假);

6. 公司其他假日。

六、购物折扣

全体雅芳员工在购买供个人和家庭使用的雅芳产品时可享有低于顾客价的优惠。

七、员工服务奖

雅芳将鼓励并表彰长期服务于雅芳并为雅芳的成功作出贡献的员工的忠诚和奉献精神,公司将会对在雅芳服务五年以及五年的倍数的所有正式员工颁发员工服务奖。

八、其他福利

雅芳分享新婚员工的快乐,并为生育第一个孩子的员工发放适当的贺金,遇到员工生日,部门同事也会为其庆祝。

资料来源:www.3722.cn。

案例与资料 9-2

Google的吸引力

优厚的报酬

Google的市值让人“高山仰止”,300美元上下浮动的股票价格,让外界广泛流传着Google员工发家致富的传说,Google的新贵们源源不断地在公司附近的加州阿瑟顿小城购房买地,实力强劲,令人瞩目。

被华尔街看好的职业前景

华尔街的投资家和分析人士们乐观地看待Google的市场前景,甚至估计Google股票的价格可以达到每股500美元。

富有创造性的工作环境

Google员工可以在名为GoogleEplex的公司总部玩轮滑、曲棍球;办公室里可以安置小狗的位子;若要往来于办公室之间,员工可骑乘Segway电动滑板车,或者Green Machine车(一种适合11岁儿童的玩具车)……

像高级托儿所一样的福利体制

Google内部甚至还享有.com年代的奢华待遇,公司为员工提供免费餐点,早、中、晚餐全包。甚至在前段时间,这家全球最“腐败”的IT公司又贴出招聘启事,招聘两名“首席烹饪官”,为数千名员工提供更多美味。Google创始人之一的布林说:“这两名烹饪骨干将在管理员工伙食方面起到重要的作用。”

一位Google员工的话也许更能说明问题,这位来自中国山西、毕业于美国杜克大学的计算机博士说,很多人来Google工作,薪水都比以前低,但都是冲着Google富有创造性的工作环境和带来无限希望的股票来的。

资料来源:中国人力资源网。

思考题

1. 实施弹性工时对雇主而言有何利弊？你认为哪些企业可以采用这种方法？
2. 家庭帮助计划有哪些？你认为此福利计划会对企业产生什么积极影响？
3. 带薪休假有哪些？你认为它在整个福利计划中的地位如何？
4. 美国比较盛行的教育培训计划有哪些？

小组讨论

实施弹性工时对员工、企业以及社会的利弊。

辅助阅读资料

1. Robert L. Mathis, John H. Jackson, *Human Resource Management*, Cengage Learning 2007.

2. 赵志泉、罗明亮,《人力资源管理》, 上海财经大学出版社 2007 年版。

3. www.ChinaHRD.net

4. 李胜兰,“基于心理契约的知识型员工激励对策探讨”,《江西社会科学》, 2005 年第 12 期。

附录1　美国401条款 TITLE 26

§ 401. Qualified pension, profit-sharing, and stock bonus plans

How Current is This?

(a) Requirements for qualification

A trust created or organized in the United States and forming part of a stock bonus, pension, or profit-sharing plan of an employer for the exclusive benefit of his employees or their beneficiaries shall constitute a qualified trust under this section—

(1) if contributions are made to the trust by such employer, or employees, or both, or by another employer who is entitled to deduct his contributions under section 404 (a)(3)(B) (relating to deduction for contributions to profit-sharing and stock bonus plans), or by a charitable remainder trust pursuant to a qualified gratuitous transfer (as defined in section 664 (g)(1)), for the purpose of distributing to such employees or their beneficiaries the corpus and income of the fund accumulated by the trust in accordance with such plan;

(2) if under the trust instrument it is impossible, at any time prior to the satisfaction of all liabilities with respect to employees and their beneficiaries under the trust, for any part of the corpus or income to be (within the taxable year or thereafter) used for, or diverted to, purposes other than for the exclusive benefit of his employees or their beneficiaries (but this paragraph shall not be construed, in the case of a multiemployer plan, to prohibit the return of a contribution within 6 months after the plan administrator determines that the contribution was made by a mistake of fact or law (other than a mistake relating to whether the plan is described in section 401 (a) or the trust which is part of such plan is exempt from taxation under section 501 (a), or the return of any withdrawal liability payment determined to be an overpayment within 6 months of such determination);[1]

(3) if the plan of which such trust is a part satisfies the requirements of section 410 (relating to minimum participation standards); and

(4) if the contributions or benefits provided under the plan do not discriminate in favor of highly compensated employees (within the meaning of section 414 (q)). For purposes of this paragraph, there shall be excluded from consideration employees described in section 410 (b)(3)(A) and (C).

(5) Special rules relating to nondiscrimination requirements. —

(A) Salaried or clerical employees. —A classification shall not be considered discriminatory within the meaning of paragraph (4) or section 410 (b)(2)(A)(i) merely because it is limited to salaried or clerical employees.

(B) Contributions and benefits may bear uniform relationship to compensation. —A plan shall not be considered discriminatory within the meaning of paragraph (4) merely because the contributions or benefits of, or on behalf of, the employees under the plan bear a uniform relationship to the compensation (within the meaning of section 414(s)) of such employees.

(C) Certain disparity permitted. —A plan shall not be considered discriminatory within the meaning of paragraph (4) merely because the contributions or benefits of, or on behalf of, the employees under the plan favor highly compensated employees (as defined in section 414 (q)) in the manner permitted under subsection (l).

(D) Integrated defined benefit plan. —

(i) In general. —A defined benefit plan shall not be considered discriminatory within the meaning of paragraph (4) merely because the plan provides that the employer-derived accrued retirement benefit for any participant under the plan may not exceed the excess (if any) of—

(I) the participant's final pay with the employer, over

(II) the employer-derived retirement benefit created under Federal law attributable to service by the participant with the employer.

For purposes of this clause, the employer-derived retirement benefit created under Federal law shall be treated as accruing ratably over 35 years.

(ii) Final pay. —For purposes of this subparagraph, the participant's final pay is the compensation (as defined in section 414 (q)(4)) paid to the participant by the employer for any year—

(I) which ends during the 5-year period ending with the year in which the participant separated from service for the employer, and

(II) for which the participant's total compensation from the employer was highest.

(E) 2 or more plans treated as single plan. —For purposes of determining whether 2 or more plans of an employer satisfy the requirements of paragraph (4) when considered as a single plan—

(i) **Contributions.** —If the amount of contributions on behalf of the employees allowed as a deduction under section 404 for the taxable year with respect to such plans, taken together, bears a uniform relationship to the compensation (within the meaning of section 414(s)) of such employees, the plans shall not be considered discriminatory merely because the rights of employees to, or derived from, the employer contributions under the separate plans do not become nonforfeitable at the same rate.

(ii) **Benefits.** —If the employees' rights to benefits under the separate plans do not become nonforfeitable at the same rate, but the levels of benefits provided by the separate plans satisfy the requirements of regulations prescribed by the Secretary to take account of the differences in such rates, the plans shall not be considered discriminatory merely because of the difference in such rates.

(F) **Social security retirement age.** —For purposes of testing for discrimination under paragraph (4)—

(i) the social security retirement age (as defined in section 415 (b)(8)) shall be treated as a uniform retirement age, and

(ii) subsidized early retirement benefits and joint and survivor annuities shall not be treated as being unavailable to employees on the same terms merely because such benefits or annuities are based in whole or in part on an employee's social security retirement age (as so defined).

(G) **Governmental plans.** —Paragraphs (3) and (4) shall not apply to a governmental plan (within the meaning of section 414 (d)).

(6) A plan shall be considered as meeting the requirements of paragraph (3) during the whole of any taxable year of the plan if on one day in each quarter it satisfied such requirements.

(7) A trust shall not constitute a qualified trust under this section unless the plan of which such trust is a part satisfies the requirements of section 411 (relating to minimum vesting standards).

(8) A trust forming part of a defined benefit plan shall not constitute a qualified trust under this section unless the plan provides that forfeitures must not be applied to increase the benefits any employee would otherwise receive under the plan.

(9) **Required distributions.** —

(A) **In general.** —A trust shall not constitute a qualified trust under this subsection unless the plan provides that the entire interest of each employee—

(i) will be distributed to such employee not later than the required beginning date, or

(ii) will be distributed, beginning not later than the required beginning date, in accordance with regulations, over the life of such employee or over the lives of such employee and a designated beneficiary (or over a period not extending beyond the life expectancy of such employee or the life expectancy of such employee and a designated beneficiary).

(B) Required distribution where employee dies before entire interest is distributed.—

(i) Where distributions have begun under subparagraph (A)(ii).—A trust shall not constitute a qualified trust under this section unless the plan provides that if—

(I) the distribution of the employee's interest has begun in accordance with subparagraph (A)(ii), and

(II) the employee dies before his entire interest has been distributed to him,

the remaining portion of such interest will be distributed at least as rapidly as under the method of distributions being used under subparagraph (A)(ii) as of the date of his death.

(ii) 5-year rule for other cases.—A trust shall not constitute a qualified trust under this section unless the plan provides that, if an employee dies before the distribution of the employee's interest has begun in accordance with subparagraph (A)(ii), the entire interest of the employee will be distributed within 5 years after the death of such employee.

(iii) Exception to 5-year rule for certain amounts payable over life of beneficiary.—If—

(I) any portion of the employee's interest is payable to (or for the benefit of) a designated beneficiary,

(II) such portion will be distributed (in accordance with regulations) over the life of such designated beneficiary (or over a period not extending beyond the life expectancy of such beneficiary), and

(III) such distributions begin not later than 1 year after the date of the employee's death or such later date as the Secretary may by regulations prescribe,

for purposes of clause (ii), the portion referred to in subclause (I) shall be treated as distributed on the date on which such distributions begin.

(iv) Special rule for surviving spouse of employee. —If the designated beneficiary referred to in clause (iii)(I) is the surviving spouse of the employee—

(I) the date on which the distributions are required to begin under clause (iii)(III) shall not be earlier than the date on which the employee would have attained age 701/2, and

(II) if the surviving spouse dies before the distributions to such spouse begin, this subparagraph shall be applied as if the surviving spouse were the employee.

(C) Required beginning date. —For purposes of this paragraph—

(i) In general. —The term "required beginning date" means April 1 of the calendar year following the later of—

(I) the calendar year in which the employee attains age 701/2, or

(II) the calendar year in which the employee retires.

(ii) Exception. —Subclause (II) of clause (i) shall not apply—

(I) except as provided in section 409 (d), in the case of an employee who is a 5-percent owner (as defined in section 416) with respect to the plan year ending in the calendar year in which the employee attains age 701/2, or

(II) for purposes of section 408 (a)(6) or (b)(3).

(iii) Actuarial adjustment. —In the case of an employee to whom clause (i)(II) applies who retires in a calendar year after the calendar year in which the employee attains age 701/2, the employee's accrued benefit shall be actuarially increased to take into account the period after age 701/2 in which the employee was not receiving any benefits under the plan.

(iv) Exception for governmental and church plans. —Clauses (ii) and (iii) shall not apply in the case of a governmental plan or church plan. For purposes of this clause, the term "church plan" means a plan maintained by a church for church employees, and the term "church" means any church (as defined in section 3121 (w)(3)(A)) or qualified church-controlled organization (as defined in section 3121 (w)(3)(B)).

(D) Life expectancy. —For purposes of this paragraph, the life expectancy of an employee and the employee's spouse (other than in the case of a life annuity) may be redetermined but not more frequently than annually.

(E) Designated beneficiary. —For purposes of this paragraph, the term "designated beneficiary" means any individual designated as a beneficiary by the employee.

(F) Treatment of payments to children. —Under regulations prescribed by the

Secretary, for purposes of this paragraph, any amount paid to a child shall be treated as if it had been paid to the surviving spouse if such amount will become payable to the surviving spouse upon such child reaching majority (or other designated event permitted under regulations).

(G) Treatment of incidental death benefit distributions. —For purposes of this title, any distribution required under the incidental death benefit requirements of this subsection shall be treated as a distribution required under this paragraph.

(10) Other requirements. —

(A) Plans benefiting owner-employees. —In the case of any plan which provides contributions or benefits for employees some or all of whom are owner-employees (as defined in subsection (c)(3)), a trust forming part of such plan shall constitute a qualified trust under this section only if the requirements of subsection (d) are also met.

(B) Top-heavy plans. —

(i) In general. —In the case of any top-heavy plan, a trust forming part of such plan shall constitute a qualified trust under this section only if the requirements of section 416 are met.

(ii) Plans which may become top-heavy. —Except to the extent provided in regulations, a trust forming part of a plan (whether or not a top-heavy plan) shall constitute a qualified trust under this section only if such plan contains provisions—

(I) which will take effect if such plan becomes a top-heavy plan, and

(II) which meet the requirements of section 416.

(iii) Exemption for governmental plans. —This subparagraph shall not apply to any governmental plan.

(11) Requirement of joint and survivor annuity and preretirement survivor annuity. —

(A) In general. —In the case of any plan to which this paragraph applies, except as provided in section 417, a trust forming part of such plan shall not constitute a qualified trust under this section unless—

(i) in the case of a vested participant who does not die before the annuity starting date, the accrued benefit payable to such participant is provided in the form of a qualified joint and survivor annuity, and

(ii) in the case of a vested participant who dies before the annuity starting date and who has a surviving spouse, a qualified preretirement survivor annuity is provided to the surviving spouse of such participant.

(B) Plans to which paragraph applies. —This paragraph shall apply to—

(i) any defined benefit plan,

(ii) any defined contribution plan which is subject to the funding standards of section 412, and

(iii) any participant under any other defined contribution plan unless—

(I) such plan provides that the participant's nonforfeitable accrued benefit (reduced by any security interest held by the plan by reason of a loan outstanding to such participant) is payable in full, on the death of the participant, to the participant's surviving spouse (or, if there is no surviving spouse or the surviving spouse consents in the manner required under section 417 (a)(2), to a designated beneficiary),

(II) such participant does not elect a payment of benefits in the form of a life annuity, and

(III) with respect to such participant, such plan is not a direct or indirect transferee (in a transfer after December 31, 1984) of a plan which is described in clause (i) or (ii) or to which this clause applied with respect to the participant.

Clause (iii)(III) shall apply only with respect to the transferred assets (and income therefrom) if the plan separately accounts for such assets and any income therefrom.

(C) Exception for certain ESOP benefits. —

(i) In general. —In the case of—

(I) a tax credit employee stock ownership plan (as defined in section 409 (a)), or

(II) an employee stock ownership plan (as defined in section 4975 (e)(7)),

subparagraph (A) shall not apply to that portion of the employee's accrued benefit to which the requirements of section 409 (h) apply.

(ii) Nonforfeitable benefit must be paid in full, etc. —In the case of any participant, clause (i) shall apply only if the requirements of subclauses (I), (II), and (III) of subparagraph (B)(iii) are met with respect to such participant.

(D) Special rule where participant and spouse married less than 1 year. —A plan shall not be treated as failing to meet the requirements of subparagraphs (B)(iii) or (C) merely because the plan provides that benefits will not be payable to the surviving spouse of the participant unless the participant and such spouse had been married throughout the 1-year period ending on the earlier of the participant's annuity starting date or the date of the participant's death.

(E) Exception for plans described in section 404 (c). —This paragraph shall not apply to a plan which the Secretary has determined is a plan described in section 404 (c) (or a continuation thereof) in which participation is substantially limited to individuals who, before January 1, 1976, ceased employment covered by the plan.

(F) Cross reference. —For—

(i) provisions under which participants may elect to waive the requirements of this paragraph, and

(ii) other definitions and special rules for purposes of this paragraph,

see section 417.

(12) A trust shall not constitute a qualified trust under this section unless the plan of which such trust is a part provides that in the case of any merger or consolidation with, or transfer of assets or liabilities to, any other plan after September 2, 1974, each participant in the plan would (if the plan then terminated) receive a benefit immediately after the merger, consolidation, or transfer which is equal to or greater than the benefit he would have been entitled to receive immediately before the merger, consolidation, or transfer (if the plan had then terminated). The preceding sentence does not apply to any multiemployer plan with respect to any transaction to the extent that participants either before or after the transaction are covered under a multiemployer plan to which title IV of the Employee Retirement Income Security Act of 1974 applies.

(13) Assignment and alienation. —

(A) In general. —A trust shall not constitute a qualified trust under this section unless the plan of which such trust is a part provides that benefits provided under the plan may not be assigned or alienated. For purposes of the preceding sentence, there shall not be taken into account any voluntary and revocable assignment of not to exceed 10 percent of any benefit payment made by any participant who is receiving benefits under the plan unless the assignment or alienation is made for purposes of defraying plan administration costs. For purposes of this paragraph a loan made to a participant or beneficiary shall not be treated as an assignment or alienation if such loan is secured by the participant's accrued nonforfeitable benefit and is exempt from the tax imposed by section 4975 (relating to tax on prohibited transactions) by reason of section 4975 (d) (1). This paragraph shall take effect on January 1, 1976 and shall not apply to assignments which were irrevocable on September 2, 1974.

(B) Special rules for domestic relations orders. —Subparagraph (A) shall apply to the creation, assignment, or recognition of a right to any benefit payable with respect to a participant pursuant to a domestic relations order, except that subparagraph (A) shall not apply if the order is determined to be a qualified domestic relations order.

(C) Special rule for certain judgments and settlements.—Subparagraph (A) shall not apply to any offset of a participant's benefits provided under a plan against an amount that the participant is ordered or required to pay to the plan if—

(i) the order or requirement to pay arises—

(I) under a judgment of conviction for a crime involving such plan,

(II) under a civil judgment (including a consent order or decree) entered by a court in an action brought in connection with a violation (or alleged violation) of part 4 of subtitle B of title I of the Employee Retirement Income Security Act of 1974, or

(III) pursuant to a settlement agreement between the Secretary of Labor and the participant, or a settlement agreement between the Pension Benefit Guaranty Corporation and the participant, in connection with a violation (or alleged violation) of part 4 of such subtitle by a fiduciary or any other person,

(ii) the judgment, order, decree, or settlement agreement expressly provides for the offset of all or part of the amount ordered or required to be paid to the plan against the participant's benefits provided under the plan, and

(iii) in a case in which the survivor annuity requirements of section 401 (a)(11) apply with respect to distributions from the plan to the participant, if the participant has a spouse at the time at which the offset is to be made—

(I) either such spouse has consented in writing to such offset and such consent is witnessed by a notary public or representative of the plan (or it is established to the satisfaction of a plan representative that such consent may not be obtained by reason of circumstances described in section 417 (a)(2)(B)), or an election to waive the right of the spouse to either a qualified joint and survivor annuity or a qualified preretirement survivor annuity is in effect in accordance with the requirements of section 417 (a),

(II) such spouse is ordered or required in such judgment, order, decree, or settlement to pay an amount to the plan in connection with a violation of part 4 of such subtitle, or

(III) in such judgment, order, decree, or settlement, such spouse retains the right to receive the survivor annuity under a qualified joint and survivor annuity provided pursuant to section 401 (a)(11)(A)(i) and under a qualified preretirement survivor annuity provided pursuant to section 401 (a)(11)(A)(ii), determined in accordance with subparagraph (D).

A plan shall not be treated as failing to meet the requirements of this subsection, subsection (k), section 403(b), or section 409 (d) solely by reason of an offset described in this subparagraph.

(D) Survivor annuity.—

(i) **In general.**—The survivor annuity described in subparagraph (C)(iii)(III) shall be determined as if—

(I) the participant terminated employment on the date of the offset,

(II) there was no offset,

(III) the plan permitted commencement of benefits only on or after normal retirement age,

(IV) the plan provided only the minimum-required qualified joint and survivor annuity, and

(V) the amount of the qualified preretirement survivor annuity under the plan is equal to the amount of the survivor annuity payable under the minimum-required qualified joint and survivor annuity.

(ii) **Definition.**—For purposes of this subparagraph, the term "minimum-required qualified joint and survivor annuity" means the qualified joint and survivor annuity which is the actuarial equivalent of the participant's accrued benefit (within the meaning of section 411 (a)(7)) and under which the survivor annuity is 50 percent of the amount of the annuity which is payable during the joint lives of the participant and the spouse.

(14) A trust shall not constitute a qualified trust under this section unless the plan of which such trust is a part provides that, unless the participant otherwise elects, the payment of benefits under the plan to the participant will begin not later than the 60th day after the latest of the close of the plan year in which—

(A) the date on which the participant attains the earlier of age 65 or the normal retirement age specified under the plan,

(B) occurs the 10th anniversary of the year in which the participant commenced participation in the plan, or

(C) the participant terminates his service with the employer.

In the case of a plan which provides for the payment of an early retirement benefit, a trust forming a part of such plan shall not constitute a qualified trust under this section unless a participant who satisfied the service requirements for such early retirement benefit, but separated from the service (with any nonforfeitable right to an accrued benefit) before satisfying the age requirement for such early retirement benefit, is entitled upon satisfaction of such age requirement to receive a benefit not less than the benefit to which he would be entitled at the normal retirement age, actuarially, reduced under regulations prescribed by the Secretary.

(**15**) a [2] trust shall not constitute a qualified trust under this section unless under the plan of which such trust is a part—

(**A**) in the case of a participant or beneficiary who is receiving benefits under such plan, or

(**B**) in the case of a participant who is separated from the service and who has nonforfeitable rights to benefits,

such benefits are not decreased by reason of any increase in the benefit levels payable under title II of the Social Security Act or any increase in the wage base under such title II, if such increase takes place after September 2, 1974, or (if later) the earlier of the date of first receipt of such benefits or the date of such separation, as the case may be.

(**16**) A trust shall not constitute a qualified trust under this section if the plan of which such trust is a part provides for benefits or contributions which exceed the limitations of section 415.

(**17**) **Compensation limit.—**

(**A**) **In general.**—A trust shall not constitute a qualified trust under this section unless, under the plan of which such trust is a part, the annual compensation of each employee taken into account under the plan for any year does not exceed $200 000.

(**B**) **Cost-of-living adjustment.**—The Secretary shall adjust annually the $200 000 amount in subparagraph (A) for increases in the cost-of-living at the same time and in the same manner as adjustments under section 415 (d); except that the base period shall be the calendar quarter beginning July 1, 2001, and any increase which is not a multiple of $5 000 shall be rounded to the next lowest multiple of $5 000.

[(**18**) Repealed. Pub. L. 97—248, title II, § 237(b), Sept. 3, 1982, 96 Stat. 511.]

(**19**) A trust shall not constitute a qualified trust under this section if under the plan of which such trust is a part any part of a participant's accrued benefit derived from employer contributions (whether or not otherwise nonforfeitable), is forfeitable solely because of withdrawal by such participant of any amount attributable to the benefit derived from contributions made by such participant. The preceding sentence shall not apply to the accrued benefit of any participant unless, at the time of such withdrawal, such participant has a nonforfeitable right to at least 50 percent of such accrued benefit (as determined under section 411). The first sentence of this paragraph shall not apply to the extent that an accrued benefit is permitted to be forfeited in accordance with section 411 (a)(3)(D)(iii) (relating to proportional forfeitures of benefits accrued before September 2, 1974, in the event of withdrawal of certain mandatory contributions).

(20) A trust forming part of a pension plan shall not be treated as failing to constitute a qualified trust under this section merely because the pension plan of which such trust is a part makes 1 or more distributions within 1 taxable year to a distributee on account of a termination of the plan of which the trust is a part, or in the case of a profit-sharing or stock bonus plan, a complete discontinuance of contributions under such plan. This paragraph shall not apply to a defined benefit plan unless the employer maintaining such plan files a notice with the Pension Benefit Guaranty Corporation (at the time and in the manner prescribed by the Pension Benefit Guaranty Corporation) notifying the Corporation of such payment or distribution and the Corporation has approved such payment or distribution or, within 90 days after the date on which such notice was filed, has failed to disapprove such payment or distribution. For purposes of this paragraph, rules similar to the rules of section 402 (a)(6)(B) (as in effect before its repeal by section 521 of the Unemployment Compensation Amendments of 1992) shall apply.

[**(21)** Repealed. Pub. L. 99—514, title XI, § 1171(b)(5), Oct. 22, 1986, 100 Stat. 2513.]

(22) If a defined contribution plan (other than a profit-sharing plan)—

(A) is established by an employer whose stock is not readily tradable on an established market, and

(B) after acquiring securities of the employer, more than 10 percent of the total assets of the plan are securities of the employer, any trust forming part of such plan shall not constitute a qualified trust under this section unless the plan meets the requirements of subsection (e) of section 409. The requirements of subsection (e) of section 409 shall not apply to any employees of an employer who are participants in any defined contribution plan established and maintained by such employer if the stock of such employer is not readily tradable on an established market and the trade or business of such employer consists of publishing on a regular basis a newspaper for general circulation. For purposes of the preceding sentence, subsections (b), (c), (m), and (o) of section

414 shall not apply except for determining whether stock of the employer is not readily tradable on an established market.

(23) A stock bonus plan shall not be treated as meeting the requirements of this section unless such plan meets the requirements of subsections (h) and (o) of section 409, except that in applying section 409 (h) for purposes of this paragraph, the term "employer securities" shall include any securities of the employer held by the plan.

(24) Any group trust which otherwise meets the requirements of this section shall not be treated as not meeting such requirements on account of the participation or inclusion in such trust of the moneys of any plan or governmental unit described in section 818 (a)(6).

(25) Requirement that actuarial assumptions be specified. —A defined benefit plan shall not be treated as providing definitely determinable benefits unless, whenever the amount of any benefit is to be determined on the basis of actuarial assumptions, such assumptions are specified in the plan in a way which precludes employer discretion.

(26) Additional participation requirements. —

(A) In general. —In the case of a trust which is a part of a defined benefit plan, such trust shall not constitute a qualified trust under this subsection unless on each day of the plan year such trust benefits at least the lesser of—

(i) 50 employees of the employer, or

(ii) the greater of—

(I) 40 percent of all employees of the employer, or

(II) 2 employees (or if there is only 1 employee, such employee).

(B) Treatment of excludable employees. —

(i) In general. —A plan may exclude from consideration under this paragraph employees described in paragraphs (3) and (4)(A) of section 410 (b).

(ii) Separate application for certain excludable employees. —If employees described in section 410 (b)(4)(B) are covered under a plan which meets the requirements of subparagraph (A) separately with respect to such employees, such employees may be excluded from consideration in determining whether any plan of the employer meets such requirements if—

(I) the benefits for such employees are provided under the same plan as benefits for other employees,

(II) the benefits provided to such employees are not greater than comparable benefits provided to other employees under the plan, and

(Ⅲ) no highly compensated employee (within the meaning of section 414 (q)) is included in the group of such employees for more than 1 year.

(C) Special rule for collective bargaining units. —Except to the extent provided in regulations, a plan covering only employees described in section 410 (b)(3)(A) may exclude from consideration any employees who are not included in the unit or units in which the covered employees are included.

(D) Paragraph not to apply to multiemployer plans. —Except to the extent provided in regulations, this paragraph shall not apply to employees in a multiemployer plan (within the meaning of section 414 (f)) who are covered by collective bargaining agreements.

(E) Special rule for certain dispositions or acquisitions. —Rules similar to the rules of section 410 (b)(6)(C) shall apply for purposes of this paragraph.

(F) Separate lines of business. —At the election of the employer and with the consent of the Secretary, this paragraph may be applied separately with respect to each separate line of business of the employer. For purposes of this paragraph, the term "separate line of business" has the meaning given such term by section 414 (r) (without regard to paragraph (2)(A) or (7) thereof).

(G) Exception for governmental plans. —This paragraph shall not apply to a governmental plan (within the meaning of section 414 (d)).

(H) Regulations. —The Secretary may by regulation provide that any separate benefit structure, any separate trust, or any other separate arrangement is to be treated as a separate plan for purposes of applying this paragraph.

(27) Determinations as to profit-sharing plans. —

(A) Contributions need not be based on profits. —The determination of whether the plan under which any contributions are made is a profit-sharing plan shall be made without regard to current or accumulated profits of the employer and without regard to whether the employer is a tax-exempt organization.

(B) Plan must designate type. —In the case of a plan which is intended to be a money purchase pension plan or a profit-sharing plan, a trust forming part of such plan shall not constitute a qualified trust under this subsection unless the plan designates such intent at such time and in such manner as the Secretary may prescribe.

(28) Additional requirements relating to employee stock ownership plans. —

(A) In general. —In the case of a trust which is part of an employee stock ownership plan (within the meaning of section 4975 (e)(7)) or a plan which meets the requirements of section 409 (a), such trust shall not constitute a qualified trust under this section unless such plan meets the requirements of subparagraphs (B) and (C).

(B) Diversification of investments.—

(i) In general.—A plan meets the requirements of this subparagraph if each qualified participant in the plan may elect within 90 days after the close of each plan year in the qualified election period to direct the plan as to the investment of at least 25 percent of the participant's account in the plan (to the extent such portion exceeds the amount to which a prior election under this subparagraph applies). In the case of the election year in which the participant can make his last election, the preceding sentence shall be applied by substituting "50 percent" for "25 percent".

(ii) Method of meeting requirements.—A plan shall be treated as meeting the requirements of clause (i) if—

(I) the portion of the participant's account covered by the election under clause (i) is distributed within 90 days after the period during which the election may be made, or

(II) the plan offers at least 3 investment options (not inconsistent with regulations prescribed by the Secretary) to each participant making an election under clause (i) and within 90 days after the period during which the election may be made, the plan invests the portion of the participant's account covered by the election in accordance with such election.

(iii) Qualified participant.—For purposes of this subparagraph, the term "qualified participant" means any employee who has completed at least 10 years of participation under the plan and has attained age 55.

(iv) Qualified election period.—For purposes of this subparagraph, the term "qualified election period" means the 6-plan-year period beginning with the later of—

(I) the 1st plan year in which the individual first became a qualified participant, or

(II) the 1st plan year beginning after December 31, 1986.

For purposes of the preceding sentence, an employer may elect to treat an individual first becoming a qualified participant in the 1st plan year beginning in 1987 as having become a participant in the 1st plan year beginning in 1988.

(v) Exception.—This subparagraph shall not apply to an applicable defined contribution plan (as defined in paragraph (35)(E)).

(C) Use of independent appraiser.—A plan meets the requirements of this subparagraph if all valuations of employer securities which are not readily tradable on an established securities market with respect to activities carried on by the plan are by an independent appraiser. For purposes of the preceding sentence, the term "independent appraiser" means any appraiser meeting requirements similar to the requirements of the regulations prescribed under section 170 (a)(1).

(29) Benefit limitations on plans in at-risk status.—In the case of a defined benefit plan (other than a multiemployer plan) to which the requirements of section 412 apply, the trust of which the plan is a part shall not constitute a qualified trust under this subsection unless the plan meets the requirements of section 436.

(30) Limitations on elective deferrals.—In the case of a trust which is part of a plan under which elective deferrals (within the meaning of section 402 (g)(3)) may be made with respect to any individual during a calendar year, such trust shall not constitute a qualified trust under this subsection unless the plan provides that the amount of such deferrals under such plan and all other plans, contracts, or arrangements of an employer maintaining such plan may not exceed the amount of the limitation in effect under section 402 (g)(1)(A) for taxable years beginning in such calendar year.

(31) Direct transfer of eligible rollover distributions.—

(A) In general.—A trust shall not constitute a qualified trust under this section unless the plan of which such trust is a part provides that if the distributee of any eligible rollover distribution—

(i) elects to have such distribution paid directly to an eligible retirement plan, and

(ii) specifies the eligible retirement plan to which such distribution is to be paid (in such form and at such time as the plan administrator may prescribe),

such distribution shall be made in the form of a direct trustee-to-trustee transfer to the eligible retirement plan so specified.

(B) Certain mandatory distributions.—

(i) In general.—In case of a trust which is part of an eligible plan, such trust shall not constitute a qualified trust under this section unless the plan of which such trust is a part provides that if—

(I) a distribution described in clause (ii) in excess of $1,000 is made, and

(II) the distributee does not make an election under subparagraph (A) and does not elect to receive the distribution directly,

the plan administrator shall make such transfer to an individual retirement plan of a designated trustee or issuer and shall notify the distributee in writing (either separately or as part of the notice under section 402 (f)) that the distribution may be transferred to another individual retirement plan.

(ii) Eligible plan.—For purposes of clause (i), the term "eligible plan" means a plan which provides that any nonforfeitable accrued benefit for which the present value (as determined under section 411 (a)(11)) does not exceed $5,000 shall be immediately distributed to the participant.

(C) Limitation.—Subparagraphs (A) and (B) shall apply only to the extent that the eligible rollover distribution would be includible in gross income if not transferred as provided in subparagraph (A) (determined without regard to sections 402 (c), 403 (a)(4), 403 (b)(8), and 457 (e)(16)). The preceding sentence shall not apply to such distribution if the plan to which such distribution is transferred—

(i) is a qualified trust which is part of a plan which is a defined contribution plan and agrees to separately account for amounts so transferred, including separately accounting for the portion of such distribution which is includible in gross income and the portion of such distribution which is not so includible, or

(ii) is an eligible retirement plan described in clause (i) or (ii) of section 402 (c)(8)(B).

(D) Eligible rollover distribution.—For purposes of this paragraph, the term "eligible rollover distribution" has the meaning given such term by section 402 (f)(2) (A).

(E) Eligible retirement plan.—For purposes of this paragraph, the term "eligible retirement plan" has the meaning given such term by section 402 (c)(8)(B), except that a qualified trust shall be considered an eligible retirement plan only if it is a defined contribution plan, the terms of which permit the acceptance of rollover distributions.

(32) Treatment of failure to make certain payments if plan has liquidity shortfall.—

(A) In general.—A trust forming part of a pension plan to which section section[3] 430(j)(4) applies shall not be treated as failing to constitute a qualified trust under this section merely because such plan ceases to make any payment described in subparagraph (B) during any period that such plan has a liquidity shortfall (as defined in section section [3] 430(j)(4)).

(B) Payments described.—A payment is described in this subparagraph if such payment is—

(i) any payment, in excess of the monthly amount paid under a single life annuity (plus any social security supplements described in the last sentence of section 411 (a) (9)), to a participant or beneficiary whose annuity starting date (as defined in section 417 (f)(2)) occurs during the period referred to in subparagraph (A),

(ii) any payment for the purchase of an irrevocable commitment from an insurer to pay benefits, and

(iii) any other payment specified by the Secretary by regulations.

(C) Period of shortfall.—For purposes of this paragraph, a plan has a liquidity shortfall during the period that there is an underpayment of an installment under section 430 (j) by reason of paragraph (5)(A) thereof.

(33) Prohibition on benefit increases while sponsor is in bankruptcy.—

(A) In general.—A trust which is part of a plan to which this paragraph applies shall not constitute a qualified trust under this section if an amendment to such plan is adopted while the employer is a debtor in a case under title 11, United States Code, or similar Federal or State law, if such amendment increases liabilities of the plan by reason of—

(i) any increase in benefits,

(ii) any change in the accrual of benefits, or

(iii) any change in the rate at which benefits become nonforfeitable under the plan,

with respect to employees of the debtor, and such amendment is effective prior to the effective date of such employer's plan of reorganization.

(B) Exceptions.—This paragraph shall not apply to any plan amendment if—

(i) the plan, were such amendment to take effect, would have a funding target attainment percentage (as defined in section 430(d)(2)) of 100 percent or more,

(ii) the Secretary determines that such amendment is reasonable and provides for only de minimis increases in the liabilities of the plan with respect to employees of the debtor,

(iii) such amendment only repeals an amendment described in section 412 (c)(2),[4] or

(iv) such amendment is required as a condition of qualification under this part.

(C) Plans to which this paragraph applies.—This paragraph shall apply only to plans (other than multiemployer plans) covered under section 4021 of the Employee Retirement Income Security Act of 1974.

(D) **Employer.** —For purposes of this paragraph, the term "employer" means the employer referred to in section 412 (b)(2) (without regard to subparagraph (B) [5] thereof).

(34) **Benefits of missing participants on plan termination.** —In the case of a plan covered by title IV of the Employee Retirement Income Security Act of 1974, a trust forming part of such plan shall not be treated as failing to constitute a qualified trust under this section merely because the pension plan of which such trust is a part, upon its termination, transfers benefits of missing participants to the Pension Benefit Guaranty Corporation in accordance with section 4050 of such Act.

(35) **Diversification requirements for certain defined contribution plans.** —

(A) **In general.** —A trust which is part of an applicable defined contribution plan shall not be treated as a qualified trust unless the plan meets the diversification requirements of subparagraphs (B), (C), and (D).

(B) **Employee contributions and elective deferrals invested in employer securities.** —In the case of the portion of an applicable individual's account attributable to employee contributions and elective deferrals which is invested in employer securities, a plan meets the requirements of this subparagraph if the applicable individual may elect to direct the plan to divest any such securities and to reinvest an equivalent amount in other investment options meeting the requirements of subparagraph (D).

(C) **Employer contributions invested in employer securities.** —In the case of the portion of the account attributable to employer contributions other than elective deferrals which is invested in employer securities, a plan meets the requirements of this subparagraph if each applicable individual who—

(i) is a participant who has completed at least 3 years of service, or

(ii) is a beneficiary of a participant described in clause (i) or of a deceased participant,

may elect to direct the plan to divest any such securities and to reinvest an equivalent amount in other investment options meeting the requirements of subparagraph (D).

(D) **Investment options.** —

(i) **In general.** —The requirements of this subparagraph are met if the plan offers not less than 3 investment options, other than employer securities, to which an applicable individual may direct the proceeds from the divestment of employer securities pursuant to this paragraph, each of which is diversified and has materially different risk and return characteristics.

(ii) Treatment of certain restrictions and conditions.—

(I) Time for making investment choices.—A plan shall not be treated as failing to meet the requirements of this subparagraph merely because the plan limits the time for divestment and reinvestment to periodic, reasonable opportunities occurring no less frequently than quarterly.

(II) Certain restrictions and conditions not allowed.—Except as provided in regulations, a plan shall not meet the requirements of this subparagraph if the plan imposes restrictions or conditions with respect to the investment of employer securities which are not imposed on the investment of other assets of the plan. This subclause shall not apply to any restrictions or conditions imposed by reason of the application of securities laws.

(E) Applicable defined contribution plan.—For purposes of this paragraph—

(i) In general.—The term "applicable defined contribution plan" means any defined contribution plan which holds any publicly traded employer securities.

(ii) Exception for certain esops.—Such term does not include an employee stock ownership plan if—

(I) there are no contributions to such plan (or earnings thereunder) which are held within such plan and are subject to subsection (k) or (m), and

(II) such plan is a separate plan for purposes of section 414 (l) with respect to any other defined benefit plan or defined contribution plan maintained by the same employer or employers.

(iii) Exception for one participant plans.—Such term does not include a one-participant retirement plan.

(iv) One-participant retirement plan.—For purposes of clause (iii), the term "one-participant retirement plan" means a retirement plan that—

(I) on the first day of the plan year covered only one individual (or the individual and the individual's spouse) and the individual owned 100 percent of the plan sponsor (whether or not incorporated), or covered only one or more partners (or partners and their spouses) in the plan sponsor,

(II) meets the minimum coverage requirements of section 410 (b) without being combined with any other plan of the business that covers the employees of the business,

(III) does not provide benefits to anyone except the individual (and the individual's spouse) or the partners (and their spouses),

(IV) does not cover a business that is a member of an affiliated service group, a controlled group of corporations, or a group of businesses under common control, and

(V) does not cover a business that uses the services of leased employees (within the meaning of section 414 (n)).

For purposes of this clause, the term "partner" includes a 2-percent shareholder (as defined in section 1372(b)) of an S corporation.

(F) Certain plans treated as holding publicly traded employer securities.—

(i) In general.—Except as provided in regulations or in clause (ii), a plan holding employer securities which are not publicly traded employer securities shall be treated as holding publicly traded employer securities if any employer corporation, or any member of a controlled group of corporations which includes such employer corporation, has issued a class of stock which is a publicly traded employer security.

(ii) Exception for certain controlled groups with publicly traded securities.—Clause (i) shall not apply to a plan if—

(I) no employer corporation, or parent corporation of an employer corporation, has issued any publicly traded employer security, and

(II) no employer corporation, or parent corporation of an employer corporation, has issued any special class of stock which grants particular rights to, or bears particular risks for, the holder or issuer with respect to any corporation described in clause (i) which has issued any publicly traded employer security.

(iii) Definitions.—For purposes of this subparagraph, the term—

(I) "controlled group of corporations" has the meaning given such term by section 1563 (a), except that "50 percent" shall be substituted for "80 percent" each place it appears,

(II) "employer corporation" means a corporation which is an employer maintaining the plan, and

(III) "parent corporation" has the meaning given such term by section 424 (e).

(G) Other definitions.—For purposes of this paragraph—

(i) Applicable individual.—The term "applicable individual" means—

(I) any participant in the plan, and

(II) any beneficiary who has an account under the plan with respect to which the beneficiary is entitled to exercise the rights of a participant.

(ii) Elective deferral.—The term "elective deferral" means an employer contribution described in section 402 (g)(3)(A).

(iii) Employer security.—The term "employer security" has the meaning given such term by section 407 (d) (1) of the Employee Retirement Income Security Act of 1974.

(iv) **Employee stock ownership plan.** —The term " employee stock ownership plan" has the meaning given such term by section 4975 (e) (7).

(v) **Publicly traded employer securities.** —The term " publicly traded employer securities" means employer securities which are readily tradable on an established securities market.

(vi) **Year of service.** —The term " year of service" has the meaning given such term by section 411 (a) (5).

(H) Transition rule for securities attributable to employer contributions. —

(i) Rules phased in over 3 years. —

(I) In general. —In the case of the portion of an account to which subparagraph (C) applies and which consists of employer securities acquired in a plan year beginning before January 1 , 2007 , subparagraph (C) shall only apply to the applicable percentage of such securities. This subparagraph shall be applied separately with respect to each class of securities.

(II) Exception for certain participants aged 55 or over. —Subclause (I) shall not apply to an applicable individual who is a participant who has attained age 55 and completed at least 3 years of service before the first plan year beginning after December 31 , 2005.

(ii) Applicable percentage. —For purposes of clause (i), the applicable percentage shall be determined as follows:

Plan year to which The applicable subparagraph (C) applies:

percentage is: 1st 33 2d 66 3d and following 100.

(36) Distributions during working retirement. —A trust forming part of a pension plan shall not be treated as failing to constitute a qualified trust under this section solely because the plan provides that a distribution may be made from such trust to an employee who has attained age 62 and who is not separated from employment at the time of such distribution.

(37) Death benefits under userra-qualified active military service. —A trust shall not constitute a qualified trust unless the plan provides that, in the case of a participant who dies while performing qualified military service (as defined in section 414 (u)) , the survivors of the participant are entitled to any additional benefits (other than benefit accruals relating to the period of qualified military service) provided under the plan had the participant resumed and then terminated employment on account of death.

Paragraphs (11), (12), (13), (14), (15), (19), and (20) shall apply only in the case of a plan to which section 411 (relating to minimum vesting standards) applies without regard to subsection (e)(2) of such section.

(b) Certain retroactive changes in plan

A stock bonus, pension, profit-sharing, or annuity plan shall be considered as satisfying the requirements of subsection (a) for the period beginning with the date on which it was put into effect, or for the period beginning with the earlier of the date on which there was adopted or put into effect any amendment which caused the plan to fail to satisfy such requirements, and ending with the time prescribed by law for filing the return of the employer for his taxable year in which such plan or amendment was adopted (including extensions thereof) or such later time as the Secretary may designate, if all provisions of the plan which are necessary to satisfy such requirements are in effect by the end of such period and have been made effective for all purposes for the whole of such period.

(c) Definitions and rules relating to self-employed individuals and owner-employees

For purposes of this section—

(1) Self-employed individual treated as employee

(A) In general

The term "employee" includes, for any taxable year, an individual who is a self-employed individual for such taxable year.

(B) Self-employed individual

The term "self-employed individual" means, with respect to any taxable year, an individual who has earned income (as defined in paragraph (2)) for such taxable year. To the extent provided in regulations prescribed by the Secretary, such term also includes, for any taxable year—

(i) an individual who would be a self-employed individual within the meaning of the preceding sentence but for the fact that the trade or business carried on by such individual did not have net profits for the taxable year, and

(ii) an individual who has been a self-employed individual within the meaning of the preceding sentence for any prior taxable year.

(2) Earned income

(A) In general

The term "earned income" means the net earnings from self-employment (as defined in section 1402 (a)), but such net earnings shall be determined—

(i) only with respect to a trade or business in which personal services of the taxpayer are a material income-producing factor,

(ii) without regard to paragraphs (4) and (5) of section 1402 (c),

(iii) in the case of any individual who is treated as an employee under sections [6] 3121(d)(3)(A), (C), or (D), without regard to paragraph (2) of section 1402 (c),

(iv) without regard to items which are not included in gross income for purposes of this chapter, and the deductions properly allocable to or chargeable against such items,

(v) with regard to the deductions allowed by section 404 to the taxpayer, and

(vi) with regard to the deduction allowed to the taxpayer by section 164 (f).

For purposes of this subparagraph, section 1402, as in effect for a taxable year ending on December 31, 1962, shall be treated as having been in effect for all taxable years ending before such date. For purposes of this part only (other than sections 419 and 419A), this subparagraph shall be applied as if the term "trade or business" for purposes of section 1402 included service described in section 1402 (c)(6).

[**(B) Repealed**]

(C) Income from disposition of certain property

For purposes of this section, the term "earned income" includes gains (other than any gain which is treated under any provision of this chapter as gain from the sale or exchange of a capital asset) and net earnings derived from the sale or other disposition of, the transfer of any interest in, or the licensing of the use of property (other than good will) by an individual whose personal efforts created such property.

(3) Owner-employee

The term "owner-employee" means an employee who—

(A) owns the entire interest in an unincorporated trade or business, or

(B) in the case of a partnership, is a partner who owns more than 10 percent of either the capital interest or the profits interest in such partnership.

To the extent provided in regulations prescribed by the Secretary, such term also means an individual who has been an owner-employee within the meaning of the preceding sentence.

(4) Employer

An individual who owns the entire interest in an unincorporated trade or business shall be treated as his own employer. A partnership shall be treated as the employer of each partner who is an employee within the meaning of paragraph (1).

(5) Contributions on behalf of owner-employees

The term "contribution on behalf of an owner-employee" includes, except as the context otherwise requires, a contribution under a plan—

(A) by the employer for an owner-employee, and

(B) by an owner-employee as an employee.

(6) Special rule for certain fishermen

For purposes of this subsection, the term "self-employed individual" includes an individual described in section 3121 (b)(20) (relating to certain fishermen).

(d) Contribution limit on owner-employees

A trust forming part of a pension or profit-sharing plan which provides contributions or benefits for employees some or all of whom are owner-employees shall constitute a qualified trust under this section only if, in addition to meeting the requirements of subsection (a), the plan provides that contributions on behalf of any owner-employee may be made only with respect to the earned income of such owner-employee which is derived from the trade or business with respect to which such plan is established.

[(e) Repealed. Pub. L. 98—369, div. A, title VII, §713(d)(3), July 18, 1984, 98 Stat. 958]

(f) Certain custodial accounts and contracts

For purposes of this title, a custodial account, an annuity contract, or a contract (other than a life, health or accident, property, casualty, or liability insurance contract) issued by an insurance company qualified to do business in a State shall be treated as a qualified trust under this section if—

(1) the custodial account or contract would, except for the fact that it is not a trust, constitute a qualified trust under this section, and

(2) in the case of a custodial account the assets thereof are held by a bank (as defined in section 408 (n)) or another person who demonstrates, to the satisfaction of the Secretary, that the manner in which he will hold the assets will be consistent with the requirements of this section.

For purposes of this title, in the case of a custodial account or contract treated as a qualified trust under this section by reason of this subsection, the person holding the assets of such account or holding such contract shall be treated as the trustee thereof.

(g) Annuity defined

For purposes of this section and sections 402, 403, and 404, the term "annuity" includes a face-amount certificate, as defined in section 2(a)(15) of the Investment Company Act of 1940 (15 U.S.C., sec. 80a-2); but does not include any contract or certificate issued after December 31, 1962, which is transferable, if any person other than the trustee of a trust described in section 401 (a) which is exempt from tax under section 501 (a) is the owner of such contract or certificate.

(h) Medical, etc., benefits for retired employees and their spouses and dependents

Under regulations prescribed by the Secretary, and subject to the provisions of section 420, a pension or annuity plan may provide for the payment of benefits for sickness, accident, hospitalization, and medical expenses of retired employees, their spouses and their dependents, but only if—

(1) such benefits are subordinate to the retirement benefits provided by the plan,

(2) a separate account is established and maintained for such benefits,

(3) the employer's contributions to such separate account are reasonable and ascertainable,

(4) it is impossible, at any time prior to the satisfaction of all liabilities under the plan to provide such benefits, for any part of the corpus or income of such separate account to be (within the taxable year or thereafter) used for, or diverted to, any purpose other than the providing of such benefits,

(5) notwithstanding the provisions of subsection (a)(2), upon the satisfaction of all liabilities under the plan to provide such benefits, any amount remaining in such separate account must, under the terms of the plan, be returned to the employer, and

(6) in the case of an employee who is a key employee, a separate account is established and maintained for such benefits payable to such employee (and his spouse and dependents) and such benefits (to the extent attributable to plan years beginning after March 31, 1984, for which the employee is a key employee) are only payable to such employee (and his spouse and dependents) from such separate account.

For purposes of paragraph (6), the term "key employee" means any employee, who at any time during the plan year or any preceding plan year during which contributions were made on behalf of such employee, is or was a key employee as defined in section 416 (i). In no event shall the requirements of paragraph (1) be treated as met if the aggregate actual contributions for medical benefits, when added to actual contributions for life insurance protection under the plan, exceed 25 percent of the total actual contributions to the plan (other than contributions to fund past service credits) after the date on which the account is established.

(i) Certain union-negotiated pension plans

In the case of a trust forming part of a pension plan which has been determined by the Secretary to constitute a qualified trust under subsection (a) and to be exempt from taxation under section 501 (a) for a period beginning after contributions were first made to or for such trust, if it is shown to the satisfaction of the Secretary that—

(1) such trust was created pursuant to a collective bargaining agreement between employee representatives and one or more employers,

(2) any disbursements of contributions, made to or for such trust before the time as of which the Secretary or his delegate determined that the trust constituted a qualified trust, substantially complied with the terms of the trust, and the plan of which the trust is a part, as subsequently qualified, and

(3) before the time as of which the Secretary determined that the trust constitutes a qualified trust, the contributions to or for such trust were not used in a manner which would jeopardize the interests of its beneficiaries,

then such trust shall be considered as having constituted a qualified trust under subsection (a) and as having been exempt from taxation under section 501 (a) for the period beginning on the date on which contributions were first made to or for such trust and ending on the date such trust first constituted (without regard to this subsection) a qualified trust under subsection (a).

[(j) Repealed. Pub. L. 97—248, title II, § 238 (b), Sept. 3, 1982, 96 Stat. 512]

(k) Cash or deferred arrangements

(1) General rule

A profit-sharing or stock bonus plan, a pre-ERISA money purchase plan, or a rural cooperative plan shall not be considered as not satisfying the requirements of subsection (a) merely because the plan includes a qualified cash or deferred.arrangement.

(2) Qualified cash or deferred arrangement

A qualified cash or deferred arrangement is any arrangement which is part of a profit-sharing or stock bonus plan, a pre-ERISA money purchase plan, or a rural cooperative plan which meets the requirements of subsection (a)—

(A) under which a covered employee may elect to have the employer make payments as contributions to a trust under the plan on behalf of the employee, or to the employee directly in cash;

(B) under which amounts held by the trust which are attributable to employer contributions made pursuant to the employee's election—

(i) may not be distributable to participants or other beneficiaries earlier than—

(I) severance from employment, death, or disability,

(II) an event described in paragraph (10),

(III) in the case of a profit-sharing or stock bonus plan, the attainment of age 591/2,

(IV) in the case of contributions to a profit-sharing or stock bonus plan to which section 402 (e)(3) applies, upon hardship of the employee, or

(V) in the case of a qualified reservist distribution (as defined in section 72 (t)(2)(G)(iii)), the date on which a period referred to in subclause (III) of such section begins, and

(ii) will not be distributable merely by reason of the completion of a stated period of participation or the lapse of a fixed number of years;

(C) which provides that an employee's right to his accrued benefit derived from employer contributions made to the trust pursuant to his election is nonforfeitable, and

(D) which does not require, as a condition of participation in the arrangement, that an employee complete a period of service with the employer (or employers) maintaining the plan extending beyond the period permitted under section 410 (a)(1) (determined without regard to subparagraph (B)(i) thereof).

(3) Application of participation and discrimination standards

(A) A cash or deferred arrangement shall not be treated as a qualified cash or deferred arrangement unless—

(i) those employees eligible to benefit under the arrangement satisfy the provisions of section 410 (b)(1), and

(ii) the actual deferral percentage for eligible highly compensated employees (as defined in paragraph (5)) for the plan year bears a relationship to the actual deferral percentage for all other eligible employees for the preceding plan year which meets either of the following tests:

(I) The actual deferral percentage for the group of eligible highly compensated employees is not more than the actual deferral percentage of all other eligible employees multiplied by 1.25.

(II) The excess of the actual deferral percentage for the group of eligible highly compensated employees over that of all other eligible employees is not more than 2 percentage points, and the actual deferral percentage for the group of eligible highly compensated employees is not more than the actual deferral percentage of all other eligible employees multiplied by 2.

If 2 or more plans which include cash or deferred arrangements are considered as 1 plan for purposes of section 401 (a)(4) or 410 (b), the cash or deferred arrangements included in such plans shall be treated as 1 arrangement for purposes of this subparagraph.

If any highly compensated employee is a participant under 2 or more cash or deferred arrangements of the employer, for purposes of determining the deferral percentage with respect to such employee, all such cash or deferred arrangements shall be treated as 1 cash or deferred arrangement. An arrangement may apply clause (ii) by using the plan year rather than the preceding plan year if the employer so elects, except that if such an election is made, it may not be changed except as provided by the Secretary.

(B) For purposes of subparagraph (A), the actual deferral percentage for a specified group of employees for a plan year shall be the average of the ratios (calculated separately for each employee in such group) of—

(i) the amount of employer contributions actually paid over to the trust on behalf of each such employee for such plan year, to

(ii) the employee's compensation for such plan year.

(C) A cash or deferred arrangement shall be treated as meeting the requirements of subsection (a)(4) with respect to contributions if the requirements of subparagraph (A)(ii) are met.

(D) For purposes of subparagraph (B), the employer contributions on behalf of any employee—

(i) shall include any employer contributions made pursuant to the employee's election under paragraph (2), and

(ii) under such rules as the Secretary may prescribe, may, at the election of the employer, include—

(I) matching contributions (as defined in 401(m)(4)(A)) which meet the requirements of paragraph (2)(B) and (C), and

(II) qualified nonelective contributions (within the meaning of section 401 (m)

(4)(C)).

(E) For purposes of this paragraph, in the case of the first plan year of any plan (other than a successor plan), the amount taken into account as the actual deferral percentage of nonhighly compensated employees for the preceding plan year shall be—

(i) 3 percent, or

(ii) if the employer makes an election under this subclause, the actual deferral percentage of nonhighly compensated employees determined for such first plan year.

(F) Special rule for early participation.—If an employer elects to apply section 410 (b)(4)(B) in determining whether a cash or deferred arrangement meets the requirements of subparagraph (A)(i), the employer may, in determining whether the arrangement meets the requirements of subparagraph (A)(ii), exclude from consideration all eligible employees (other than highly compensated employees) who have not met the minimum age and service requirements of section 410 (a)(1)(A).

(G) Governmental plan.—A governmental plan (within the meaning of section 414 (d)) shall be treated as meeting the requirements of this paragraph.

(4) Other requirements

(A) Benefits (other than matching contributions) must not be contingent on election to defer

A cash or deferred arrangement of any employer shall not be treated as a qualified cash or deferred arrangement if any other benefit is conditioned (directly or indirectly) on the employee electing to have the employer make or not make contributions under the arrangement in lieu of receiving cash. The preceding sentence shall not apply to any matching contribution (as defined in section 401 (m)) made by reason of such an election.

(B) Eligibility of State and local governments and tax-exempt organizations

(i) Tax-exempts eligible Except as provided in clause (ii), any organization exempt from tax under this subtitle may include a qualified cash or deferred arrangement as part of a plan maintained by it.

(ii) Governments ineligible A cash or deferred arrangement shall not be treated as a qualified cash or deferred arrangement if it is part of a plan maintained by a State or local government or political subdivision thereof, or any agency or instrumentality thereof. This clause shall not apply to a rural cooperative plan or to a plan of an employer described in clause (iii).

(iii) Treatment of Indian tribal governments An employer which is an Indian tribal government (as defined in section 7701 (a)(40)), a subdivision of an Indian tribal government (determined in accordance with section 7871 (d)), an agency or instrumentality of an Indian tribal government or subdivision thereof, or a corporation chartered under Federal, State, or tribal law which is owned in whole or in part by any of the foregoing may include a qualified cash or deferred arrangement as part of a plan maintained by the employer.

(C) Coordination with other plans

Except as provided in section 401 (m), any employer contribution made pursuant to an employee's election under a qualified cash or deferred arrangement shall not be taken into account for purposes of determining whether any other plan meets the requirements of section 401 (a) or 410 (b). This subparagraph shall not apply for purposes of determining whether a plan meets the average benefit requirement of section 410 (b)(2)(A)(ii).

(5) Highly compensated employee

For purposes of this subsection, the term "highly compensated employee" has the meaning given such term by section 414 (q).

(6) Pre-ERISA money purchase plan

For purposes of this subsection, the term "pre-ERISA money purchase plan" means a pension plan—

(A) which is a defined contribution plan (as defined in section 414 (i)),

(B) which was in existence on June 27, 1974, and which, on such date, included a salary reduction arrangement, and

(C) under which neither the employee contributions nor the employer contributions may exceed the levels provided for by the contribution formula in effect under the plan on such date.

(7) Rural cooperative plan

For purposes of this subsection—

(A) In general

The term "rural cooperative plan" means any pension plan—

(i) which is a defined contribution plan (as defined in section 414 (i)), and

(ii) which is established and maintained by a rural cooperative.

(B) Rural cooperative defined

For purposes of subparagraph (A), the term "rural cooperative" means—

(i) any organization which—

(I) is engaged primarily in providing electric service on a mutual or cooperative basis, or

(II) is engaged primarily in providing electric service to the public in its area of service and which is exempt from tax under this subtitle or which is a State or local government (or an agency or instrumentality thereof), other than a municipality (or an agency or instrumentality thereof),

(ii) any organization described in paragraph (4) or (6) of section 501 (c) and at least 80 percent of the members of which are organizations described in clause (i),

(iii) a cooperative telephone company described in section 501 (c)(12),

(iv) any organization which—

(I) is a mutual irrigation or ditch company described in section 501 (c)(12) (without regard to the 85 percent requirement thereof), or

(II) is a district organized under the laws of a State as a municipal corporation for the purpose of irrigation, water conservation, or drainage, and

(v) an organization which is a national association of organizations described in clause (i), (ii), ,[7] (iii), or (iv).

(C) Special rule for certain distributions

A rural cooperative plan which includes a qualified cash or deferred arrangement shall not be treated as violating the requirements of section 401(a) or of paragraph (2) merely by reason of a hardship distribution or a distribution to a participant after attainment of age 591/2. For purposes of this section, the term "hardship distribution" means a distribution described in paragraph (2)(B)(i)(IV) (without regard to the limitation of its application to profit-sharing or stock bonus plans).

(8) Arrangement not disqualified if excess contributions distributed

(A) In general

A cash or deferred arrangement shall not be treated as failing to meet the requirements of clause (ii) of paragraph (3)(A) for any plan year if, before the close of the following plan year—

(i) the amount of the excess contributions for such plan year (and any income allocable to such contributions) is distributed, or

(ii) to the extent provided in regulations, the employee elects to treat the amount of the excess contributions as an amount distributed to the employee and then contributed by the employee to the plan.

Any distribution of excess contributions (and income) may be made without regard to any other provision of law.

(B) Excess contributions

For purposes of subparagraph (A), the term "excess contributions" means, with respect to any plan year, the excess of—

(i) the aggregate amount of employer contributions actually paid over to the trust on behalf of highly compensated employees for such plan year, over

(ii) the maximum amount of such contributions permitted under the limitations of clause (ii) of paragraph (3)(A) (determined by reducing contributions made on behalf of highly compensated employees in order of the actual deferral percentages beginning with the highest of such percentages).

(C) Method of distributing excess contributions

Any distribution of the excess contributions for any plan year shall be made to highly compensated employees on the basis of the amount of contributions by, or on behalf of, each of such employees.

(D) Additional tax under section 72 (t) not to apply

No tax shall be imposed under section 72 (t) on any amount required to be distributed under this paragraph.

(E) Treatment of matching contributions forfeited by reason of excess deferral or contribution

For purposes of paragraph (2)(C), a matching contribution (within the meaning of subsection (m)) shall not be treated as forfeitable merely because such contribution is forfeitable if the contribution to which the matching contribution relates is treated as an excess contribution under subparagraph (B), an excess deferral under section 402 (g)(2)(A), or an excess aggregate contribution under section 401 (m)(6)(B).

(F) Cross reference

For excise tax on certain excess contributions, see section 4979.

(9) Compensation

For purposes of this subsection, the term "compensation" has the meaning given such term by section 414 (s).

(10) Distributions upon termination of plan

(A) In general

An event described in this subparagraph is the termination of the plan without establishment or maintenance of another defined contribution plan (other than an employee stock ownership plan as defined in section 4975 (e)(7)).

(B) Distributions must be lump sum distributions

(i) In general　A termination shall not be treated as described in subparagraph (A) with respect to any employee unless the employee receives a lump sum distribution by reason of the termination.

(ii) Lump-sum distribution　For purposes of this subparagraph, the term "lump-sum distribution" has the meaning given such term by section 402 (e)(4)(D) (without regard to subclauses (I), (II), (III), and (IV) of clause (i) thereof). Such term includes a distribution of an annuity contract from—

(I) a trust which forms a part of a plan described in section 401 (a) and which is exempt from tax under section 501 (a), or

(II) an annuity plan described in section 403 (a).

(11) Adoption of simple plan to meet nondiscrimination tests

(A) In general

A cash or deferred arrangement maintained by an eligible employer shall be treated as meeting the requirements of paragraph (3)(A)(ii) if such arrangement meets—

(i) the contribution requirements of subparagraph (B),

(ii) the exclusive plan requirements of subparagraph (C), and

(iii) the vesting requirements of section 408 (p)(3).

(B) Contribution requirements

(i) In general　The requirements of this subparagraph are met if, under the arrangement—

(I) an employee may elect to have the employer make elective contributions for the year on behalf of the employee to a trust under the plan in an amount which is expressed as a percentage of compensation of the employee but which in no event exceeds the amount in effect under section 408 (p)(2)(A)(ii),

(II) the employer is required to make a matching contribution to the trust for the year in an amount equal to so much of the amount the employee elects under subclause (I) as does not exceed 3 percent of compensation for the year, and

(III) no other contributions may be made other than contributions described in subclause (I) or (II).

(ii) Employer may elect 2-percent nonelective contribution　An employer shall be treated as meeting the requirements of clause (i)(II) for any year if, in lieu of the contributions described in such clause, the employer elects (pursuant to the terms of the arrangement) to make nonelective contributions of 2 percent of compensation for each employee who is eligible to participate in the arrangement and who has at least $5,000 of compensation from the employer for the year. If an employer makes an election under this subparagraph for any year, the employer shall notify employees of such election within a reasonable period of time before the 60th day before the beginning of such year.

(iii) Administrative requirements

(I) In general　Rules similar to the rules of subparagraphs (B) and (C) of section 408 (p)(5) shall apply for purposes of this subparagraph.

(II) Notice of election period　The requirements of this subparagraph shall not be treated as met with respect to any year unless the employer notifies each employee eligible to participate, within a reasonable period of time before the 60th day before the beginning of such year (and, for the first year the employee is so eligible, the 60th day before the first day such employee is so eligible), of the rules similar to the rules of section 408 (p)(5)(C) which apply by reason of subclause (I).

(C) Exclusive plan requirement

The requirements of this subparagraph are met for any year to which this paragraph applies if no contributions were made, or benefits were accrued, for services during such year under any qualified plan of the employer on behalf of any employee eligible to participate in the cash or deferred arrangement, other than contributions described in subparagraph (B).

(D) Definitions and special rule

(i) Definitions　For purposes of this paragraph, any term used in this paragraph which is also used in section 408 (p) shall have the meaning given such term by such section.

(ii) Coordination with top-heavy rules　A plan meeting the requirements of this paragraph for any year shall not be treated as a top-heavy plan under section 416 for such year if such plan allows only contributions required under this paragraph.

(12) Alternative methods of meeting nondiscrimination requirements

(A) In general

A cash or deferred arrangement shall be treated as meeting the requirements of paragraph (3)(A)(ii) if such arrangement—

(i) meets the contribution requirements of subparagraph (B) or (C), and

(ii) meets the notice requirements of subparagraph (D).

(B) Matching contributions

(i) In general　The requirements of this subparagraph are met if, under the arrangement, the employer makes matching contributions on behalf of each employee who is not a highly compensated employee in an amount equal to—

(I) 100 percent of the elective contributions of the employee to the extent such elective contributions do not exceed 3 percent of the employee's compensation, and

(II) 50 percent of the elective contributions of the employee to the extent that such elective contributions exceed 3 percent but do not exceed 5 percent of the employee's compensation.

(ii) Rate for highly compensated employees The requirements of this subparagraph are not met if, under the arrangement, the rate of matching contribution with respect to any elective contribution of a highly compensated employee at any rate of elective contribution is greater than that with respect to an employee who is not a highly compensated employee.

(iii) Alternative plan designs If the rate of any matching contribution with respect to any rate of elective contribution is not equal to the percentage required under clause (i), an arrangement shall not be treated as failing to meet the requirements of clause (i) if—

(I) the rate of an employer's matching contribution does not increase as an employee's rate of elective contributions increase, and

(II) the aggregate amount of matching contributions at such rate of elective contribution is at least equal to the aggregate amount of matching contributions which would be made if matching contributions were made on the basis of the percentages described in clause (i).

(C) Nonelective contributions

The requirements of this subparagraph are met if, under the arrangement, the employer is required, without regard to whether the employee makes an elective contribution or employee contribution, to make a contribution to a defined contribution plan on behalf of each employee who is not a highly compensated employee and who is eligible to participate in the arrangement in an amount equal to at least 3 percent of the employee's compensation.

(D) Notice requirement

An arrangement meets the requirements of this paragraph if, under the arrangement, each employee eligible to participate is, within a reasonable period before any year, given written notice of the employee's rights and obligations under the arrangement which—

(i) is sufficiently accurate and comprehensive to apprise the employee of such rights and obligations, and

(ii) is written in a manner calculated to be understood by the average employee eligible to participate.

(E) Other requirements

(i) Withdrawal and vesting restrictions　An arrangement shall not be treated as meeting the requirements of subparagraph (B) or (C) of this paragraph unless the requirements of subparagraphs (B) and (C) of paragraph (2) are met with respect to all employer contributions (including matching contributions) taken into account in determining whether the requirements of subparagraphs (B) and (C) of this paragraph are met.

(ii) Social security and similar contributions not taken into account　An arrangement shall not be treated as meeting the requirements of subparagraph (B) or (C) unless such requirements are met without regard to subsection (l), and, for purposes of subsection (l), employer contributions under subparagraph (B) or (C) shall not be taken into account.

(F) Other plans

An arrangement shall be treated as meeting the requirements under subparagraph (A)(i) if any other plan maintained by the employer meets such requirements with respect to employees eligible under the arrangement.

(l) Permitted disparity in plan contributions or benefits

(1) In general

The requirements of this subsection are met with respect to a plan if—

(A) in the case of a defined contribution plan, the requirements of paragraph (2) are met, and

(B) in the case of a defined benefit plan, the requirements of paragraph (3) are met.

(2) Defined contribution plan

(A) In general

A defined contribution plan meets the requirements of this paragraph if the excess contribution percentage does not exceed the base contribution percentage by more than the lesser of—

(i) the base contribution percentage, or

(ii) the greater of—

(I) 5.7 percentage points, or

(II) the percentage equal to the portion of the rate of tax under section 3111 (a) (in effect as of the beginning of the year) which is attributable to old-age insurance.

(B) Contribution percentages

For purposes of this paragraph—

(i) Excess contribution percentage The term "excess contribution percentage" means the percentage of compensation which is contributed by the employer under the plan with respect to that portion of each participant's compensation in excess of the integration level.

(ii) Base contribution percentage The term "base contribution percentage" means the percentage of compensation contributed by the employer under the plan with respect to that portion of each participant's compensation not in excess of the integration level.

(3) Defined benefit plan

A defined benefit plan meets the requirements of this paragraph if—

(A) Excess plans

(i) In general In the case of a plan other than an offset plan—

(I) the excess benefit percentage does not exceed the base benefit percentage by more than the maximum excess allowance,

(II) any optional form of benefit, preretirement benefit, actuarial factor, or other benefit or feature provided with respect to compensation in excess of the integration level is provided with respect to compensation not in excess of such level, and

(III) benefits are based on average annual compensation.

(ii) Benefit percentages For purposes of this subparagraph, the excess and base benefit percentages shall be computed in the same manner as the excess and base contribution percentages under paragraph (2)(B), except that such determination shall be made on the basis of benefits attributable to employer contributions rather than contributions.

(B) Offset plans

In the case of an offset plan, the plan provides that—

(i) a participant's accrued benefit attributable to employer contributions (within the meaning of section 411 (c)(1)) may not be reduced (by reason of the offset) by more than the maximum offset allowance, and

(ii) benefits are based on average annual compensation.

(4) Definitions relating to paragraph (3)

For purposes of paragraph (3)—

(A) Maximum excess allowance

The maximum excess allowance is equal to—

(i) in the case of benefits attributable to any year of service with the employer taken into account under the plan, 3/4 of a percentage point, and

(ii) in the case of total benefits, 3/4 of a percentage point, multiplied by the participant's years of service (not in excess of 35) with the employer taken into account under the plan.

In no event shall the maximum excess allowance exceed the base benefit percentage.

(B) Maximum offset allowance

The maximum offset allowance is equal to—

(i) in the case of benefits attributable to any year of service with the employer taken into account under the plan, 3/4 percent of the participant's final average compensation, and

(ii) in the case of total benefits, 3/4 percent of the participant's final average compensation, multiplied by the participant's years of service (not in excess of 35) with the employer taken into account under the plan.

In no event shall the maximum offset allowance exceed 50 percent of the benefit which would have accrued without regard to the offset reduction.

(C) Reductions

(i) In general　The Secretary shall prescribe regulations requiring the reduction of the 3/4 percentage factor under subparagraph (A) or (B)—

(I) in the case of a plan other than an offset plan which has an integration level in excess of covered compensation, or

(II) with respect to any participant in an offset plan who has final average compensation in excess of covered compensation.

(ii) Basis of reductions　Any reductions under clause (i) shall be based on the percentages of compensation replaced by the employer-derived portions of primary insurance amounts under the Social Security Act for participants with compensation in excess of covered compensation.

(D) Offset plan

The term "offset plan" means any plan with respect to which the benefit attributable to employer contributions for each participant is reduced by an amount specified in the plan.

(5) Other definitions and special rules

For purposes of this subsection—

(A) Integration level

(i) In general The term "integration level" means the amount of compensation specified under the plan (by dollar amount or formula) at or below which the rate at which contributions or benefits are provided (expressed as a percentage) is less than such rate above such amount.

(ii) Limitation The integration level for any year may not exceed the contribution and benefit base in effect under section 230 of the Social Security Act for such year.

(iii) Level to apply to all participants A plan's integration level shall apply with respect to all participants in the plan.

(iv) Multiple integration levels Under rules prescribed by the Secretary, a defined benefit plan may specify multiple integration levels.

(B) Compensation

The term "compensation" has the meaning given such term by section 414 (s).

(C) Average annual compensation

The term "average annual compensation" means the participant's highest average annual compensation for—

(i) any period of at least 3 consecutive years, or

(ii) if shorter, the participant's full period of service.

(D) Final average compensation

(i) In general The term "final average compensation" means the participant's average annual compensation for—

(I) the 3-consecutive year period ending with the current year, or

(II) if shorter, the participant's full period of service.

(ii) Limitation A participant's final average compensation shall be determined by not taking into account in any year compensation in excess of the contribution and benefit base in effect under section 230 of the Social Security Act for such year.

(E) Covered compensation

(i) In general The term "covered compensation" means, with respect to an employee, the average of the contribution and benefit bases in effect under section 230 of the Social Security Act for each year in the 35-year period ending with the year in which the employee attains the social security retirement age.

(ii) Computation for any year　For purposes of clause (i), the determination for any year preceding the year in which the employee attains the social security retirement age shall be made by assuming that there is no increase in the bases described in clause (i) after the determination year and before the employee attains the social security retirement age.

(iii) Social security retirement age　For purposes of this subparagraph, the term "social security retirement age" has the meaning given such term by section 415 (b) (8).

(F) Regulations

The Secretary shall prescribe such regulations as are necessary or appropriate to carry out the purposes of this subsection, including—

(i) in the case of a defined benefit plan which provides for unreduced benefits commencing before the social security retirement age (as defined in section 415 (b) (8)), rules providing for the reduction of the maximum excess allowance and the maximum offset allowance, and

(ii) in the case of an employee covered by 2 or more plans of the employer which fail to meet the requirements of subsection (a)(4) (without regard to this subsection), rules preventing the multiple use of the disparity permitted under this subsection with respect to any employee.

For purposes of clause (i), unreduced benefits shall not include benefits for disability (within the meaning of section 223(d) of the Social Security Act).

(6) Special rule for plan maintained by railroads

In determining whether a plan which includes employees of a railroad employer who are entitled to benefits under the Railroad Retirement Act of 1974 meets the requirements of this subsection, rules similar to the rules set forth in this subsection shall apply. Such rules shall take into account the employer-derived portion of the employees' tier 2 railroad retirement benefits and any supplemental annuity under the Railroad Retirement Act of 1974.

(m) Nondiscrimination test for matching contributions and employee contributions

(1) In general

A defined contribution plan shall be treated as meeting the requirements of subsection (a)(4) with respect to the amount of any matching contribution or employee contribution for any plan year only if the contribution percentage requirement of paragraph (2) of this subsection is met for such plan year.

(2) Requirements

(A) Contribution percentage requirement

A plan meets the contribution percentage requirement of this paragraph for any plan year only if the contribution percentage for eligible highly compensated employees for such plan year does not exceed the greater of—

(i) 125 percent of such percentage for all other eligible employees for the preceding plan year, or

(ii) the lesser of 200 percent of such percentage for all other eligible employees for the preceding plan year, or such percentage for all other eligible employees for the preceding plan year plus 2 percentage points.

This subparagraph may be applied by using the plan year rather than the preceding plan year if the employer so elects, except that if such an election is made, it may not be changed except as provided by the Secretary.

(B) Multiple plans treated as a single plan

If two or more plans of an employer to which matching contributions, employee contributions, or elective deferrals are made are treated as one plan for purposes of section 410 (b), such plans shall be treated as one plan for purposes of this subsection. If a highly compensated employee participates in two or more plans of an employer to which contributions to which this subsection applies are made, all such contributions shall be aggregated for purposes of this subsection.

(3) Contribution percentage

For purposes of paragraph (2), the contribution percentage for a specified group of employees for a plan year shall be the average of the ratios (calculated separately for each employee in such group) of—

(A) the sum of the matching contributions and employee contributions paid under the plan on behalf of each such employee for such plan year, to

(B) the employee's compensation (within the meaning of section 414 (s)) for such plan year.

Under regulations, an employer may elect to take into account (in computing the contribution percentage) elective deferrals and qualified nonelective contributions under the plan or any other plan of the employer. If matching contributions are taken into account for purposes of subsection (k)(3)(A)(ii) for any plan year, such contributions shall not be taken into account under subparagraph (A) for such year. Rules similar to the rules of subsection (k)(3)(E) shall apply for purposes of this subsection.

(4) Definitions

For purposes of this subsection—

(A) Matching contribution

The term "matching contribution" means—

(i) any employer contribution made to a defined contribution plan on behalf of an employee on account of an employee contribution made by such employee, and

(ii) any employer contribution made to a defined contribution plan on behalf of an employee on account of an employee's elective deferral.

(B) Elective deferral

The term "elective deferral" means any employer contribution described in section 402 (g)(3).

(C) Qualified nonelective contributions

The term "qualified nonelective contribution" means any employer contribution (other than a matching contribution) with respect to which—

(i) the employee may not elect to have the contribution paid to the employee in cash instead of being contributed to the plan, and

(ii) the requirements of subparagraphs (B) and (C) of subsection (k)(2) are met.

(5) Employees taken into consideration

(A) In general

Any employee who is eligible to make an employee contribution (or, if the employer takes elective contributions into account, elective contributions) or to receive a matching contribution under the plan being tested under paragraph (1) shall be considered an eligible employee for purposes of this subsection.

(B) Certain nonparticipants

If an employee contribution is required as a condition of participation in the plan, any employee who would be a participant in the plan if such employee made such a contribution shall be treated as an eligible employee on behalf of whom no employer contributions are made.

(C) Special rule for early participation

If an employer elects to apply section 410 (b)(4)(B) in determining whether a plan meets the requirements of section 410 (b), the employer may, in determining whether the plan meets the requirements of paragraph (2), exclude from consideration all eligible employees (other than highly compensated employees) who have not met the minimum age and service requirements of section 410 (a)(1)(A).

(6) Plan not disqualified if excess aggregate contributions distributed before end of following plan year

(A) In general

A plan shall not be treated as failing to meet the requirements of paragraph (1) for any plan year if, before the close of the following plan year, the amount of the excess aggregate contributions for such plan year (and any income allocable to such contributions) is distributed (or, if forfeitable, is forfeited). Such contributions (and such income) may be distributed without regard to any other provision of law.

(B) Excess aggregate contributions

For purposes of subparagraph (A), the term "excess aggregate contributions" means, with respect to any plan year, the excess of—

(i) the aggregate amount of the matching contributions and employee contributions (and any qualified nonelective contribution or elective contribution taken into account in computing the contribution percentage) actually made on behalf of highly compensated employees for such plan year, over

(ii) the maximum amount of such contributions permitted under the limitations of paragraph (2)(A) (determined by reducing contributions made on behalf of highly compensated employees in order of their contribution percentages beginning with the highest of such percentages).

(C) Method of distributing excess aggregate contributions

Any distribution of the excess aggregate contributions for any plan year shall be made to highly compensated employees on the basis of the amount of contributions on behalf of, or by, each such employee. Forfeitures of excess aggregate contributions may not be allocated to participants whose contributions are reduced under this paragraph.

(D) Coordination with subsection (k) and 402(g)

The determination of the amount of excess aggregate contributions with respect to a plan shall be made after—

(i) first determining the excess deferrals (within the meaning of section 402 (g)), and

(ii) then determining the excess contributions under subsection (k).

(7) Treatment of distributions

(A) Additional tax of section 72 (t) not applicable

No tax shall be imposed under section 72 (t) on any amount required to be distributed under paragraph (6).

(B) Exclusion of employee contributions

Any distribution attributable to employee contributions shall not be included in gross income except to the extent attributable to income on such contributions.

(8) Highly compensated employee

For purposes of this subsection, the term "highly compensated employee" has the meaning given to such term by section 414 (q).

(9) Regulations

The Secretary shall prescribe such regulations as may be necessary to carry out the purposes of this subsection and subsection (k), including regulations permitting appropriate aggregation of plans and contributions.

(10) Alternative method of satisfying tests

A defined contribution plan shall be treated as meeting the requirements of paragraph (2) with respect to matching contributions if the plan—

(A) meets the contribution requirements of subparagraph (B) of subsection (k) (11),

(B) meets the exclusive plan requirements of subsection (k)(11)(C), and

(C) meets the vesting requirements of section 408 (p)(3).

(11) Additional alternative method of satisfying tests

(A) In general

A defined contribution plan shall be treated as meeting the requirements of paragraph (2) with respect to matching contributions if the plan—

(i) meets the contribution requirements of subparagraph (B) or (C) of subsection (k)(12),

(ii) meets the notice requirements of subsection (k)(12)(D), and

(iii) meets the requirements of subparagraph (B).

(B) Limitation on matching contributions

The requirements of this subparagraph are met if—

(i) matching contributions on behalf of any employee may not be made with respect to an employee's contributions or elective deferrals in excess of 6 percent of the employee's compensation,

(ii) the rate of an employer's matching contribution does not increase as the rate of an employee's contributions or elective deferrals increase, and

(iii) the matching contribution with respect to any highly compensated employee at any rate of an employee contribution or rate of elective deferral is not greater than that with respect to an employee who is not a highly compensated employee.

(12) Cross reference

For excise tax on certain excess contributions, see section 4979.

(n) Coordination with qualified domestic relations orders

The Secretary shall prescribe such rules or regulations as may be necessary to coordinate the requirements of subsection (a)(13)(B) and section 414 (p) (and the regulations issued by the Secretary of Labor thereunder) with the other provisions of this chapter.

(o) Cross reference

For exemption from tax of a trust qualified under this section, see section 501 (a).

[1] So in original. Period before semicolon probably should be a closing parenthesis.

[2] So in original. Probably should be capitalized.

[3] So in original.

[4] So in original. The "thereof" probably should not appear.

[5] So in original. Probably should be "section".

[6] So in original.

资料来源:http://www.law.cornell.edu/uscode/26/401.html。

附录2　机关事业单位工作人员带薪年休假实施办法

中华人民共和国人事部令

第9号

《机关事业单位工作人员带薪年休假实施办法》已经人事部部务会审议通过，现予发布，自公布之日起施行。

人事部部长　尹蔚民

二〇〇八年二月十五日

机关事业单位工作人员带薪年休假实施办法

第一条　为了规范机关、事业单位实施带薪年休假(以下简称年休假)制度，根据《职工带薪年休假条例》(以下简称《条例》)及国家有关规定，制定本办法。

第二条　《条例》第二条中所称"连续工作"的时间和第三条、第四条中所称"累计工作"的时间，机关、事业单位工作人员(以下简称工作人员)均按工作年限计算。

工作人员工作年限满1年、满10年、满20年后，从下月起享受相应的年休假天数。

第三条　国家规定的探亲假、婚丧假、产假的假期，不计入年休假的假期。

第四条　工作人员已享受当年的年休假，年内又出现《条例》第四条第(二)、(三)、(四)、(五)项规定的情形之一的，不享受下一年的年休假。

第五条　依法应享受寒暑假的工作人员，因工作需要未休寒暑假的，所在单位应当安排其休年休假；因工作需要休寒暑假天数少于年休假天数的，所在单位应当安排补足其年休假天数。

第六条　工作人员因承担野外地质勘察、野外测绘、远洋科学考察、极地科学考察以及其他特殊工作任务，所在单位不能在本年度安排其休年休假的，可以跨1个年度安排。

第七条 机关、事业单位因工作需要不安排工作人员休年休假，应当征求工作人员本人的意见。

机关、事业单位应当根据工作人员应休未休的年休假天数，对其支付年休假工资报酬。年休假工资报酬的支付标准是：每应休未休1天，按照本人应休年休假当年日工资收入的300%支付，其中包含工作人员正常工作期间的工资收入。

工作人员年休假工资报酬中，除正常工作期间工资收入外，其余部分应当由所在单位在下一年第一季度一次性支付，所需经费按现行经费渠道解决。实行工资统发的单位，应当纳入工资统发。

第八条 工作人员应休年休假当年日工资收入的计算办法是：本人全年工资收入除以全年计薪天数（261天）。

机关工作人员的全年工资收入，为本人全年应发的基本工资、国家规定的津贴补贴、年终一次性奖金之和；事业单位工作人员的全年工资收入，为本人全年应发的基本工资、国家规定的津贴补贴、绩效工资之和。其中，国家规定的津贴补贴不含根据住房、用车等制度改革向工作人员直接发放的货币补贴。

第九条 机关、事业单位已安排年休假，工作人员未休且有下列情形之一的，只享受正常工作期间的工资收入：

（一）因个人原因不休年休假的；

（二）请事假累计已超过本人应休年休假天数，但不足20天的。

第十条 机关、事业单位根据工作的具体情况，并考虑工作人员本人意愿，统筹安排，保证工作人员享受年休假。机关、事业单位应当加强年休假管理，严格考勤制度。

县级以上地方人民政府人事行政部门应当依据职权，主动对机关、事业单位执行年休假的情况进行监督检查。

第十一条 机关、事业单位不安排工作人员休年休假又不按本办法规定支付年休假工资报酬的，由县级以上地方人民政府人事行政部门责令限期改正。对逾期不改正的，除责令该单位支付年休假工资报酬外，单位还应当按照年休假工资报酬的数额向工作人员加付赔偿金。

对拒不支付年休假工资报酬、赔偿金的，属于机关和参照公务员法管理的事业单位的，应当按照干部管理权限，对直接负责的主管人员以及其他直接责任人员依法给予处分，并责令支付；属于其他事业单位的，应当按照干部管理权限，对直接负责的主管人员以及其他直接责任人员依法给予处分，并由同级人事行政部门或工作人员本人申请人民法院强制执行。

第十二条　工作人员与所在单位因年休假发生的争议，依照国家有关公务员申诉控告和人事争议处理的规定处理。

第十三条　驻外使领馆工作人员、驻港澳地区内派人员以及机关、事业单位驻外非外交人员的年休假，按照《条例》和本办法的规定执行。

按照国家规定经批准执行机关、事业单位工资收入分配制度的其他单位工作人员的年休假，参照《条例》和本办法的规定执行。

第十四条　本办法自发布之日起施行。

2008年2月21日

资料来源：www. mohrss. gov. cn。

附录3 企业年金试行办法

中华人民共和国劳动和社会保障部令

第 20 号

《企业年金试行办法》已于 2003 年 12 月 30 日经劳动和社会保障部第 7 次部务会议通过,现予公布,自 2004 年 5 月 1 日起施行。

部长 郑斯林

二〇〇四年一月六日

企业年金试行办法

第一条 为建立多层次的养老保险制度,更好地保障企业职工退休后的生活,完善社会保障体系,根据劳动法和国务院的有关规定,制定本办法。

第二条 本办法所称企业年金,是指企业及其职工在依法参加基本养老保险的基础上,自愿建立的补充养老保险制度。建立企业年金,应当按照本办法的规定执行。

第三条 符合下列条件的企业,可以建立企业年金:

(一) 依法参加基本养老保险并履行缴费义务;

(二) 具有相应的经济负担能力;

(三) 已建立集体协商机制。

第四条 建立企业年金,应当由企业与工会或职工代表通过集体协商确定,并制定企业年金方案。国有及国有控股企业的企业年金方案草案应当提交职工大会或职工代表大会讨论通过。

第五条 企业年金方案应当包括以下内容:

(一) 参加人员范围;

(二) 资金筹集方式;

(三) 职工企业年金个人账户管理方式;

(四) 基金管理方式;

（五）计发办法和支付方式；

（六）支付企业年金待遇的条件；

（七）组织管理和监督方式；

（八）中止缴费的条件；

（九）双方约定的其他事项。

企业年金方案适用于企业试用期满的职工。

第六条 企业年金方案应当报送所在地区县以上地方人民政府劳动保障行政部门。中央所属大型企业企业年金方案，应当报送劳动保障部。劳动保障行政部门自收到企业年金方案文本之日起 15 日内未提出异议的，企业年金方案即行生效。

第七条 企业年金所需费用由企业和职工个人共同缴纳。企业缴费的列支渠道按国家有关规定执行；职工个人缴费可以由企业从职工个人工资中代扣。

第八条 企业缴费每年不超过本企业上年度职工工资总额的十二分之一。企业和职工个人缴费合计一般不超过本企业上年度职工工资总额的六分之一。

第九条 企业年金基金由下列各项组成：

（一）企业缴费；

（二）职工个人缴费；

（三）企业年金基金投资运营收益。

第十条 企业年金基金实行完全积累，采用个人账户方式进行管理。

企业年金基金可以按照国家规定投资运营。企业年金基金投资运营收益并入企业年金基金。

第十一条 企业缴费应当按照企业年金方案规定比例计算的数额计入职工企业年金个人账户；职工个人缴费额计入本人企业年金个人账户。

企业年金基金投资运营收益，按净收益率计入企业年金个人账户。

第十二条 职工在达到国家规定的退休年龄时，可以从本人企业年金个人账户中一次或定期领取企业年金。职工未达到国家规定的退休年龄的，不得从个人账户中提前提取资金。

出境定居人员的企业年金个人账户资金，可根据本人要求一次性支付给本人。

第十三条 职工变动工作单位时，企业年金个人账户资金可以随同转移。职工升学、参军、失业期间或新就业单位没有实行企业年金制度的，其企业年金个人账户可由原管理机构继续管理。

第十四条 职工或退休人员死亡后，其企业年金个人账户余额由其指定的受益人或法定继承人一次性领取。

第十五条 建立企业年金的企业，应当确定企业年金受托人（以下简称受托人)，受托管理企业年金。受托人可以是企业成立的企业年金理事会，也可以是符合国家规定的法人受托机构。

第十六条 企业年金理事会由企业和职工代表组成，也可以聘请企业以外的专业人员参加，其中职工代表应不少于三分之一。

第十七条 企业年金理事会除管理本企业的企业年金事务之外，不得从事其他任何形式的营业性活动。

第十八条 确定受托人应当签订书面合同。合同一方为企业，另一方为受托人。

第十九条 受托人可以委托具有资格的企业年金账户管理机构作为账户管理人，负责管理企业年金账户；可以委托具有资格的投资运营机构作为投资管理人，负责企业年金基金的投资运营。

受托人应当选择具有资格的商业银行或专业托管机构作为托管人，负责托管企业年金基金。

受托人与账户管理人、投资管理人和托管人确定委托关系，应当签订书面合同。

第二十条 企业年金基金必须与受托人、账户管理人、投资管理人和托管人的自有资产或其他资产分开管理，不得挪作其他用途。

企业年金基金管理应当执行国家有关规定。

第二十一条 县级以上各级人民政府劳动保障行政部门负责对本办法的执行情况进行监督检查。对违反本办法规定的，由劳动保障行政部门予以警告，责令改正。

第二十二条 因履行企业年金合同发生争议的，当事人可以依法提请仲裁或者诉讼；因订立或者履行企业年金方案发生争议的，按国家有关集体合同争议处理规定执行。

第二十三条 参加企业基本养老保险社会统筹的其他单位，可参照本办法的规定执行。

第二十四条 本办法自2004年5月1日起实施。原劳动部1995年12月29日发布的《关于印发〈关于建立企业补充养老保险制度的意见〉的通知》同时废止。

参考文献

[1] Emmett J. Vaughan & Therese M. Vaughan, *Fundamentals of Risk and Insurance*, 8th Edition, John Wiley & Sons, Inc., 1999.

[2] Employee Benefit Research Institute, *Education and Research Fund: Fundamentals of Employee Benefit Programs*, 5th Edition, McGraw-Hill, 2000.

[3] George E. Rejda, *Social Insurance and Economic Security*, 6th Edition, Prentice Hall, 1998.

[4] LOMA280-Principles of Insurance: Life, Health, and Annuities, 2003.

[5] LOMA290-Insurance Company Operations, 2003.

[6] Richard A. Ippolito, *Pension Plans and Employee Performance*, The University of Chicago Press, 1997.

[7] Olivia S. Mitchell, *Pension, Design and Structure: New Lessons from Behavioral Finance*, Oxford University Press, 2004.

[8] Georgeee Rejda, *Social Insurance and Economic Security*, Prentice Hall, Inc., 1994.

[9] J. Meyerj, "The Future of Flexible Benefit Plans", *Employee Benefits Journal*, 2000, (6): 3—7.

[10] A. Mohammad, B. Bernadette, "Online Benefits Solutions—A New Trend in Managing Employee Benefits Programs", *Journal of Health Care Finance*, 2003, 29(3): 61—67.

[11] P. E. Warner, "Employee Benefits Outsourcing Solutions: Strategic Options and Fiduciary Issues", *Compensation & Benefits Management*, 1999, 15(3): 1—13.

[12] K. Matthew Gilley, Charles R. Greer, Abdul A. Rasheed, "Human Resource Outsourcing and Organization Performance in Manufacturing Firms", *Journal of Business Research*, 2004, (57): 232—240.

[13] 〔美〕乔治斯·迪翁等,《保险经济学》,王国军等译,中国人民大学出版社 2005 年版。

[14] 〔美〕乔治·T. 米尔科维奇、约翰·W. 布德罗,《人力资源管理》,彭兆祺译,机械工业出版社 2002 年版。

[15] 钟仁耀,《养老保险改革国际比较研究》,上海财经大学出版社 2004 年版。

[16] 李曜,《养老保险基金:形成机制、管理模式、投资运用》,中国金融出版社 2000 年版。

[17] 〔美〕劳伦斯·S. 克雷曼,《人力资源管理:获取竞争优势的工具》(英文影印版),机械工业出版社 2003 年版。

[18] 〔美〕加里·德斯勒,《人力资源管理》,刘昕、吴雯芳译,中国人民大学出版社 1999 年版。

[19] 〔美〕杰克逊、舒勒,《人力资源管理:从战略合作的角度》,范海滨译,清华大学出版社 2005 年版。

[20] 〔美〕坎贝尔·R. 麦克南等,《当代劳动经济学》,刘文等译,人民邮电出版社 2004 年版。

[21] 刘昕,《薪酬福利管理》,对外经济贸易大学出版社 2003 年版。
[22] 王琪琼,"美国 401(k)养老计划研究",《中国证券报》,2002 年 8 月 14 日。
[23] 中国(海南)改革发展研究院课题组(唐新林执笔),"美国员工持股计划的理论与实践",中国员工持股资讯网,2004 年。
[24] 徐建平,"论公平就业机会——美国劳动就业中反歧视法律述评",《劳动经济与劳动关系》,2003 年第 2 期。
[25] 中国保险行业协会美国养老金考察团,"关于美国退休金市场的考察报告",《保险研究》,2004 年第 6 期。
[26] 蔡昉,《中国人口与可持续发展》,科学出版社 2007 年版。
[27] 陈佳贵、王延中,《中国社会保障发展报告(2007)》,社会科学文献出版社 2007 年版。
[28] 劳动和社会保障部、国家统计局,《2006 年度劳动和社会保障事业发展统计公报》,劳动和社会保障部网。
[29] 刘迎秋等,《次高增长阶段的中国经济》,中国社会科学出版社 2002 年版。
[30] 陆铭,《劳动经济学》,复旦大学出版社 2002 年版。
[31] 民政部,《2005 年民政事业发展统计报告》。
[32] 由明春、梁立群、高蓬,"'三条保障线'与再就业政策衔接问题的调研",《预算管理会计月刊》,2005 年第 11 期。
[33] 王延中,《中国的劳动与社会保障问题》,经济管理出版社 2004 年版。
[34] 郑功成等,《中国社会保障制度变迁与评估》,中国人民大学出版社 2002 年版。

教师反馈及教辅申请表

北京大学出版社以“教材优先、学术为本、创建一流”为目标，主要为广大高等院校师生服务。为更有针对性地为广大教师服务，提升教学质量，在您确认将本书作为指定教材后，请您填好以下表格并经系主任签字盖章后寄回，我们将免费向您提供相应教辅资料。

书号/书名/作者			
您的姓名			
校/院/系			
您所讲授的课程名称			
每学期学生人数	______人　　______年级	学时	
您准备何时用此书授课			
您的联系地址			
邮政编码		联系电话（必填）	
E-mail（必填）			
您对本书的建议：		系主任签字 盖章	

我们的联系方式：

北京大学出版社经济与管理图书事业部

北京市海淀区成府路 205 号，100871

联 系 人：徐　冰

电　　话：010-62767312 / 62752926

传　　真：010-62556201

电子邮件：xubingjn@yahoo.com.cn　em@pup.cn

网　　址：http://www.pup.cn